专利侵权风险防控

FTO分析实务指南

主　编◎马天旗

副主编◎高晓培　郝政宇　郑众琳　苏志甫

权鲜枝　曲　凯　金伟英　张　鹏

知识产权出版社
全国百佳图书出版单位
—北京—

图书在版编目（CIP）数据

专利侵权风险防控：FTO 分析实务指南/马天旗主编. —北京：知识产权出版社，2024.4（2024.12重印）

ISBN 978 - 7 - 5130 - 9160 - 2

Ⅰ. ①专…　Ⅱ. ①马…　Ⅲ. ①专利侵权—研究—中国　Ⅳ. ①D923.424

中国国家版本馆 CIP 数据核字（2024）第 026863 号

内容提要

本书概述了专利侵权风险排查的概念，列举了需要进行专利风险排查的场景。在对比 FTO 项目和一般专利检索项目、尽职调查项目的基础上，总结了 FTO 项目的特征，并介绍了 FTO 项目的过程管理及如何界定项目的工作范围。在详述 FTO 关键步骤的基础上介绍了 FTO 检索的方法和工具、专利侵权判定的基本原则和代表性的案例、专利侵权分析报告样例及撰写要点。此外，还充分考虑了生物医药领域和信息通信领域的特殊性。最后，对如何从程序和实体上进行妥善应对也做了充分的梳理和总结。

策划编辑：黄清明

责任编辑：张利萍　程足芬　　　　　　　　　责任校对：王　岩

封面设计：杨杨工作室·张冀　　　　　　　　责任印制：刘译文

专利侵权风险防控——FTO 分析实务指南

主　编：马天旗

副主编：高晓培　郝政宇　郑众琳　苏志甫

　　　　权鲜枝　曲　凯　金伟英　张　鹏

出版发行：知识产权出版社 有限责任公司　　　网　　址：http://www.ipph.cn

社　　址：北京市海淀区气象路 50 号院　　　　邮　　编：100081

责编电话：010 - 82000860 转 8387　　　　　　责编邮箱：65109211@qq.com

发行电话：010 - 82000860 转 8101/8102　　　 发行传真：010 - 82000893/82005070/82000270

印　　刷：天津嘉恒印务有限公司　　　　　　经　　销：新华书店、各大网上书店及相关专业书店

开　　本：787mm×1092mm　1/16　　　　　　印　　张：13.25

版　　次：2024 年 4 月第 1 版　　　　　　　　印　　次：2024 年 12 月第 3 次印刷

字　　数：280 千字　　　　　　　　　　　　　定　　价：79.00 元

ISBN 978 - 7 - 5130 - 9160 - 2

/ 序 言 /

在当今激烈的市场竞争环境中，专利侵权问题越来越成为企业不可忽视的风险之一。对于企业来说，如何有效地排查和应对专利侵权风险，不仅关乎企业的商业利益，更关乎企业的声誉和发展前景。因为一旦发生专利侵权，可能会导致企业面临巨大的法律风险、经济损失和商誉损失。

企业在诸多场景中需要进行专利侵权风险排查以有效应对专利侵权风险，从产品和技术研发立项开始，到新产品面市，特别是产品出口海外以及新产品支持企业上市等过程中，都有可能遭遇专利纠纷或被诉侵权风险。此外，在跨境电商交易平台和各类展会中发生专利侵权纠纷的事件也屡见不鲜。

正因为企业在不同场景下会经常遇到专利风险问题，因此有必要了解企业专利风险来源以及专利风险评估方法，从源头开始规避风险或提前消除风险，或者在预知风险不能规避时，提前采取应对策略，尽量减少专利风险带来的负面效应和经济损失。

专利侵权风险排查主要是对企业的产品和服务与他人专利权的关系进行全面调查和分析。其目的就在于识别潜在的专利侵权风险，帮助企业了解自身的专利权利状况，规避潜在的法律纠纷，并为专利战略决策提供依据。

《专利侵权风险防控——FTO 分析实务指南》一书，正是为提供有效的专利侵权风险排查和应对策略而编写的。本书详述了专利侵权风险排查工具——FTO（自由实施）的关键步骤、方法和工具，专利侵权判定的基本原则和代表性的案例、专利侵权分析报告样例及撰写要点，详细分析了专利侵权的风险因素和排查方法，同时结合实际案例提供了应对专利侵权风险的实用建议和解决方案。更难能可贵的是，本书对通信和医药领域开展专利侵权风险排查的特殊性进行了总结，这对两个行业的企业来说非常具有现实意义。

本书的编写得益于作者对专利侵权领域的深入研究和丰富实践经验，所提供的信息和建议都具有很强的实用性和可操作性。本书主编马天旗在知识产权实务上具有很强的研究能力和丰富的实操经验，其他作者均是业内知名律师、专利代理师或者知识产权实务专家以及大型上市公司的知识产权主管。因此，本书是一群知识产权实务精英集体的智慧结晶。无论是企业的知识产权工作人员，还是专门从事专利风险应对的律师和专利代理师，都可以从本书中找到对应的解决方案，有效地应对专利侵权风险，保护企业的合法权益。

我衷心希望本书能够成为企业排查和应对专利侵权风险的有力工具，为企业在激烈的市场竞争中赢得更多的优势和机遇。让我们共同努力，推动知识产权保护工作向更高水平迈进！

谢小勇

中国知识产权研究会秘书长

2023 年 12 月

/ 前 言 /

专利侵权是指未经专利权人授权或者许可，他人擅自使用、制造、销售、许诺销售、进口或提供专利产品或方法的行为。一旦发生专利侵权，可能会导致企业面临较大的法律风险和经济损失。因此，为了降低专利侵权风险，企业需要进行专利侵权风险排查，并生成相应的分析报告。

专利侵权风险排查报告，也称为自由实施（Freedom to Operate，FTO）报告，是对企业现有产品、技术或服务与他人专利权的关系进行全面调查和分析的报告。它的目的是识别已经发生或者潜在的专利侵权风险，帮助企业了解自身的专利权利状况，规避潜在的法律纠纷，并为制定正确的专利战略决策提供依据。

在诸多场景中都需要进行专利侵权风险排查，比如在确定研发方向时、新产品面市时、产品出口海外时、企业上市时、产品展销时等。但国内企业高层普遍对专利侵权不重视，甚至对专利侵权的概念都不清楚，更不知道何时何因需要做专利侵权风险排查；很多企业的知识产权负责人也不清楚如何对项目过程进行监督和质量管理；很多咨询机构的具体执行人员对开展专利侵权风险排查的检索方法、策略和工具、风险专利的筛选和侵权与否的判定等也缺乏全面的认知，对专利侵权风险排查报告的框架和内容如何做到翔实、规范，以便作为证据使用也存在诸多疑问；在进行风险排查时，特别领域的特殊性怎么考虑进来，如何最终从法律的角度做到合理应对等也缺乏相应知识。

本书的编排就是为了解决上述困惑和疑问的。首先，通过列举专利风险排查的场景、企业专利风险的来源来说明为什么要进行专利风险排查，以及对专利侵权风险如何进行评估和管理。其次，对比了FTO项目和一般专利检索项目，总结了FTO项目的特征，并介绍了FTO项目的过程管理及如何界定项目的工作范围。为了突出实操性，在梳理FTO关键步骤的基础上介绍了FTO检索的方法和工具。还详述了专利侵权判定的基本原则和代表性的案例，介绍了专利侵权风险排查报告的样例及撰写要点，并简要展示了美国和中国的FTO报告样例。此外，考虑到生物医药领域和信息通信领域的特殊性，比如在生物医药领域，进行FTO分析时还需要考虑各国对药品相关知识产权特殊的制度设计，以及药品种类的不同和不同的药品开发阶段。最后，对一旦发生专利侵权诉讼后，如何从程序和实体上进行妥善应对也做了充分的梳理和总结。

本书的编写团队成员有前知识产权法官、知名律所的资深专利律师、咨询机构的专业检索人员，大家都全身心地参与到本书的撰写中，其中：马天旗参与全书的撰写，负责全书的章节布局、统稿和审阅工作，组织协调对书稿内容的讨论；高晓培参与第 2 章和第 3 章的撰写，郝政宇参与第 2 章和第 4 章的撰写，郑众琳参与第 5 章的撰写，苏志甫参与第 7 章的撰写，权鲜枝参与第 7 章的撰写，曲凯参与第 6 章的撰写，金伟英参与第 1 章的撰写，张鹏参与第 1 章和第 6 章的撰写。

感谢谢小勇秘书长为本书作序。

感谢李飞、付建军对本书做出的贡献。

感谢黄清明、张利萍、程足芬等各位编辑老师对本书的审校付出的辛苦劳动。

马天旗

2023 年 12 月

C目录
ONTENTS

第1章 认识专利风险排查与FTO ·································· 001

1.1 为什么要做专利风险排查 / 002

  1.1.1 专利风险排查的场景 / 002

  1.1.2 企业专利风险来源 / 003

  1.1.3 专利侵权风险评估 / 006

  1.1.4 专利侵权风险管控 / 008

1.2 专利风险排查分析类型与FTO / 010

  1.2.1 常见专利风险排查的分析类型 / 010

  1.2.2 FTO分析是什么 / 012

  1.2.3 FTO分析的简要步骤 / 013

1.3 典型场景下的FTO分析案例 / 014

  1.3.1 研发阶段的FTO分析案例 / 014

  1.3.2 产品上市前的FTO分析案例 / 015

  1.3.3 产品出口海外前的FTO分析案例 / 016

  1.3.4 企业IPO（首次公开募股）上市前的FTO分析案例 / 017

第2章 FTO项目的组织和管理 ·································· 019

2.1 FTO项目管理的基础 / 020

  2.1.1 FTO项目的特殊性 / 020

  2.1.2 FTO项目的管理 / 022

2.2 FTO项目的过程管理 / 023

  2.2.1 项目启动 / 023

  2.2.2 组建项目实施团队 / 025

  2.2.3 项目执行 / 026

  2.2.4 项目监控和调整 / 027

  2.2.5 项目验收 / 028

 2.3 项目工作范围的界定 / 028

  2.3.1 确定目标国家或地区 / 029

  2.3.2 确定待检索专利的法律状态 / 029

  2.3.3 确定主要竞争对手 / 029

  2.3.4 确定待排查技术点 / 030

第 3 章　FTO 检索方法和工具 ························· 034

 3.1 FTO 的检索策略 / 036

  3.1.1 FTO 检索策略的特点 / 036

  3.1.2 FTO 检索策略的主要构成 / 037

 3.2 FTO 检索的关键步骤 / 039

  3.2.1 明确项目需求和检索范围 / 039

  3.2.2 解构及确定检索目标 / 044

  3.2.3 制作检索要素表 / 048

  3.2.4 选择数据库和构建检索式 / 049

  3.2.5 执行检索与补充检索 / 052

  3.2.6 专利筛选与评估 / 053

 3.3 常用的检索方法 / 058

  3.3.1 关键词检索 / 058

  3.3.2 分类号检索 / 062

  3.3.3 竞争对手检索 / 065

  3.3.4 其他检索方式 / 066

 3.4 常用 FTO 检索资源和工具 / 069

  3.4.1 专利数据库 / 069

  3.4.2 非专利数据库 / 076

  3.4.3 特殊领域的检索资源 / 076

  3.4.4 FTO 检索的实用工具 / 078

第 4 章　专利侵权的判定方法 ························· 079

 4.1 发明和实用新型专利的侵权判定 / 080

  4.1.1 侵权判定的原则和方法 / 080

  4.1.2 相同侵权的判定 / 081

  4.1.3 等同侵权的判定 / 084

 4.2 外观设计专利的侵权判定 / 092

4.2.1　侵权判定的方法　/ 092

4.2.2　相同或相近种类产品的判断　/ 094

4.2.3　外观设计相同或近似的判断　/ 095

第 5 章　FTO 报告样例和撰写要点　⋯⋯⋯⋯⋯⋯⋯⋯⋯⋯⋯⋯　100

5.1　FTO 报告的框架　/ 102

5.2　"项目背景"章节样例和撰写要点　/ 103

5.2.1　章节样例　/ 103

5.2.2　撰写要点　/ 105

5.3　"专利检索"章节样例和撰写要点　/ 105

5.3.1　章节样例　/ 105

5.3.2　撰写要点　/ 110

5.4　"专利分析"章节样例和撰写要点　/ 111

5.4.1　章节样例　/ 111

5.4.2　撰写要点　/ 117

5.5　"侵权结论"章节样例和撰写要点　/ 126

5.5.1　章节样例　/ 126

5.5.2　撰写要点　/ 126

5.6　LED 节能灯美国 FTO 报告样例　/ 126

5.7　咖啡机中国 FTO 报告样例　/ 132

第 6 章　针对典型技术领域特性的 FTO 分析　⋯⋯⋯⋯⋯⋯⋯⋯　138

6.1　生物医药领域的 FTO 分析　/ 139

6.1.1　根据药品的产品分类的 FTO 分析　/ 139

6.1.2　根据药品的不同开发阶段的 FTO 分析　/ 146

6.1.3　结　语　/ 152

6.2　信息通信领域的 FTO 分析　/ 153

6.2.1　涉及标准必要专利的 FTO 分析　/ 153

6.2.2　涉及算法的 FTO 分析　/ 156

6.2.3　涉及开源软件的 FTO 分析　/ 158

6.2.4　涉及通信方法的 FTO 分析　/ 158

第 7 章　专利侵权风险的应对策略　⋯⋯⋯⋯⋯⋯⋯⋯⋯⋯⋯⋯　161

7.1　程序应对——用足诉讼权利　/ 163

7.1.1　善用管辖权异议　/ 163

7.1.2 审查原告是否适格 / 164

7.1.3 请求无效宣告，中止诉讼程序 / 165

7.1.4 及时应对行为保全 / 165

7.1.5 在避免构成举证障碍的前提下规避不利证据 / 167

7.1.6 主张诉讼时效届满 / 168

7.1.7 提起另案反制诉讼 / 168

7.2 权利挑战——无效对方专利 / 170

7.2.1 专利无效宣告是什么 / 171

7.2.2 为什么要发起专利无效宣告 / 171

7.2.3 如何发起专利无效宣告 / 171

7.3 否定侵权——行为抗辩 / 179

7.3.1 专利侵权抗辩是什么 / 179

7.3.2 为什么做专利侵权抗辩 / 179

7.3.3 如何做专利侵权抗辩 / 179

7.3.4 专利侵权抗辩的案例 / 183

7.4 减免责任——责任承担抗辩 / 186

7.4.1 免除赔偿责任——合法来源抗辩 / 186

7.4.2 不停止侵权抗辩 / 188

7.4.3 减轻赔偿责任抗辩 / 191

第1章 认识专利风险排查与FTO

本章概述

　　本章进行简单的知识普及。第一节通过列举专利风险排查的场景、企业专利风险的来源来说明为什么要进行专利风险排查，以及对专利侵权风险如何进行评估和管理。第二节阐述了FTO分析与其他专利风险分析方法的区别、FTO分析的主要工作步骤。第三节围绕进行FTO分析的重要性列举了在研发阶段、产品上市和出口以及企业上市等典型场景中的案例。

本章知识图谱

专利侵权风险
排查基础知识

专利风险排查的必要性
- 产生专利风险的场景
- 专利风险的根源
- 专利侵权风险的评估与管控

FTO能解决什么（认识FTO）
- FTO分析的针对性
- FTO分析的简要步骤

典型案例（FTO分析的必要性）
- 重复研发：遭遇葛兰素史克的罗格列酮专利的封堵
- 风险规避：八亿时空高端液晶产品成功上市
- 不侵权分析：助力麦瑞科林等打赢"337诉讼"
- 提前准备：格科微上海带诉科创板上市成功

1.1 为什么要做专利风险排查

1.1.1 专利风险排查的场景

从产品/技术研发立项开始，到新产品面市、出口海外、企业上市、参展和企业收购、并购等过程中，都可能遭遇到专利纠纷或被诉侵权风险。以下列举了几种典型的专利风险场景及相关问题：

（1）研发方向：企业耗费巨额资金研发的产品发现落入他人已有专利的保护范围内；实施必须依赖他人已有专利的技术；研发的药品尚未上市发现已有功效更好的下一代药品问世。如何尽量减少研发方向/专利布局失误、错误带来的巨大损失？

（2）新产品面市：专利侵权诉讼日益增多，每个产品面市都存在被告侵犯专利权的可能性。新产品面市前，如何评估专利侵权风险？

（3）出口海外：自 1986 年遭遇第一起美国"337 调查"以来，中国企业涉案数量连年攀升，涉案占比位列全球第一，涉案企业超 169 家，败诉率高达 60%。出口企业如何提前规避专利诉讼风险？

（4）企业上市：公司上市前或上市过程中被诉专利侵权，上市被迫终止；公司上市后专利诉讼败诉，股票价格暴跌或腰斩。如何规避专利侵权问题对企业上市或上市企业造成的负面影响？

（5）电商平台、跨境电商：目前绝大部分的电商平台在被投诉涉嫌知识产权侵权时，平台为了避免因继续销售等导致的扩大损失的连带责任，基本都会选择先下架或断开链接的方式进行处理。跨境电商更是如此，2021 年因涉嫌专利侵权，境外电商平台上被封店的中国卖家超 5 万个，损失预估超千万元。依据境外电商平台政策，凡有用户投诉侵权，一律先下架再复议。如何应对专利侵权投诉导致的商品下架？

（6）专利纠纷：公司收到律师函、起诉状、被控专利侵权，是任人宰割，还是奋起反抗？如何定制专利攻防策略？

（7）参展纠纷：在海外参展时收到要求停止侵权的警告信，或遭遇相关执法人员根据临时禁令前来扣押或没收展品，如何寻求维权途径，尽力降低企业损失？

（8）收购、并购：在收购、并购的关键阶段，目标企业核心知识产权发生权属纠纷、侵权纠纷等严重影响资产定价的事件，如何尽量避免关键时刻的知识产权纠纷带来的不良影响？

（9）投融资：开展核心产品侵权风险分析以解决拟投对象和拟融资对象的专利资产或者说核心技术有什么风险的问题，特别是进一步确定拟投对象和拟融资对象是否具有持续营利能力。如果拟投对象和拟融资对象的核心产品存在侵犯他人合法专利权的情况，专利权人未来可以请求人民法院责令拟投对象和拟融资对象停止侵权。进一步，这种停止为生产经营目的制造、使用、许诺销售、销售、进口专利产品的情况，将对拟投对象和拟融资对象的持续营利能力产生较大影响，将构成投融资中的重要风险，需要通过 FTO 分析工作加以明确和判断。

（10）招标/投标：投标方通常需要承诺知识产权不侵权，投标过程中的 FTO 分析工作主要是判断投标方案是否存在专利侵权的风险。通常而言，招标投标过程中会要求投标人提交知识产权承诺函和不侵犯他人知识产权的承诺书，招标方和招标行政监管部门对此仅进行形式审查，如果投标方的投标产品存在侵犯他人知识产权的情况，将存在后续被专利权人追究法律责任的风险。因此，有必要通过 FTO 分析工作确定是否存在专利侵权风险。

正因为企业在以上诸多场景下会经常遇到专利纠纷或被诉侵权风险，因此企业在一些重要节点或布局前，需要提前进行知识产权风险排查，提前判断主要专利风险来源或可能的一些风险，提前计划一些可行的应对策略，从而提前规避专利纠纷或被诉侵权风险。

1.1.2　企业专利风险来源

企业在一些重要节点或布局前，需要提前进行知识产权风险排查，知识产权风险排查是后续采取应对策略的基础。但如何进行专利风险排查呢？先得清楚企业专利风险来源。唯有弄清楚企业专利风险来源，才有可能从源头上规避或提前消除专利纠纷或被诉侵权的风险。或者在源头风险不能规避时，提前采取应对策略，尽可能以最低的成本得到最有利的结果，减少专利风险带来的负面影响和重大经济损失发生的概率。

一般来讲，企业的专利风险来源主要分为内部管理风险和外部环境风险。

内部管理风险主要来自研发环节、采购环节和生产环节。

研发环节的风险包括：

（1）重复研发。研发前未经技术检索或产品检索，造成研发过程中或研发成果出来后，才发现市面上已有相同产品或相同技术，形成实质的重复研发。其结果不仅造成研发资源和研发人才的大量浪费，也容易导致机遇与机会的丧失。

（2）研发成果无法获得有效专利权保护。比如，因技术内容提前被公开导致专利申请在专利审查阶段被驳回，导致辛苦研发的技术成果无法获得有效专利权保护。又比如，由于一些因素，导致专利授权后被无效，从而无法使用专利权利。

这种现象早些年在一些高校、研究机构等尤为普遍，研发成果的主要技术内容在申请专利之前，早早在一些期刊、网站上公开，导致成熟技术或新产品出来后无法获得专利权的保护。

（3）产品或技术被他人抄袭、模仿。由于保密措施不当、管理不善或者核心研发人员流失，导致产品或技术被他人抄袭、模仿。

（4）侵犯他人在先权利。研发前未进行知识产权风险排查，或者研发必须采用他人的基础技术，导致产品直接侵犯他人在先权利。

（5）合作中因约定不明导致自树竞争对手或成果被竞争对手合法使用。与其他单位合作或在委托研发关系中，双方签订的合同或合约未能明确约定技术成果归属，这不仅容易导致专利申请权纠纷，在一些热门技术或爆款产品出现后，也容易导致自树竞争对手或者技术成果被竞争对手合法使用。

（6）知识产权权属纠纷。合作研发、委托研发对知识产权权属约定不明，导致双方对知识产权权属及对方是否具有使用权产生纠纷。企业与研发人员、技术人员约定不明，尤其是涉及竞争性研发的不同团队研发中的技术时，导致后续企业间知识产权权属争议。

采购环节的风险主要是上游供应商带来的侵权索赔风险。

生产环节的风险主要涉及自行生产中的泄密风险、委托代工单位的技术外泄风险以及作为被委托方时未被授权导致的侵犯他人知识产权的陷阱等。

内部管理风险如图 1-1 所示。

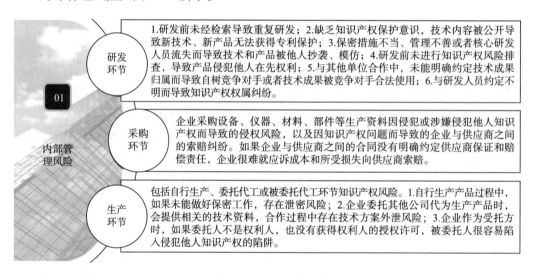

图 1-1 企业专利风险来源之内部管理风险

外部环境风险包括合作单位的风险、竞争对手的风险以及其他风险。合作单位的风险包括产业链上下游、产学研合作过程带来的技术泄密、权属纠纷、收益分配纠纷、索赔纠纷以及追偿纠纷风险等。竞争对手的风险包括竞争对手之间利用专利诉讼、商业秘密诉讼等商业竞争或商业战争行为，以及通过专利布局等设置的专利障碍等方式，给企业的生产、经营带来的影响与经济损失风险。其他风险，典型的例如 NPE（非实施实体）风险和宏观政策风险等。外部环境风险如图 1-2 所示。

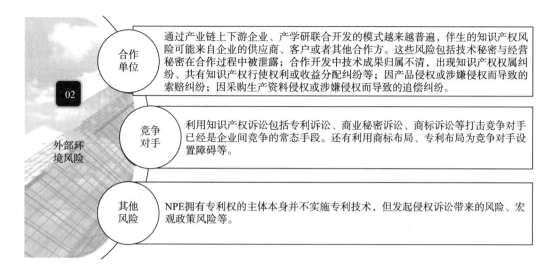

图 1－2　企业专利风险来源之外部环境风险

知悉企业专利风险来源后，在项目立项、研发技术方向确定、新产品上市前、出口海外前、收购与并购方案阶段、企业上市前等一些关键节点，基本都可以通过专利风险排查来提前预估或预判风险，并根据评估结果采取相应的应对策略。同时，由于企业的专利风险来源涉及内部的研发、生产、采购等各环节以及外部的合作单位、竞争对手、NPE、政策等因素，因此防范专利风险就不能仅仅是法务或知识产权一个部门的事情，需要研发、生产和采购等各部门在日常工作中熟悉专利风险来源、提升专利风险防范意识，从而尽最大可能自源头开始规避专利风险或减少专利风险发生的概率。

案例 1－1

以敏芯股份在科创板 IPO 上市过程中与歌尔股份的专利纠纷为例。自 2019 年 7 月至 2020 年 4 月，歌尔股份曾 4 次向敏芯股份提起侵权诉讼，主张敏芯股份有 7 个编码的产品侵害歌尔股份的 9 项专利。2019 年 11 月至 2020 年 3 月，歌尔股份及其全资子公司 3 次提起权属纠纷诉讼，主张敏芯股份的 6 项发明专利为梅某欣、唐某明的职务发明，主张专利权归属于歌尔股份及其全资子公司。

该案专利风险主要涉及内部管理风险中的知识产权权属纠纷。在敏芯股份上市的关键阶段，外部竞争对手采用专利诉讼可能影响敏芯股份上市的进程。进一步分析敏芯股份在上市阶段的主要风险，具体包括：

（1）专利权属纠纷。敏芯股份创始人以及研发骨干曾是歌尔股份的员工，员工离职后在一年内申请的专利存在被认定为前公司职务发明创造的风险。

（2）侵权指控风险。歌尔股份在敏芯股份科创板上市申报后陆续对其发起了多起专利侵权诉讼，一定程度上阻碍了其上市进程。

（3）自有专利储备与布局不足风险。敏芯股份与歌尔股份的专利数量差距巨大，截至敏芯股份申请上市时，歌尔股份在中国申请专利超过 7000 件，境外 PCT 专利申请超过 1300 件，而敏芯股份专利申请总量只有 240 件，境外 PCT 专利申请只有 8 件，专利数量远低于歌尔股份，专利布局也直接影响到敏芯股份 IPO 上市阶段处理专利诉讼的策略与主动性程度。

（4）知识产权风险排查等风险管控手段不足。规范、严密的知识产权管理制度可以助力企业有效保护无形资产、规避知识产权风险。在 IPO 上市前，敏芯股份应对竞争对手歌尔股份可能在 IPO 上市过程中采取专利侵权纠纷与专利诉讼的专利标的提前进行风险排查，并通过风险管控方式采取一些"排雷"措施。虽然最后敏芯股份成功上市，但很显然敏芯股份上市过程的一波三折，显示其在 IPO 上市前针对竞争对手的专利风险排查和可能直接影响上市进度的风险管控还有可以规划和提升的地方。

1.1.3 专利侵权风险评估

企业的专利风险来源明确后，需要进行专利风险评估，如图 1-3 所示。专利风险评估主要是评估风险是否确实存在。

进行专利风险评估前，需要区别专利风险评估与专利侵权风险评估。

专利风险评估是指针对企业在产品研发、生产运营、应用环节中因为创新成果未被充分发掘、专利被无效、被非法占有、流失、遭受侵权纠纷等的风险进行评估，也就是评估企业经营环节中可能遇到的与专利有关的各类"隐患"。主要包括对专利权属纠纷、专利侵权风险、专利流失风险、专利保护与专利布局潜在风险等的评估。

狭义的专利侵权风险评估是针对特定的产品，在具体的例如产品研发阶段、生产过程中、产品销售前，根据企业的需要有针对性地对相关专利进行调研，锁定可能关联的专利，并评价自有概念、设计、产品的专利侵权风险。另外在进入新领域前，经常通过专利侵权风险评估行业壁垒有多高。

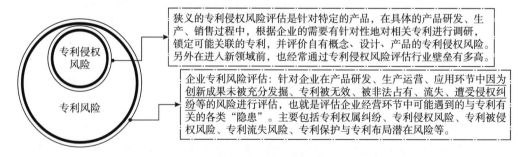

图 1-3 专利风险评估

通过专利侵权风险评估，会得出理论上侵权还是不侵权的结果。在此基础上，需要进一步对败诉的可能性、败诉的影响力以及备选方案进行分析。以下是四种专利侵权风险评估分析：

（1）理论上的侵权风险分析。以产品为例，针对产品的侵权风险进行评估，对产品技术领域内的专利情况进行调研，找出与企业产品的技术创新点关联度高的有效专利，将产品与高关联专利的权利要求进行对比，通过理论分析，判断产品的侵权风险。

（2）败诉的可能性分析。经过理论分析，如果认为存在侵权的可能性，应考虑若专利权人发起诉讼，作为被告败诉的可能性有多大。此时应充分考虑专利权人的专利稳定性、搜集证据的可能性和手段，以及己方是否具有对方正在实施的专利、达成交叉许可的可能性等。

（3）败诉的影响力分析。不同的国家/地区所适用的法律不同，因此若企业败诉则结果也不尽相同，败诉的结果包括要求停止侵权、销毁设备、停止侵权产品的销售、赔偿损失等，更严重的败诉情况可能会需要退出相应的产品销售地或出口国。

此外，在一些特殊情况下，企业间专利侵权风险诉讼也可能会提升企业知名度。例如，格力与奥克斯之间的专利战，无意中提升了品牌的知名度，也免费给两家企业带来了不少关注度。

（4）备选方案分析。若是风险不可规避，而且被诉方败诉后果较严重或难以承受，可以作备选方案分析，比如评估技术上的规避设计，考虑若采用已申请专利的相似技术、替代技术，实际规避的可行性；或评估即将申请或正在申请专利的更优技术、下游应用技术，判断其是否可达到交叉许可的条件。另外，还可以评估申请中的专利授权前景和已授权专利的稳定性，以及无效掉有影响专利的概率等。专利侵权评估分析如图 1-4 所示。

理论上的侵权风险分析	败诉的可能性分析	败诉的影响力分析	备选方案分析
针对产品的侵权风险进行评估，对产品技术领域内的专利情况进行调研，找出与企业产品的技术创新点关联度高的有效专利，将产品与高关联专利的权利要求进行对比，判断产品的侵权风险。	经过理论分析，如果认为存在侵权的可能性，应考虑若专利权人发起诉讼，作为被告败诉的可能性有多大。充分考虑专利权人的专利稳定性、搜集证据的可能性和手段，以及己方是否具有对方正在实施的专利，达成交叉许可的可能性等。	不同的国家/地区所适用的法律不同，因此若企业败诉则结果也不尽相同，包括停止侵权、销毁设备、停止侵权产品的销售、赔偿损失等，更严重的可能需要退出产品市场。特殊情况下，企业可通过运作提升企业知名度，如格力与奥克斯之间的专利战。	已申请专利的相似技术；即将或正在申请的更优技术及市场前景判断；下游应用技术，是否达到交叉许可的条件；替代技术规避的可行性；申请中的专利授权前景与已授权专利的稳定性分析，无效掉有影响专利的概率。

图 1-4　专利侵权评估分析

1.1.4 专利侵权风险管控

若风险确实存在，则需要进一步根据风险的来源、特点等信息，为下一步应对做准备，即对专利风险进行管理与应对。换句话说，在风险无法规避的情况下，企业应提前采用一些策略，对专利风险进行管理，尽量减少重大专利纠纷或被诉侵权风险发生的概率。

企业进行专利风险管理主要包括以下四方面原则：

（1）战略一致原则。企业专利风险管理与应对策略要与公司的战略相一致。企业专利风险管理要服务于企业的整体战略目标，要与企业发展阶段相适应，与企业在市场的定位相协调。

（2）成本收益原则。企业知识产权风险管理要充分考虑成本与收益。有效的风险管理就是将风险控制在合理范围内，同时控制人力、财务与时间成本等。排查风险应优先考虑新技术、产品卖点和高风险国家/地区。

（3）前瞻性原则。即风险管理要未雨绸缪。对风险要有预见性，提前做好风险排查并对可能到来的危机准备好应对预案。对于重要技术和产品、新技术与新产品，应提前做好专利布局。对于竞争白热化的领域，应做好应诉准备与反击策略。

（4）普遍性原则。企业专利风险管理不仅是知识产权或法务一个部门的事情，由于企业的专利风险来源还涉及技术部门、生产部门、采购与销售部门等，知识产权风险贯穿企业生产经营各个环节，风险管理要普及到各相关部门，通过培训、奖惩制度等方式提高全员的知识产权风险管理意识，优化完善相关制度。专利风险管理原则如图 1-5 所示。

图 1-5　专利风险管理原则

专利风险应对在专利风险评估获知专利侵权风险等级后进行。专利风险应对主要有两种形式：第一种是主动应对，即通过专利风险评估，帮助企业找到对其主要市场和产品的生存和安全有重大影响的风险点后，集中精力和资源对高风险的工作环节或风险专利开展有选择的管理和监控。第二种属于被动应对，即收到专利侵权的律师函、起诉状、控诉侵权或被无效等通知后，被动应诉或采取相应措施。

除了内部可以选择采用主动应对和被动应对这两种方式，目前还可以通过技术角度、专利角度和商务角度这三个方向来应对外部专利风险。技术角度主要是考虑技术上的替代方案与规避设计。专利角度主要是通过提第三方公众意见、无效有影响的专利以及通过反诉获得交叉许可等方式应对外部专利风险。商务角度包括通过商务谈判或合作关系获得专利许可、基于产业链环节差异合理转移专利风险以及通过商业的收购、并购获取其他企业的知识产权。

因此，一旦发生专利纠纷或被诉侵权事件，应先评估各种应对方式的成本与收益、给公司正常生产与经营带来的不利影响等因素，对各类因素综合评估，选择性价比最佳的应对方案。

案例 1－2

以敏芯股份在科创板 IPO 上市过程中与歌尔股份的专利纠纷为例。2019 年 5 月，敏芯股份进入江苏证监局公布的拟上市企业辅导备案名单；2019 年 11 月 1 日，该公司的科创板 IPO 申请获得上海证券交易所受理；2020 年 4 月 30 日该 IPO 申请在上会前夕被叫停审议，原因为 "出现重大事项"。

对于诉讼带来的影响，敏芯股份在招股书中表示：已初步取得的结果及外部证据证明发行人败诉风险很小；专利诉讼即使败诉，也不会因此对公司产生重大不利影响，理由在于，专利诉讼不涉及发行人主要资产或核心技术，对发行人的财务报表影响小，不会影响发行人持续经营能力。此外，敏芯股份实际控制人及其一致行动人也对专利诉讼进行兜底承诺，若最终败诉，则将承担生效判决结果所认定的应由敏芯股份承担的赔偿金或诉讼费用，并向公司补偿因上述专利诉讼及专利无效宣告请求导致的公司生产、经营损失。

以上案件中，敏芯股份被诉侵权后，被动应诉过程中也主动通过无效歌尔股份及其子公司的专利、变更有权属争议的专利等方式争取更有利的情形，并及时提供相关证据证明被诉侵权产品不是主营产品，败诉影响力很小，另外针对上市委的担忧提供了实际控制人及其一致行动人的兜底承诺以保证顺利上市，并及时将无效判决结果文件提交给上市委。可见，敏芯股份在专利侵权评估方法中充分体现了败诉的影响力分析与备选方案分析（无效掉竞争对手的专利）的重要性，在专利风险管理及应对中，以成功上市为目标，专利风险管理与应对策略与公司的战略相一致，并尽量控制成本与收益，只针对歌尔股份带来影响的专利进行无效和不侵权抗辩等。

虽然一波三折，2020 年 10 月敏芯股份仍成功上市科创板。上市前后，敏芯股份经历了 20 多起专利侵权诉讼，绝大部分来自竞争对手歌尔股份及其子公司，敏芯股份被提起无效的自有专利有 47 件。可见，敏芯股份 IPO 成功之后要吸取被诉的教训，扎扎实实做好知识产权工作，尤其是上市之后仍要做好常态化风险预警和高质量的专利布局。一是通过常态化风险预警，及时识别对自己构成侵权诉讼威胁的知识产权并及时采取有效的风险控制措施；二是围绕自身产品的亮点，基于自身核心技术，打造高质量知识产权壁垒。否则，即使在上市之后，也免不了竞争对手发起持续的知识产权侵权诉讼，挤压市场空间，造成企业经营的不确定性，企业市值也将受到重大影响。

1.2　专利风险排查分析类型与 FTO

不管是想通过专利风险排查提前避免专利纠纷或减少专利风险发生的概率，还是想通过专利风险排查增加应对专利纠纷或被诉侵权事件的谈判筹码，都需要先了解常见的一些专利风险排查分析类型。然后根据企业所处的阶段、市场定位、对风险管控需要达到的程度以及投入与产出等，综合评估选择最适合的专利分析类型。

1.2.1　常见专利风险排查的分析类型

常见的专利风险排查分析类型，主要包括 FTO 分析、专利预警/防侵权分析、专利导航分析、可专利性分析、无效检索分析等。

表 1-1 将包括 FTO 分析在内的几种常见的专利风险排查分析类型进行了比较。

表 1-1　几种常见的专利风险排查分析类型

专利风险排查分析类型	概念/主要目的	典型阶段/时间点	关键产出	其他相近类型/表现形式
FTO 分析（自由实施）	证明产品/技术可自由实施，即可在不侵犯他人现有专利权的基础上投入市场	已有技术方案（研发中期）；产品上市前（产品或试验品已基本定型）；出口海外/参展前	产品与专利比对表——CC 比对表	专利风险排查等

续表

专利风险排查 分析类型	概念/主要目的	典型阶段/时间点	关键产出	其他相近类型/ 表现形式
专利预警/ 防侵权分析	防止侵犯他人现有专利权； 了解整体专利布局情况， 竞争对手在哪；了解布局 区域与市场风险在哪；了 解核心专利有哪些	概念与方向阶段； 研发早期	风险预警/风险 专利	重点竞争对手检 索、"337 调查"等
专利导航/ 微导航分析	以服务企业经营发展的各 类活动为基本导向，深入 解构企业发展所处的竞争 环境、竞争风险、竞争机 遇等关键问题，针对企业 战略制定、投融资活动、 研发创新、产品保护等多 样化具体经营活动提供相 应决策支撑的专利导航 活动	研发早期； 专利布局阶段	布局、定位、重 点方向、技术路 线等	技术主题检索；技 术参考借鉴；专利 布局等
可专利性/ 专利无效、 专利稳定性分析	指一项发明创造获得专利 权应当具备的实质性条件	专利申请前； 审查员审查过程中； 专利授权后	X/Y 类文件	查新检索； 审查检索； 专利稳定性、无效 检索、创新性检 索等

　　从表 1-1 可以看出，专利风险排查经常与 FTO 的概念联系在一起。专利风险排查是指，企业或研究机构在进行产品研发的各阶段，通过专利检索与专利风险分析的手段排查研发的产品不会侵犯他人拥有的有效专利权的一项工作。FTO 是指，实施人在不侵犯他人专利权的前提下对相关技术自由地进行使用和开发，并将通过该技术生产的产品投入市场，有时也称使用权利（right to use）。

　　由于企业专利风险排查关系到企业风险资源配置的重大战略工作部署，有时甚至会直接影响整个公司的运转与经营状态，而 FTO 分析是进行企业专利风险排查中最重要的一种手段，因而对专利风险排查与 FTO 分析的关注度基本是同步增长，甚至人们会经常将 FTO 分析等同于专利风险排查。但相信随着越来越多人对专利风险排查其他手段和 FTO 分析认识的加深，理论和实践的进一步发展，会更容易对二者进行区分。

1.2.2　FTO 分析是什么

FTO 分析也称 FTO 尽职调查，起源和发展于美国，现在已经形成规范化和体系化的模式及操作。在美国，企业要求知识产权律师出具 FTO 尽职调查报告的主要目的是避免被法院认定为故意侵权（Willful Infringement）。若被认定为故意侵权，则侵权人恐将承担高额度的赔偿责任。若企业能够提供律师对企业所使用技术出具的不会侵犯他人专利权的 FTO 尽职调查报告，则可作为用以证明企业不构成故意侵权的证据。

随着越来越多的跨国投资人购买中国企业的技术或股权，FTO 尽职调查逐渐被带到国内。目前，跨国公司或国内大型企业在推出一项新的技术或产品前，通常会对同行业的企业进行技术调查，并委托律师事务所或者其他专业的机构出具 FTO 尽职调查报告，以评估新技术或产品是否会侵犯第三方的知识产权。在中国知识产权司法审判中，虽然法律未对故意侵权作出明确规定，但侵权人是否构成故意侵权仍是法院裁量时的一个重要考量因素。若 FTO 尽职调查报告的评价结果显示被调查的技术不构成对其他专利权的侵犯，则即使最终被认定为侵犯专利权，法院也会在认定赔偿额度时作出较低的裁决。由此看来，FTO 尽职调查有助于企业减少经济损失，为企业带来商业价值。

FTO 分析产出形式经常表现为 FTO 分析报告。FTO 分析报告是在指定国家或地区范围内对企业拟上市、出口的产品（或技术）进行针对性的专利检索，对该产品（或技术）是否侵犯他人的专利权进行筛查，分析和评估潜在的专利风险并给出应对建议的法律意见。

FTO 分析的目的就是排查技术实施人的产品（或技术）是否侵犯他人的专利权，因而有时也将 FTO 分析理解为自由实施型专利风险排查。FTO 分析项目主要关注两个方面：一是判断是否存在侵权风险，即通过比对有效期内的专利判断是否侵犯他人现处于有效状态的专利权，若存在侵权风险，则需要进一步考虑应对策略；二是即便存在侵权风险，还可以进一步证明己方可以自由实施，比如证明采用的是已经失效的专利技术。因此，FTO 分析主要关注已授权并处于有效法律状态的专利以及已失效的相同/等同专利技术。当然，实际 FTO 分析项目中，有时为了提前预判专利风险，也会关注处于审查中的专利申请。

正因如此，FTO 与其他常见专利分析（例如专利导航和专利预警）等相比，具备自己独有的特点。

首先，基础必要条件不同。做 FTO 分析项目，先得明确分析标的，即须有明确的产品或至少应有相对完整的产品技术方案，如果只是想知道产业领域的技术或专利壁垒情况，则建议做专利导航。如果分析时尚未形成早期产品或技术，无法进行产品或技术与专利权利要求的比对，则建议做专利预警。又或者是一般性地了解专利、技术或市场可能存在的风险，则建议在产品研发前端有相应的专利预警或专利导航分析，让研发人员提前知晓该领域的核心专利、专利布局与竞争情况。

其次，适用的产品阶段不同。一般来说，FTO 的分析可以贯穿整个产品开发过程，从产品概念（相对成熟的）阶段、产品研发阶段，到产品上市前、产品出口前，再到上市后的风险排查均可采用 FTO 分析，但原则上要求有确定的技术特征，否则与一般的专利预警无差别，最终的分析报告也会因缺乏针对性而无法用来证明非故意侵权。但 FTO 侵权风险分析越早做越有利，越晚则可采用的应对方案越少、越被动。例如，在产品研发概念阶段发现研发产品 A 侵权，可以提早考虑规避设计或采用替代产品 B。而在产品 A 成型时才确定侵权，这时候再修改和规避的代价会大得多。而相比较而言，专利导航和专利预警一般是在立项或产品设计阶段，或寻找新的技术方向与技术路径时，主要是在研发相对早期的阶段，而且这两种分析并不需要有确定的技术方案或产品特征。

再次，FTO 分析有其相对固定的工作流程和分析内容。FTO 分析项目的目的是分析目标产品或产品技术方案是否会侵犯他人现有专利权，因此其工作流程和分析内容主要是围绕目标产品或产品技术方案与他人现有专利权的调查与比对展开，在分析标的确定后，工作流程和分析内容基本就确定了。相比之下，专利导航和专利预警则没有这么明确的目的性，因而后者的工作流程和分析内容可根据客户要求或分析目的进行调整与适配。

最后，FTO 分析有相对明确的分析结论，即明确是否侵犯专利权，以及有相应的专利清单、权项及应对建议。FTO 分析一般侧重于自由实施，侵权人在被诉专利侵权时，可以用 FTO 报告证明自己非故意侵权以避免惩罚性赔偿，所以 FTO 分析既分析有效专利也分析失效的现有技术，目的在于证明当前"技术"可实施，不会侵犯他人专利权。这也是 FTO 分析相较于专利导航和专利预警最重要的区别和特征。

1.2.3　FTO 分析的简要步骤

如图 1-6 所示，通过 FTO 分析进行专利风险排查主要包括以下 6 个步骤：

（1）选定排查标的，明确排查范围。大多数拟上市的企业产品结构并不是单一的，故需先选定标的，并明确排查国家和区域。合理界定 FTO 分析的范围，范围过大会导致成本巨大，范围太小则可能无法排查风险。

（2）产品的技术特征拆解。对产品的技术方案涉及的技术特征进行拆解和理解，将产品的技术特征拆解为多个方便检索的小单元。

（3）专利检索。根据确定专利检索排查的国家/地区以及主要的风险排查点，制定检索策略，根据已经拆解的技术特征形成相应的检索式，进行全面的专利检索。

（4）专利筛选。将检索到的目标产品与关联专利进行技术筛选和法律判断，判断多个目标专利与目标产品的相关性、相似度，筛选出高关联专利。

（5）CC 比对。①解析目标专利的专利权利范围；②将企业的产品与高关联专利进行技术特征的侵权比对（CC 比对），判断侵权风险等级，并形成风险分析报告。

（6）结论意见。根据权利要求的保护范围、掌握的现有技术证据、内外部证据角度以及客户的生产经营决策，在报告的风险分析后提出一些初步的可行性的对策或建议。

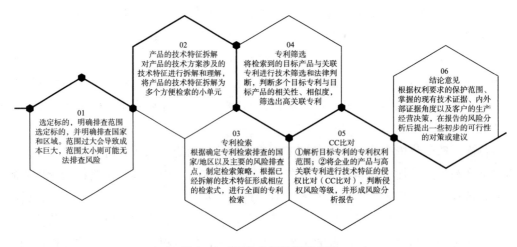

图 1-6　FTO 分析的简要步骤

1.3　典型场景下的 FTO 分析案例

1.3.1　研发阶段的 FTO 分析案例

—— 案例 1-3 ——

创新药研发立项是新药开发的第一步，其间进行充分的知识产权检索分析，是规避创新药研发风险的重要一环。在创新药研发立项中进行充分的专利信息检索分析，不仅可以避免重复研发和专利侵权，同时可以有效预先评估企业创新成果的知识产权布局空间。很多医药企业在完成研发立项后，会继续针对该特定细分领域的新公开专利情况进行技术跟踪，或针对已公开的竞争对手专利动态进行更新或预警。

研发过程中，FTO 分析非常重要，特别是针对化合物以及制备工艺/方法相关专利的 FTO 检索分析及风险应对尤其重要。部分医药企业也会选择在药品注册报批前委托第三方代理机构再一次进行 FTO 分析。

由葛兰素史克（中国）投资有限公司（以下简称葛兰素史克）生产的罗格列酮于 2001 年 2 月在我国上市，主要成分是马来酸罗格列酮。在进入中国以前，其已在中国申请了马来酸罗格列酮的化合物专利，2000 年 4 月 12 日得到批准。但由于葛兰素史克申请的是马来酸罗格列酮，对罗格列酮的其他盐类并没有申请专利保护，所以国内一些企业开始对其他盐类进行研发。但就在国内十多家企业为开发罗格列酮投入上亿元资金，并已取得国家药品监督管理机构发布的新药证书时，2003 年 7 月 2 日，葛兰素史克取得了罗格列酮的第二件专利，该专利几乎将所有含罗格列酮及药学上可接受形式的化合物都囊括了进去。这样一来，国内企业所进行的相关开发都不得不暂时停止，上亿元的研发资金全部打了水漂[1]。

1.3.2 产品上市前的 FTO 分析案例

案例 1-4

自 2014 年起八亿时空开始进军高端液晶产品领域，前期全面分析了国外三大液晶产品巨头 MERK、DIC、CHISSO 在中国、美国、德国、日本等主要生产地和市场所在地的专利布局情况，基本上掌握了三大巨头的专利保护范围。

液晶产品属于上游产品，被用来制作液晶显示屏，液晶显示屏则使用在手机、电脑、电视等终端产品上，终端产品会销往世界各地。如果液晶产品涉嫌专利侵权，那么会给液晶生产厂家、液晶面板企业、终端产品制造商带来难以想象的重大损失，因此高端液晶产品国产化的前提是必须突破国外巨头的专利壁垒。

鉴于前面提到涉嫌专利侵权对液晶产品生产厂家、液晶面板企业等可能带来重大损失，八亿时空为保证其高端液晶产品不侵犯国外三大巨头的专利权，委托律师事务所出具十多份 FTO 报告，使其高端液晶产品成功进入 BOE 等液晶面板企业。之后进行了全面的规避性设计，在基本保持液晶产品性能的前提下避开国外巨头的专利保护范围，经过数次试验测试和技术方案的调整，终于研发出了企业独有的高端液晶产品，成功助力企业飞速发展并为企业上市扫清障碍[2]。

---

[1] https：//mp. weixin. qq. com/s/jvwZEJhEzrYPOp82a_UtGQ.

[2] https：//mp. weixin. qq. com/s/seYCoD-6PFmOadjCeLysrQ.

1.3.3 产品出口海外前的 FTO 分析案例

案例 1-5

意大利 Copan 公司是生产和销售微生物采样、样品运送、卫生检验等产品的制造商，其产品主要用于临床和工业方面采集和保存培养微生物及分子生物学用的细菌和病毒。在 COVID-19 疫情暴发之前，Copan 是美国拭子产品的两大主要供应商之一。疫情暴发后，两家公司生产的产品已经不能满足美国市场的需求。尽管美国政府出台了一系列措施增加国内生产供应量，但是大量的拭子仍需依赖进口。深圳市麦瑞科林科技有限公司、江苏省长丰医疗实业有限公司、深圳市华晨阳科技有限公司、无锡百泰克生物技术有限公司、无锡耐思生命科技股份有限公司在疫情期间向美国出口大量的拭子。

2021 年 7 月 9 日，意大利 Copan 公司提起诉讼，指控上述 5 家中国公司违反了"337 条款"，制造和销售到美国的棉签和检测包侵犯了 Copan 在美的 3 项专利，专利号为：9011358、9173779 及 10327741。Copan 请求美国国际贸易委员会（ITC）下达一项普遍排除令，禁止在美国销售上述公司生产的鼻拭子产品。

5 家中国公司聘请专业律师团队积极应诉，面对申请方一轮又一轮的问卷，统筹安排技术人员就涉及侵权的技术问题、市场方面的数据和资料展开部署，快速收集大量关于产品研发、生产和销售的相关证据，通过 FTO 报告证明产品并未完全落入申请方专利保护的范围，并分析对方的专利，指出关键差别。

2022 年 10 月 28 日，美国国际贸易委员会就 Copan Italia S. p. A of Brescia 主张的特定植绒拭子侵犯其专利权一案调查后作出裁定：深圳市麦瑞科林科技有限公司、江苏省长丰医疗实业有限公司、深圳市华晨阳科技有限公司、无锡百泰克生物技术有限公司、无锡耐思生命科技股份有限公司及其美国分公司 NEST Scientific Inc. 5 家企业的植绒拭子不侵犯 Copan 相关专利权①。

---

① https：//mp. weixin. qq. com/s？_biz = MzI5MjUxMTY0OA = = &mid = 2247564561&idx = 1&sn = 9b7f25f04905 332da8be0bff0246bf04&chksm = ec03f7dedb747ec871eb277569959f276b98caa0f8551df63de298491154063af7d594a34f52&scene = 27.

1.3.4　企业 IPO（首次公开募股）上市前的 FTO 分析案例

─── 案例 1-6 ───

　　格科微有限公司是全球领先的半导体和集成电路设计企业之一，主营业务为 CMOS 图像传感器和显示驱动芯片的研发、设计和销售。公司主要提供 QVGA（8 万像素）至 1300 万像素的 CMOS 图像传感器和分辨率介于 QQVGA 到 FHD 之间的 LCD 驱动芯片，其产品主要应用于手机领域，同时广泛应用于包括平板电脑、笔记本电脑、可穿戴设备、移动支付、汽车电子等在内的消费电子和工业应用领域。

　　上海证券交易所（上交所）对格科微的首轮问询中指出：根据申报材料，发行人与矽创电子存在专利纠纷。（1）2018 年 3 月 22 日，矽创电子以格科微上海和珠海盛容通电子科技有限公司（系格科微上海的经销商）侵犯了其作为专利权人的 ZL201180047165.9 号发明专利权为由，向广州知识产权法院提起民事诉讼并立案。（2）此外，矽创电子于 2017 年 12 月 30 日亦在中国台湾地区的台湾智慧财产法院向格科微上海及力晶科技股份有限公司（格科微上海在台湾的晶圆代工厂）提起诉讼。（3）若公司就 ZL201180047165.9 号专利相关纠纷败诉，根据矽创电子向广州知识产权法院和台湾智慧财产法院提出的诉讼请求，格科微上海可能被判令支付约 840 万元的侵权赔偿金和相关费用。

　　上交所请发行人说明：（1）涉诉专利的主要内容，涉及的核心技术点或工艺方案，该等专利所对应的产品、报告期内的销量、销售收入与毛利、相关产品存货各期末结存数量、账面余额和存货跌价准备；（2）结合发行人可能涉及涉诉专利产品的技术方案与涉诉专利的权利要求的比对情况，进一步论证发行人是否构成专利侵权，并提供充分内外部依据；（3）合理预计该案件的不利诉讼结果对发行人核心技术、在研技术、产品销售、存货以及财务状况所造成的不利影响；（4）结合上述情形进一步论证上述诉讼事项对发行人持续经营的影响，发行人是否符合《科创板首次公开发行股票注册管理办法（试行）》（以下简称《注册办法》）第 12 条第（三）项的规定。请保荐机构、发行人律师对上述事项进行核查并明确发表意见。

　　发行人的披露如下：

　　就本问题，本所律师履行了包括但不限于以下核查程序：

　　1. 取得了上海华诚律师事务所及北京市集佳律师事务所上海分所的分析意见；2. 取得天晴和永法律事务所出具的法律分析意见；3. 取得了发行人有关涉诉产品诉讼影响的书面说明；4. 取得了发行人就涉诉产品及其他产品和涉诉专利的比对分析；5. 取得了发行人就涉诉产品研发过程及对公司影响等事项的书面说明；6. 获取并查阅了发行

人存货清单及收入明细，针对案件不利诉讼结果对收入、存货及财务情况的影响进行了分析。

发行人结合涉诉专利产品的技术方案与涉诉专利的权利要求的 FTO 报告比对情况，进一步论证发行人专利是否侵权及影响，并提供充分内外部依据。

A. 涉诉产品技术方案与涉诉专利权利要求的比对情况。结论：根据发行人就涉诉产品与涉诉专利的比对分析，涉诉产品的技术方案与涉诉专利的权利要求均不相同，涉诉产品未落入涉诉专利的保护范围内。

B. 发行人产品被认定为专利侵权的可能性较小。根据境内专利代理律师就 ZL201180047165.9 号专利的权利要求和 GC9304、GC9305、GC9306、GC9307 产品的技术方案作出的比对分析，该等产品的技术特征与 ZL201180047165.9 号专利的权利要求均不相同，该等产品未落入目标专利权利要求 1—14 的保护范围。根据境内专利代理律师出具的法律意见，ZL201180047165.9 号专利被无效的可能性大。综上，GC9304、GC9305、GC9306、GC9307 产品被认定为侵犯 ZL201180047165.9 号专利权的可能性较小。

上交所最终采纳律师的法律意见书，格科微有限公司的上市申请得以顺利过会。

通过该案例可以看出，格科微有限公司在招股说明书以及第一次补充法律意见书中均以专利律师作出的 FTO 分析作为无侵权风险的依据，虽然其作为被告的侵权诉讼案件仍在审理，但是因为涉诉产品被判侵权可能性低，涉案产品收入占比较低且整体上呈现下降趋势，涉案产品不会影响其他显示驱动芯片产品的销售或者其他产品的销售，不会对发行人生产经营造成重大不利影响。基于以上几点，格科微有限公司最终顺利通过审核并且上市①。

---

① http：//listing. sse. com. cn/renewal/xmxq/index. shtml？ auditId＝658&anchor_type＝0.

第 2 章　FTO 项目的组织和管理

本章概述

　　本章在对比 FTO 项目和一般专利检索项目、尽职调查项目的基础上，总结了 FTO 项目的特征。结合 FTO 项目的特征，介绍了 FTO 项目的过程管理及如何界定项目的工作范围。

本章知识图谱

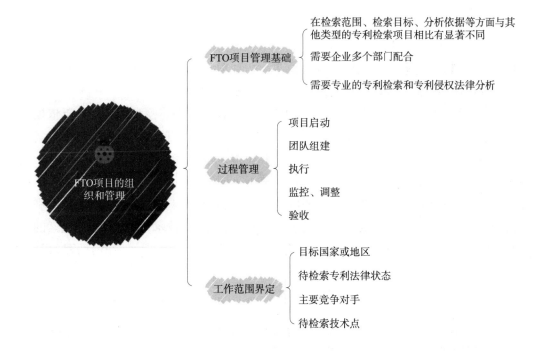

2.1　FTO 项目管理的基础

FTO 分析项目（以下简称 FTO 项目）具有多重属性。第一，FTO 项目检索的起点是企业的产品或技术，检索的范围是专利文献。这需要检索者对技术有充分的了解。这是 FTO 项目具有技术属性的一面。第二，FTO 项目的目标是发现是否存在可能影响目标产品或技术自由实施的专利，即发现目标产品是否落入了他人专利权的保护范围。这需要基于专利法进行分析，是 FTO 项目具备法律属性的一面。第三，FTO 项目的作用是评估企业的专利侵权风险，其本质是一种以项目形式存在的风险管理工具。

从项目管理的角度划分，FTO 工作包括项目规划、项目执行、项目监控和项目收尾 4 个模块。从风险管理的角度来看，FTO 工作需要解决的是风险识别、风险评估、风险应对和风险监控等。综合来看，FTO 项目可以拆解为项目规划、专利检索、侵权分析、报告整理和风险应对这 5 个模块。

2.1.1　FTO 项目的特殊性

1. FTO 项目和其他专利检索项目的异同

基于检索目标的不同，常见的专利检索项目包括：可专利性检索[①]、无效检索[②]、FTO 检索[③]、EOU 检索[④]、专利全景检索[⑤]等。FTO 项目是一种特殊类型的专利检索项目，实际使用中还被称为防止侵权检索、专利清查[⑥]检索。

与其他类型的专利检索项目相比，FTO 项目在检索范围、检索目标、分析依据等方面有显著不同。唐纳德·S. 雷米在《专利工程：构建高价值专利组合与控制市场指南》一书中将专利清查（Patent Clearance）和可专利性检索（Patentability Search）进行了对比，认为两种类型的检索目的不同、范围不同。专利清查的检索是"为了尽量减少即将上市的产品包含侵犯另一家公司或个人所拥有的专利技术的机会"；可专利性检索的目的是"聚焦于新颖性"，目标是确定最接近的现有技术[⑦]。专利清查检索的范围只需要限定于权利要求，并且是当前有效专利的权利要求；对可专利性检索而言，

①　翻译为 Patentability Search，或称为新颖性检索（Novelty Search）、现有技术检索（Prior Art Search）。
②　翻译为 Invalidity Search。
③　翻译为 Freedom to Operate（FTO）Search，或称为专利清查（Patent Clearance）检索、防止侵权检索。
④　翻译为 Evidence of Use（EOU）Search，或称为侵权检索。
⑤　翻译为 Patent Landscape Search。
⑥　翻译为 Patent Clearance。
⑦　唐纳德·S. 雷米. 专利工程：构建高价值专利组合与控制市场指南［M］. 张秉斋，张亚东，译. 北京：知识产权出版社，2020：127.

"来自任何信息源的资料都适合作为现有技术"①。Caezar Angelito E. Arceo 等从目标、用途、范围、何时检索等维度对比了可专利性检索和 FTO 检索的不同。Zuege，Austen P 在《专利自由实施检索、意见书、技术和研究》一书中则将专利检索划分为专利全景检索②、竞争对手检索、自由实施检索、无效检索、收并购尽职调查、诉讼情报检索和可专利性检索这几种类型。

为了帮助读者理解 FTO 项目，表 2-1 从检索起点、驱动因素、检索范围等几个维度对比了可专利性检索、无效检索、FTO 检索和 EOU 检索的异同。

表 2-1　常见专利检索的对比

检索类型	FTO 检索	EOU 检索	可专利性检索	无效检索
英文表达	Freedom to Operate（FTO）Search	Evidence of Use（EOU）Search	Patentability Search	Invalidity Search
其他名称	防侵权检索	侵权检索、使用证据检索	新颖性检索③、现有技术检索、预检索	现有技术检索
检索起点	特定的产品/技术	特定的专利	待申请的技术方案	授权专利
驱动因素	商业目的、风险管理	商业目的、显化专利价值	促进授权	清除障碍、专利无效
检索范围	基于对产品/技术的制造、销售、使用等行为限定目标国家/地区	基于专利的授权局限定目标国家/地区	全球范围内	全球范围内
检索目标	确认待检索的产品/技术是否侵犯其他人的专利权	确认是否存在产品/技术侵犯待检索专利的专利权	确认是否存在现有技术文献影响待申请的技术方案的可专利性	确认是否存在现有技术文献影响待无效专利的有效性
主要分析依据	侵权判定	侵权判定	新颖性、创造性	专利无效的条件
检索成本	非常高	较高	较低	较高
检索结果要点	根据项目需求确定，可包括：专利风险等级评价、高风险专利清单、不侵权意见书	制作侵权对比表，呈现侵权产品/技术及可能的侵权证据	现有技术文献和对可专利性的影响判断	现有技术文献和支持专利无效的理由论述

2. FTO 项目和一般尽职调查的异同

FTO 项目也可以被认为是尽职调查工作中的一种。与一般的尽职调查不同，FTO

---

① 唐纳德·S. 雷米. 专利工程：构建高价值专利组合与控制市场指南［M］. 张秉斋，张亚东，译. 北京：知识产权出版社，2020：126.

② 翻译为 Patent Landscape Search，主要用于确认产业内的参与者、其专利进攻性（例如，产业是否存在专利沙漠、专利森林或者专利丛林），以及对企业的产品和服务而言是否存在障碍。

③ 翻译为 Novelty Search。

项目具有以下特点：

第一，FTO 项目的利益相关方众多。FTO 项目需要获得产品、市场和法律的深度信息，需要企业多个部门的配合。通常来讲，一个高质量的 FTO 项目至少需要企业的法务、研发和市场部门的参与。在存在多个包括项目组织在内的利益相关方的前提下，如何明确各部门的责任、协调各部门之间工作关系，是 FTO 项目高效实施的重要因素。

第二，FTO 项目需要企业内部人员投入大量的工作。事实上，即便企业委托律师等外部顾问进行 FTO 分析，企业的员工仍然需要投入大量精力参与到 FTO 项目中，以向律师提供技术、市场信息等方面的支持，而这些员工往往也是企业的骨干员工。

第三，FTO 项目的质量有赖于专业的专利检索和专利侵权法律分析。FTO 项目不能通过固定的调查清单或模板完成，而需要根据项目的目标，采取相应的检索方法，并通过专业的法律分析，才能获得可信的结论。FTO 项目的重要目的在于识别专利侵权风险，从而为企业的研发路线、市场策略提供决策依据。如果 FTO 项目的专利检索和法律分析的质量不高，虽然报告看起来也比较完备翔实，但其实质上对于企业而言没有太多参考价值。

基于 FTO 项目的上述特点，高效、高质量地完成 FTO 项目，对企业而言至关重要。

2.1.2　FTO 项目的管理

除了按照项目规划、专利检索、侵权分析、报告整理和风险应对这五大模块对 FTO 项目进行拆分外，还可以从两种不同的角度查看 FTO 项目管理的工作：项目过程管理和项目主题管理。

结合表 2-2，从过程管理的角度看，FTO 项目一般包括项目启动、组建项目实施团队、项目执行等；从主题管理的角度看，FTO 项目涉及综合规划、利益相关方确定、工作范围界定等。

表 2-2　FTO 项目过程管理和主题管理交叉索引

主题管理	过程管理				
	启动	组队	执行	监控和调整	验收
综合规划	明确项目需求 评估可行性				收集经验教训
利益相关方	确定利益相关方	确定人员职责	管理利益相关方		
工作范围		定义范围		控制范围	
资源和成本	列支项目预算	确定项目成员			
时间	选择启动时间		制订进度计划 执行进度计划	控制进度	
质量		制定质量标准		监控质量	验收项目成果

主题管理	过程管理				
	启动	组队	执行	监控和调整	验收
风险	评估风险		处理风险	控制风险	
采购		外部机构选择和评估		管理外部机构	
沟通		确定沟通机制		管理沟通	

注：本表的制作参考了 GB/T 37507—2019。表格中所列事项不是为了开展活动制订时间顺序，其目的是映射过程管理和主题管理的若干活动。

关于项目的过程管理，将在本书第 2.2 节逐一进行介绍。关于项目主题管理，在 FTO 项目中尤其需要关注的是工作范围界定，其对项目能够产生的价值、项目需要的资源和成本、项目所需时间等都会产生重大影响。关于项目的工作范围界定，可以参考本书第 2.3 节的描述。

2.2　FTO 项目的过程管理

FTO 项目一般包括项目启动、组建项目实施团队、确定工作目标和范围、执行项目、项目监控和调整、项目验收等环节，本节主要介绍各个环节的注意事项。项目管理可以参考《项目管理指南》（GB/T 37507—2019）等相关标准。

2.2.1　项目启动

1. 提出项目需求

FTO 项目的需求通常来自企业的研发、市场或销售部门，而非法务部门。这些需求可能来源于公司研发立项、产品上市、出口、IPO、招投标、投融资等业务。提出 FTO 项目需求的部门应明确本次 FTO 项目的目的，并参与项目管理、验收工作。

2. 项目启动的时间点选择

以研发的进度为参照，FTO 项目的启动时间点可能是研发前、研发中或研发后。由于不同的研发阶段技术路线、技术方案或者产品的确定性程度不同，FTO 项目也具有不同的特点。

（1）研发前的 FTO 项目。此类项目通常由企业的研发部门发起。在新产品开展研发工作前，研发部门与销售部门、市场部门共同调研类似产品的功能、创新点，并初步形成新产品的设计方案，此时的设计方案通常包括多种可实现的研发路径。研发部门此时提出 FTO 项目的需求，目的在于评估不同研发路径的可行性、侵权风险等。此类 FTO 项目具有很强的前瞻性，而且由于此时技术方案尚未最终定型，并不存在绝对意义上的风险专利，选择或改变技术路径的成本也较低。此类 FTO 项目中，除了对风险进行识别和评估外，收集和整理项目中有价值的技术资料，为后续的研发工作提供技术情报支持也是其能够产生的价值之一。

（2）研发中的 FTO 项目。此类项目可能由研发部门、市场部门发起。在新产品研发过程中，产品的设计方案可能会进行调整，这种调整的原因可能来自成本压力，来自竞争对手的产品，甚至是客户临时提出的要求。此类 FTO 项目的技术方案相对确定，因此，可能会引入风险专利的概念，但由于产品尚未上市，选择、改变技术路线的成本相对可控。根据具体情况，如果存在风险专利，企业可以选择规避设计、许可谈判、提起专利无效宣告请求等多种应对策略。

（3）研发后的 FTO 项目。此类项目常见于企业产品上市、出口等节点，通常由销售部门发起。此时产品的方案已经定型，甚至产品在市场上已经开始售卖，如果检索到风险专利进而进行规避设计的成本会比较高。此时企业可选的策略也相对有限，通常只有进行许可谈判或提起专利无效宣告请求等策略可选。但风险专利的专利权人往往是企业的竞争对手，进行许可谈判的难度可能会非常高[1]。因此，此类 FTO 项目建议重点关注竞争对手的专利情况。在一些特殊场景中，采购方为了降低或者转移自己潜在的专利侵权赔偿风险，会要求供应商提供针对若干专利权人的 FTO 报告。此时的 FTO 报告往往以不侵权意见书[2]的形式存在。

3. 项目的可行性评估

FTO 项目可行性评估的目的在于判断本项目是否可行，进而评估本项目的价值或意义。

FTO 项目的可行性分析，主要判断本项目是否可以通过专利检索来确定和排除侵权风险。如果待排查对象并非专利保护的客体，则该项目的风险并非主要来自专利，此时不建议通过 FTO 项目来评估风险。

FTO 项目的价值或意义，通常可以通过竞争对手诉讼偏好、被诉可能性、可能赔偿额等维度进行分析。本项目涉及的产品如果构成侵权，被诉的可能性越大、可能的赔偿额越高，则该 FTO 项目的价值和意义也越大，越有必要开展 FTO 分析。

（1）竞争对手诉讼偏好分析。可以在司法案例数据库中检索竞争对手的专利诉讼数量，以评估其诉讼偏好。但要注意的是，如果对竞争对手利益影响较大，即便竞争对手此前没有太多的专利诉讼，竞争对手提起诉讼的可能性也会非常高。例如，企业

---

[1]　在此建议企业做好自身专利储备工作。面对直接竞争对手，如果企业有优质的专利储备，则有可能通过交叉许可的方式降低甚至化解潜在的危机。

[2]　英文翻译为 Non‐infringement Opinion，在美国基于恰当时机和完备检索的 FTO 报告所产出的不侵权的结论，有可能成为企业不存在恶意侵权的证明，从而避免在专利侵权案件中的惩罚性赔偿。

与竞争对手参与同一项目的竞标并胜出，此时业务部门应及时将相关信息同步给法务部门，如果中标产品也属于竞争对手重点专利布局的对象，企业此时也应对该产品的 FTO 项目给予重点关注。

（2）被诉可能性分析。企业是否被诉，虽然主要取决于专利权人的偏好，但同时，产品的销售模式、侵权可视性等也是企业是否被诉的重要影响因素。如果 FTO 项目涉及的是面向特定用户的产品，如 B2B 或 B2G 等销售模式中的产品，此类产品相对于 B2C 产品的被诉可能性更低；如果 FTO 项目涉及的是侵权可能性较低的产品或方法，对于专利权人的取证要求较高，被诉可能性也较低。

（3）可能赔偿额分析。FTO 项目涉及产品的可能赔偿额是决定 FTO 项目价值或意义的又一重要因素。可能的赔偿额不限于侵权成立后支付给专利权人的赔偿金，也包括侵权成立后无法履行与客户签订的合同的违约金等。因此，在 FTO 项目开始前，企业应结合业务、财务和法务等部门的意见，预估产品的销量，初步判断可能的赔偿额，并对如果被判决停止侵权可能带来的其他违约责任作出评估。

4. 项目的预算

FTO 项目往往需要较大工作量，企业需要配套相应的项目经费和预算。因此，项目启动时，企业内部需要安排是由业务部门还是法务部门列支项目预算。合理的项目预算，是保障项目顺利实施的前提条件。在 FTO 项目中，项目预算和工作范围之间存在一种平衡。在有限预算的前提下，工作范围的界定可以适当排列优先级。但是 FTO 项目旨在排查风险，在最低限度的工作范围基础上，企业也需要配套合理的预算以达成其风险排查的目的。

5. 项目的风险

和所有项目相似，FTO 项目中的风险可能存在于多个方面，例如需求变更、资源不足、进度滞后、预算不足、质量控制等。由于 FTO 项目的特殊性，在以上常见风险之外，尤其需要关注 FTO 项目的法律风险，并且这种法律风险可能因检索的目标国家或地区而异。例如，美国专利诉讼适用证据开示制度，其允许各方当事人在庭审之前从对方当事人和证人处获取证言、文件及其他证据。为了避免在可能的专利诉讼中给自己埋下故意侵权的隐患，企业需要在针对美国地区进行 FTO 检索时慎重选择外部机构（例如，需要考虑是否有必要选择美国律师，以获得律师 - 客户通信特权的保护）并确定恰当的沟通机制（例如，不要留下不利于己方的书面记录）。

2.2.2　组建项目实施团队

1. 确定项目成员和人员职责

一般而言，FTO 项目实施团队需要公司的研发部门、市场或销售部门、法务部门的参与。如果项目比较复杂，每个部门可能需要多人加入到项目中。如果项目委托了外部机构，则外部机构也可以比照企业的一个部门进行管理。

在组建了项目实施团队之后，应明确各部门分工、参与人员的职责。FTO 项目的负责人通常由法务部门或发起部门的人员担任。如果条件允许，项目的工作目标、人员的工作职责可以由更高级别的领导提出，以有效推动相关工作。

2. 确定项目沟通机制

在组建了项目实施团队之后，还应明确项目的沟通机制，包括沟通的内容、方式、频率等。在项目启动时，通常会召开项目启动会，阐明本次项目的工作背景、工作目标，并确定各部门的对接人以及沟通机制。

项目的沟通过程要高度保密，必要时需要相关人员签署保密协议或保密承诺书。项目执行过程中，可以采用邮件、加密压缩文件等方式传递保密资料。对于需要高度保密的信息，或者较为敏感的信息，可以采用当面沟通或电话沟通等方式。除了沟通机制，还需要明确项目信息传播的范围，以降低相关的法律风险。

3. 外部机构的选择和评估

对于外部机构，可以从人员专业性、对公司的了解和熟悉程度、是否具备律所资质、费用、工作周期、相关项目经验、尽职程度等角度进行选择和评估。

FTO 分析，需要按照目标国的法律判断专利侵权，涉及权利要求解释、相同或等同侵权、规避设计等专业法律问题，建议最好选择具有丰富诉讼经验的律师团队完成。有些 FTO 项目，需要向证券交易所、市场监管机构、用户等第三方证明不存在侵权风险，往往需要由律所出具法律意见，FTO 项目报告需要律所盖章、律师签字，此类 FTO 项目也建议主要委托律所完成。对于一些涉及大量专利检索工作的 FTO 项目，也可以采取专利检索分析机构与律所相互配合的模式。

4. 确定工作目标和范围

项目实施团队组建后或者项目执行前的首要工作即是确定工作目标和范围。FTO 项目的基本工作目标是识别风险专利，一些项目中还需要针对识别出的专利风险给出应对方案。FTO 项目的工作范围则因项目需求而异，且存在较大差别。关于如何确定 FTO 项目的工作范围，可以参考本章第 2.3 节或者第 3 章的内容。

2.2.3　项目执行

为了管理 FTO 项目的执行过程，可以制订项目计划，并确定各阶段的交付物。

通常而言，FTO 项目包括立项、确定技术点、专利检索、专利初筛、专利精筛、专利分析、研究处理建议、撰写报告等步骤。一个示例性的 FTO 项目执行计划如表 2 - 3 所示。

表 2 - 3　FTO 项目执行计划

序号	工作阶段	开始时间	完成时间	交付物	验收结论
1	立项				
2	确定技术点				
3	专利检索				
4	专利初筛				
5	专利精筛				
6	专利分析				
7	研究处理建议				
8	撰写报告				

从项目执行的角度看，在立项时需要确保项目中有至少 4 类角色参与：项目组织/管理者、工程师、检索人员和法律人员。项目组织/管理者在整个项目中起到了统筹作用，同时也是沟通机制的关键节点。工程师一般来自企业，需要较为熟悉待检索的产品或技术。检索人员和法律人员则分别需要承担专利检索和专利侵权分析的工作。

在确定技术点至专利分析的各环节，需要项目组织/管理者、工程师、检索人员和/或法律人员的共同参与，每种角色参与其中部分或者全部的环节。例如，确定技术点可以根据解构和重构的方法（可参考本书第 3 章）主要由工程师和检索人员完成。由于企业市场规划、企业品牌宣传计划等也会对技术点的重要性产生影响，因此项目组织/管理者也要充分参与其中，以获取必要的企业信息支持。此外，涉及产品技术特征的理解时需要工程师有较多的参与，涉及专利检索和筛选的部分则主要由检索人员完成，或者二者一起讨论完成相关内容。

与确定技术点类似，在研究处理建议时技术或者法律方面的建议固然重要，但也需要结合企业自身情况或商业因素进行全盘规划。这就需要项目组织/管理者基于企业立场对研究处理建议环节有深度的参与。

2.2.4　项目监控和调整

FTO 项目在执行过程中，常常需要监控可能引发项目变更的因素并对项目执行方案进行调整。这是因为在专利检索或分析的过程中，可能发现新的问题，导致项目的目标、方案发生重大变化。因此，FTO 项目必须要建立项目调整机制，以便及时进行调整，保证最终的项目质量和项目效果。

常见的项目变化包括以下情形：

（1）在专利检索过程中发现新信息。在专利检索过程中，发现潜在的竞争对手、新的技术术语，可能会导致检索策略以及后续的分析、规避设计等过程必须进行调整。

（2）在项目执行过程中发现新的法律问题。如果发现目标国的法律具有特殊规定，或者出现了新的判例、出台了新的法律法规等，可能也会导致项目的分析或执行过程需要进行调整。

（3）项目的目标发生变化。FTO 项目的目标可能会发生变化，例如，如果发现规避设计很难，可能需要进行专利无效检索；项目目标从规避侵权风险变更为确定新的研发路线等。FTO 项目的目标发生变化还可能体现在检索内容发生变化。例如，如果企业的技术方案发生变化（增加或者删除一些产品功能）、有新的市场规划（增加或者减少目标市场地域）等，都可能引起项目的目标发生改变。

当项目发生上述变化时，需要对项目执行方案进行调整，并同步给各个部门和执行成员。

2.2.5　项目验收

FTO 项目的质量取决于实施团队的尽职工作，也有赖于专业、合理的项目管理、监督和改进过程。根据项目执行方案，每个项目执行步骤均应该有中间交付物。通过对中间交付物的验收和讨论，可以确保项目朝着预定的目标有效执行。

FTO 项目的成果验收，可以从以下角度进行考量：

（1）技术维度。对于目标产品的待分析的技术点的总结和提炼是否准确、客观。对相关专利的分析和比对在技术上是否合理、可信。

（2）法律维度。侵权判定是否根据目标国的法律进行判断，是否考虑专利的审查历史，等同侵权的分析是否充分等。

（3）检索维度。专利检索词、专利分类号是否全面、合理，检索策略是否全面、合理，专利筛选是否有明显遗漏等。

在实践中，完成验收是 FTO 项目的终点。但是对于企业而言，FTO 项目的验收可能仅仅是其风险管理工作的一个中间节点。针对 FTO 项目中识别出的专利风险，企业可以有针对性地选择修改技术路线、规避设计、专利许可（或交叉许可）、专利无效等方式进行应对。

2.3　项目工作范围的界定

当前，各种产品的技术集成度非常高。例如，一台智能手机，可能涉及通信技术、电源技术、产品结构、外形设计、用户界面等众多技术，其背后可能涉及数十万件专利技术。因此，对于一件复杂的产品，事实上不可能进行全面的专利侵权风险排查。此外，FTO 项目可能还会受限于项目预算、人员、时间等，这些限制同样会对 FTO 项目的工作范围产生影响。

因此，每个 FTO 项目都要限定工作范围。通常来讲，最常见的 FTO 项目工作范围的界定方式是通过限定专利检索范围来实现的，例如技术范围、目标国家/地区范围、竞争对手范围、时间范围、法律状态范围等。

但是，一旦限缩 FTO 项目的检索范围，就意味着遗漏重要风险专利的可能性会增加，因此在确定 FTO 项目工作范围时，应当在充分考量 FTO 项目的工作目标的情况下，在成本与效益之间作出慎重的权衡。

2.3.1　确定目标国家或地区

专利具有地域性，即授权专利不能在本国或本地区外行使排他权。因此，对于 FTO 项目，目标产品制造、销售或推广的目标国家或地区可以作为专利检索的地域范围。

非目标国家或地区的专利虽然有可能在未来通过优先权等方式进入目标国家或地区，并不能完全排除风险，但如果这类专利的数量很少，则分析这类专利的必要性较低。

2.3.2　确定待检索专利的法律状态

专利的法律状态通常包括：授权有效、未决、已失效。对于未决状态还可以分为申请未公开、审查中、驳回待复审等。理论上讲，处于授权有效、未决状态下的专利都有可能对目标产品构成威胁，因而检索此类专利属于 FTO 项目的工作范围。

但如果 FTO 项目的时间比较紧迫，也可以只对授权有效专利进行检索，理由如下：

（1）未决状态的专利，其保护范围很可能会发生很大的变化。在专利审查过程中，申请人很可能会基于现有技术证据、审查员的意见、授权时间的紧迫性等原因，对保护范围作出调整，而调整后的保护范围很可能与此前变化巨大，使得前期的分析工作完全不能适用。

（2）研究未决状态的专利，会明显增加检索数量。因此，如果综合考量成本与效率，FTO 项目可以只对授权有效的专利进行检索。但是，FTO 项目应该定期更新，在一定时期以后，如果未决状态的专利获得授权，仍然可以纳入分析范围。

2.3.3　确定主要竞争对手

目标产品的出现会直接或间接影响竞争对手的收益、客户评价等，因此在实践中，竞争对手往往是对目标产品提起专利侵权诉讼的主要主体。

竞争对手发起的专利诉讼还具有另一特点，即和解成本极高。由于目标产品对竞争对手收益的直接影响，使得竞争对手在专利诉讼中通常不会选择和解谈判，或要求极高的和解条件。非实施实体（NPE）虽然也经常发起专利诉讼，但其诉讼策略通常更为温和，和解意愿高，风险反而相对可控。

因此，如果 FTO 项目预算有限（例如，时间较为紧迫或成本投入较少），通常建议只对主要竞争对手的专利进行重点排查。需要注意的是，竞争对手的关联公司、主要股东个人持有的专利，也需要纳入排查范围。竞争对手的筛选过程，可以邀请公司的业务/市场部门人员参与，提供更及时、准确的信息，例如在实务中，业务部门往往能够通过招投标项目发现最新的竞争对手信息。

2.3.4　确定待排查技术点

如前所述，对一件产品所有的相关专利进行排查，在时间、效率上往往是不现实的。因此，在 FTO 项目开始前，可以通过梳理技术点的方式确定待排查的主要技术点，以实现在有限的时间内排除最重大的风险。

1. 技术特征分解

技术特征分解（或称划分技术点）的目的即拆分目标产品的技术方案，以聚焦分析对象和检索范围。例如，某公司开发了一款新型工业机器人，技术特征可以划分为工业机器人本身，或者工业机器人的整体架构（例如，移动底盘及电机）。如果是在2000 年左右，由于相关专利极少，如上所述的技术特征分解方式可能会具有可操作性。然而，如今工业机器人已经有了长足发展，积累了海量的专利，全面排查显然是不现实的。因此，FTO 项目开始前通常需要定义待检索的技术特征（或"技术点"），该技术点往往是更具体的技术方向，例如，工业机器人底盘的悬挂机构、转向机构等子组件或子系统。

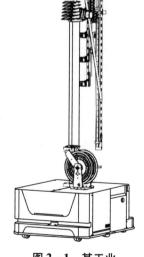

通常，技术点是指可以独立执行某一功能的最小的技术方案。仍以某工业机器人为例，如图 2 – 1 所示。该机器人根据功能划分，可以将其机械结构初步划分为提供动力的底盘、可升降桅杆、用于盘点货品的扫描仪三部分，将其控制方法初步划分为导航方法、检测方法等两部分。此时，技术点的划分粒度显然小于工业机器人整体结构，但该划分是否合适，还需要根据实际情况与技术人员进行探讨。

技术特征分解通常考虑以下几个方面：

（1）技术发展时间。类似技术的发展时间越长，公有领域中积累的技术越多，越要将技术点划分得更为细致。

（2）技术密集程度。技术密集程度越高，每个技术点涉及的专利数量越多，越要将技术特征划分得更为细致。

图 2 – 1　某工业机器人示意图

（3）时间/成本要求。时间要求越紧迫，或成本投入越小，能够排查的专利总量越少，技术点的划分也应更为细致，将精力聚焦在更加重要或风险更高的技术点上。

例如，对于上述工业机器人的 FTO 项目，对于技术点进行细分，可以参考图 2-2 所示的划分方式。

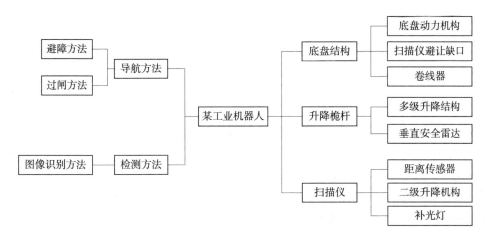

图 2-2　某工业机器人的技术特征分解示意图

2. 确定技术点

技术特征分解只是确定工作范围的第一步，通常的 FTO 项目难以覆盖所有划分的技术点，因此还需要考虑竞争对手的技术和专利布局重点、时间和成本等因素，以确定项目的真正检索和分析的技术点。例如，对于如上所述的工业机器人，其每个零件（甚至移动轮或螺母）都有可能受到专利保护，在这种情况下，对于所有的技术点和相关专利进行风险排查是不现实的。此外，对于一些通过采购的方式获得的部件，可以由供应商提供相关报告或者协议中约定对应事项，以减轻企业风险排查的压力。

因此，对于 FTO 项目，出于对项目的成本和效率的角度考虑，还需要确定或选择具体分析的技术点，确定技术点可以考虑以下因素：

（1）新颖性。对于大部分国家或地区，专利的保护期最长只有 20 年（某些国家如美国，可能通过专利期限补偿制度，使专利保护期达到 20 年以上），因此如果某项技术点提出已经超过 20 年以上，其受到专利权保护的可能性非常低，可以不作为专利排查的对象。

此外，如果公司的技术人员非常确定某技术点属于公司的原创技术，具备新颖性，则在该技术点上公司侵犯他人专利权的风险较低，该技术点也可以不作为重点分析的技术点。

（2）可专利性。不同国家或地区对专利客体的要求不同，例如在中国就难以取得对疾病诊断治疗方法、智力活动规则、商业模式等方案的专利权。如果某项技术在该国或地区无法作为专利申请的客体，那么排查该技术点的意义很小。

（3）可识别性。技术方案的可识别性是又一重要的考量维度。试想，一件产品的机械机构或外观设计，专利权人可以很容易地获得该技术信息，并通过简易的公证购买、拆解产品等识别侵权行为，收集、取证、验证侵权行为的成本均极低。而软件的底层逻辑、算法等技术方案难以简单地通过采购侵权产品后的反向工程验证，且该类产品迭代快，厂商容易通过软件更新等方式改变技术方案，这会给技术方案的固定、验证侵权行为带来很大阻碍。

因此，对于一项 FTO 项目，可以从可识别性的角度对机械结构或外观设计类的技术点给予更高程度的重视。

需要补充说明的是，标准必要专利（Standard Essential Patent，SEP）虽然也涉及通信方法或算法，但其取证难度实际较低，如通信领域的产品，如果专利权人证明该产品采用了某项技术标准，且专利权人的专利与标准具有对应性，法院通常会认定该产品落入该对应的标准必要专利的保护范围。不过，标准必要专利的持有人通常会承诺按照公平、合理和无歧视（Fair、Reasonable and Non‑Discriminatory，FRAND）的原则对他人进行专利许可，如果谈判处理得当，一般不会引起目标产品被禁售等严重风险。

因此，对于一项 FTO 项目，技术点是否涉及标准、是否存在标准必要专利也是需要调查的内容之一。

（4）技术复用度。同一公司的不同产品间可能会存在技术沿用或技术复用，例如一家机器人公司往往会在多款产品中采用其较为成熟的移动底盘部件，因此确定公司其他产品在设计上是否存在技术复用，也是确定技术点的重要考虑因素，这样可能会达到在一个项目中排查多件产品侵权风险的目的，以节约成本。

（5）诉讼热度。对于产品不同技术点诉讼热度的分析，也可以辅助聚焦核心技术点。例如在一台汽车中，轮胎所涉及的专利纠纷远不及发动机。因此，可以将发动机作为重点分析的技术点。

另外，诉讼热度也要考虑与竞争对手实施产品的相似性，相似度越高，对应的诉讼风险也会越高。

（6）对产品整体盈利能力的影响。产品的核心功能能够明显提升产品竞争力，提高产品的盈利能力，应该作为重点分析的技术点。对于面向消费者的产品，其大力宣传的卖点、独特的功能、识别性的设计均可以归为产品的重要特点，基于这些特点产品更容易被消费者所选择，因此也可能会成为竞争对手所重点攻击的对象。对于面向企业/政府机构的产品，招标方的痛点、招标文件中的特别要求往往是产品的重要特点，基于这些特点使产品有了进行投标的资格，因此也会成为竞争对手的关注对象。

综合以上考量维度，在对技术特征分解后可以形成 FTO 项目技术点调查问卷，如表 2‑4 所示。

表 2 - 4　FTO 项目技术点调查问卷

类别	编号	特征名称	特征描述	该技术问世是否远超 20 年	公司是否申请专利	可专利性	可识别性	涉及产品	诉讼热度	是否为关键卖点
硬件	1									
软件	1									

　　将产品的各项技术点按表 2 - 4 的形式调研后,可以根据项目成本(外部机构通常会按照技术点数量计费)、项目时间节点、项目参与人员等因素,最终确定待排查的技术点。

第 3 章　FTO 检索方法和工具

本章概述

　　FTO 检索方法和工具的选择源于对 FTO 工作的理解。本章将在梳理 FTO 分析关键步骤的基础上介绍 FTO 检索的方法和工具。第一节描述了 FTO 检索策略的特点和主要构成。第二节从 FTO 项目的需求及检索范围的确定、目标产品或方法的解构及检索目标的确定、基于待检索技术点制作检索要素表、数据库选择及检索式构建、执行检索与补充检索、专利筛选与检索结果评估等几个方面阐述了 FTO 检索的关键步骤。第三节围绕 FTO 项目常用的检索方法阐述了关键词检索、分类号检索、竞争对手检索、其他方式检索。第四节列举了常用的 FTO 检索资源和工具。

本章知识图谱

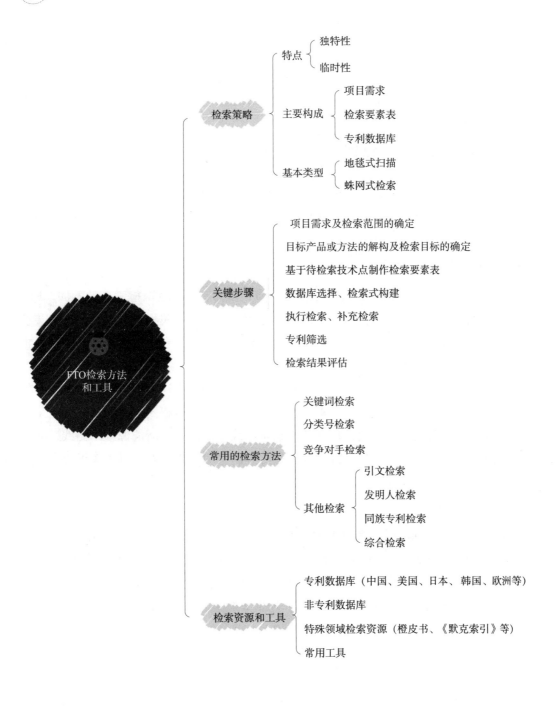

3.1 FTO 的检索策略

检索策略是指为实现检索目标而制定的全盘计划和方案①。也有学者将检索策略描述为在分析检索问题的基础上，确定检索数据库、检索用词，并明确检索词之间的逻辑关系和查找步骤的科学安排。

3.1.1 FTO 检索策略的特点

FTO 检索作为一种独特的以项目形态存在的风险管理工具，具有项目的基本特征，如临时性、独特性和渐进明细性②。具体到 FTO 项目上，则表现为检索策略的独特性、临时性、动态性和高预见性。

1. FTO 检索策略的独特性

FTO 检索策略的独特性是指根据检索时间、目标产品，甚至检索人的不同，FTO 的检索策略可能不同。例如，1885 年卡尔·弗里特里奇·本茨将单缸汽油发动机装在了一辆三轮马车上，发明了第一辆不用马拉的马车并申请了专利，开启了人类运输史上的新纪元。试想在 19 世纪针对汽车这一产品进行 FTO 检索和现如今针对汽车这一产品进行 FTO 检索显然会有不同的检索策略。又例如，即使在同一时期针对汽车进行检索，由于各个厂商产品的差异，检索策略的制定也必然不尽相同。有的汽车厂商采用燃油技术路线，有的汽车厂商采用新能源技术路线。即使都是新能源技术路线，其三电系统也存在巨大差异。此外，检索策略是由人制定的，其必然会由于知识背景的差异、检索习惯的不同而存在差异。

2. FTO 检索策略的临时性

FTO 检索策略的临时性是指 FTO 检索需要有明确的范围、起点和终点，不能无限期不计成本地延续。FTO 检索范围的限定一般包括检索目标专利的目标国家/地区、法律状态、申请时间、权利人等。在限定初步的目标专利的范围后，需要以待检索产品或方法的特征为起点进行检索。同时，检索需要有明确的可以终止检索的条件。

图 3-1 中展示了甲、乙两条检索曲线，横轴代表使用的检索式的数量，纵轴代表

---

① 李鹏. 区域科技情报的研究与实践 [M]. 武汉：湖北科学技术出版社，2012.

② 根据《极简项目管理》一书的描述，项目的独特性指每个项目创造的可交付成果（产品、服务或成果）都是独特的；项目的临时性是指项目有明确的起点与终点；项目的渐进明细性是指逐渐细化，意味着项目是在连续积累中分步骤实现的，即逐步明确项目的细节特征。

每个检索式命中检索结果的数量。对于甲、乙而言，如果分别在 S_1、S_2 终止检索，则意味着检索结果并不完整，此时得到的自由实施的检索结论会较为片面。但是如果在 S_3、S_4 时仍未及时停止检索，则长尾区域的投入产出比将极低。关于如何有效识别出长尾区域以便及时终止检索，将在第 3.2 节给出一些建议。

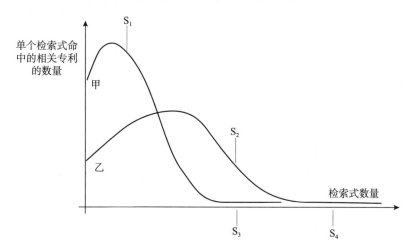

图 3 – 1　FTO 检索式和检索结果曲线

3. FTO 检索策略的动态性

FTO 检索策略的动态性是指在一个项目中检索策略不是一成不变的，需要根据获得的检索结果进行实时的调整。在一些项目中，由于产品特征也可能发生变化，FTO 检索策略也要随之进行相应的调整。例如，对于在产品研发的较早期阶段开始的 FTO 检索，要根据研发进度调整 FTO 的检索策略。

4. FTO 检索策略的高预见性

FTO 检索策略的高预见性是指在一个具体的项目中，无论 FTO 策略存在何种差异，其执行结果都需要能够尽量客观地预判是否可能存在侵权风险以及给出对应的专利清单。结合图 3 – 1 中甲、乙两条曲线可以理解为，无论 FTO 策略以其中任何一条的形式存在，其所覆盖的面积需要相近，且风险专利需要被包括在该面积所覆盖的区域。

3.1.2　FTO 检索策略的主要构成

结合 FTO 检索的以上特性，一个好的 FTO 检索策略需要能够明确回答以下问题：

1）针对项目需求，检索的范围是什么？

2）针对目标产品或方法，需要检索哪些技术内容？可以归纳为哪些待检索特征？

3）针对检索目标的具体特征，有哪些检索要素可以用于表达这些特征？这些要素之间的关系是什么?

4）哪个数据库适合用于本项目的检索? 何时可以终止检索?

5）采用何种检索方式, 能够尽量全地找到可能存在侵权风险的专利?

6）检索中有哪些方式可以提高检索的效率、控制检索的成本?

将以上问题转化为可以直接使用的图表, FTO 检索策略的构成可以描述为图 3 - 2 所示的内容。FTO 检索策略中需要包括以下内容:

1）对项目需求的详细描述: 项目需求是策略制定的起点。基于对项目需求的分析, 可以确定检索的范围和待检索的技术点。

2）检索要素表: 检索要素表是待检索技术点和目标专利（可能存在专利侵权风险的专利）之间的桥梁。

3）所选择的专利数据库: 专利数据库是 FTO 检索策略得以执行的基本保障, 有效地进行检索要素的表达和检索式的构建, 可以高效地定位到目标专利。

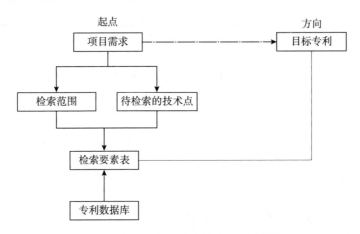

图 3 - 2 FTO 检索策略的主要组成部分

根据项目的预算、周期、团队构成、项目需求等, FTO 的检索策略可以灵活多变, 但其根本上可以归结为地毯式和蛛网式两种基本类型。

1）地毯式扫描策略: 指在一个选定范围内进行逐件的风险专利判断。该选定范围可以是一个或几个专利权人、一个或几个专利分类号等。这种策略可以最大限度地降低检索的难度, 但是由于需要对每件专利都进行风险识别, 成本较高。采用这种策略能否全面识别风险, 主要依赖于初始范围的圈定是否足够广以及对每件专利侵权风险判定的准确性。在专利风险仅存在于个别专利权人（例如, 直接竞争对手）时, 或者检索难度大（例如, 待检索的技术点非常多, 或待检索的技术点描述困难）的情况下, 推荐此策略。

2）蛛网式检索策略: 指针对待检索的技术点, 先找到一组最相关的专利, 然后基于新发现的线索扩展检索范围至覆盖尽量全的相关专利。可供选择的检索方法和扩展检索方法详见第 3.3 节的描述。这种策略可以有效控制需要进行侵权分析的专利的数量，但是会对检索人员的检索技能和待检索技术点的理解提出较高的要求，且运用不当很容易造成漏检。

在实际的 FTO 项目中，往往会交替使用以上两种策略。例如，可首先采用蛛网式策略对待检索的技术点进行检索，然后对于检索中发现的重点专利权人、重点分类号再进行地毯式扫描。又例如，针对一个专利权人的专利，可以先进行蛛网式检索，从最相关的专利开始进行侵权分析，然后对剩余专利进行地毯式扫描。

3.2　FTO 检索的关键步骤

本节从具体执行 FTO 检索者的立场描述 FTO 检索的关键步骤。

3.2.1　明确项目需求和检索范围

FTO 检索的目标在于判断是否存在专利侵权的风险。风险是不可预测和不可控制的，总会存在一定程度的不确定性。因此，无论一个 FTO 项目在检索的广度和深度上做出了何种扩展、投入了多大成本，都难以避免会有申请和/或专利不被发现。鉴于此，在项目执行之初有必要划定检索范围以有效平衡项目的投入和产出。检索范围的限定需要具备法律知识的专业人士基于项目的需求和待检索产品或方法的信息作出综合的判断。本节将提供一些可供参考的限制检索范围的维度，如图 3 - 3 所示。

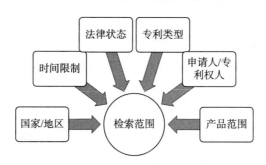

图 3 - 3　限制检索范围的可选维度

1. 国家/地区范围

由于专利权具有地域性①，因此在每一个 FTO 项目中都要先确定检索的国家/地区范围。以中国为例，根据《专利法》第 11 条的规定，实施专利，对发明和实用新型专利权而言是指制造、使用、许诺销售、销售、进口专利产品，使用专利方法以及使用、

---

　　① 所谓地域性，就是对专利权的空间限制。它是指一个国家或一个地区所授予和保护的专利权仅在该国或该地区的范围内有效，对其他国家或地区不发生法律效力，在其他国家或地区其专利权是不被确认与保护的。

许诺销售、销售、进口依照该专利方法直接获得的产品；对于外观设计专利权而言，是指制造、许诺销售、销售、进口外观设计专利产品。因此自由实施检索的国家/地区范围的限定应当包括：目标产品的制造、使用、许诺销售、销售、进口行为相关的国家/地区。

一种行为是否构成实施专利的行为需要具体问题具体分析。为了便于操作，在 FTO 项目中一般可以基于以下问题确定检索的地域范围：

1）目标产品①是在哪里制造的？

2）目标产品的销售模式是什么？计划销往哪些国家/地区？

3）以目标产品为零部件或者中间产品的产品，主要在哪些国家/地区被使用？

4）目标产品属于哪个企业，企业的地址在哪里？

5）计划在哪些国家/地区投放目标产品的广告或者进行展销？

在一些国家和地区，存在多个专利局颁发的专利可以在当地维权的情况。对于这类情况需要先明确哪些专利局颁发的专利对目标国家/地区有效，从而最终确定检索范围。

以德国为例，对于发明和实用新型②，既可以通过德国专利商标局③申请专利，也可以通过 EPO④的途径申请并获得授权；对于外观设计，则有德国专利商标局和 EUIPO⑤两个机构注册的外观设计需要被纳入检索范围。即，以德国为目标国家/地区进行 FTO 检索时，需要同时关注德国专利商标局、EPO 和 EUIPO 三个机构授予的专利权。

2. 时间限制

专利权是有一定期限的（见表3-1）。在我国发明专利权的期限为 20 年，实用新型专利权的期限为 10 年，外观设计专利权的期限为 15 年，均自申请日起计算。检索中使用的时间限制可以在此基础上进行。

表 3-1 世界五大知识产权局（IP5）的专利类型和专利权期限

世界五大知识产权局	专利类型	保护期限
中国（CN）	发明	自申请日起 20 年
	实用新型	自申请日起 10 年
	外观设计	自申请日起 15 年⑥

---

① 如果无特殊说明，本章中所使用的"目标产品"也包括了基于待检索的方法获得的产品。

② 德国专利包括实用新型。

③ https://www.dpma.de/english/index.html.

④ 欧洲专利局（European Patent Office，EPO）是根据《欧洲专利公约》，于 1977 年 10 月 7 日正式成立的一个政府间组织，负责审查授予可以在 44 个国家生效的欧洲专利（European Patent）。

⑤ 欧盟知识产权局（European Union Intellectual Property Office，EUIPO），属于欧盟组织和机构之一，于 1994 年创立，负责管理欧盟商标和外观设计的注册。

⑥ 第四次修改的《专利法》将外观设计专利的保护期限由 10 年延长至 15 年。

续表

世界五大知识产权局	专利类型	保护期限
美国（US）	发明	自申请日起 20 年
	外观设计	自授权日起 15 年
	植物专利	自申请日起 15 年
欧洲（EP）	发明	自申请日起 20 年
日本（JP）	发明	自申请日起 20 年
	实用新型	自申请日起 10 年
	外观设计	自注册日起 15 年
韩国（KR）	发明	自申请日起 20 年
	实用新型	自申请日起 10 年
	外观设计	自登记日起 15 年

在基于专利权期限进行时间限制时，为避免遗漏一般需要适当放宽时间范围。这主要是因为存在专利权期限延长的情况。以美国专利为例，存在专利权期限调整（Patent Term Adjustment，PTA）制度以补偿因专利局导致的专利授权延误；此外存在专利期限延长（Patent Term Extension，PTE）制度以补偿药品、食品添加剂、医疗设备等产品因美国食品药品监督管理局的监管审批流程过长从而导致的上市延误。我国第四次《专利法》的修改也引入了专利保护期调整制度和专利保护期延长制度。《专利法》第42 条规定："……自发明专利申请日起满四年，且自实质审查请求之日起满三年后授予发明专利权的，国务院专利行政部门应专利权人的请求，就发明专利在授权过程中的不合理延迟给予专利权期限补偿，但由申请人引起的不合理延迟除外。为补偿新药上市审评审批占用的时间，对在中国获得上市许可的新药相关发明专利，国务院专利行政部门应专利权人的请求给予专利权期限补偿。补偿期限不超过五年，新药批准上市后总有效专利权期限不超过十四年。"

在 FTO 检索过程中是否使用时间限制、如何使用时间限制并不是绝对的。如前文所述，由于存在专利期限调整，为避免漏检建议适当放宽针对申请时间的限制。此外，在一些情况下也可以基于法律状态替代对申请时间的限制。例如，以专利权有效的专利为唯一目标进行检索时，可以选择只限制法律状态而不再对申请时间进行限制。

3. 法律状态

专利的法律状态包括专利权有效性、权利范围和专利权归属等相关的状态。在 FTO 检索策略制定阶段，需要重点关注权利有效性相关的法律状态，主要包括：专利

042 | 专利侵权风险防控——FTO 分析实务指南

权有效①、专利申请尚未授权②、专利申请撤回③、专利申请被驳回④、专利权终止⑤、专利权无效⑥。

常规 FTO 项目会将检索的范围限定在专利权有效的专利中。但是在一些特殊情况下，需要将检索范围扩展至专利申请尚未授权甚至更广的范围。下面简要列出了一些支持这些扩展的情景和理由：

1）对于已经成为公知技术的专利，需要关注其是否可以成为研发中直接利用的技术方案，或者可以成为抗辩自己不侵犯专利权的依据。

2）对于已经成为公知技术的专利，需要关注其是不是检索的重要线索，例如可以基于该专利的专利权人、发明人、在先或在后引用等进行追踪检索。

3）对于涉及无效的专利，需要关注是否有权利恢复的可能。

4）对于申请尚未授权的情况，需要关注产品是否落入未来可能获得授权的范围，必要的情况下可以利用一些程序（例如，第三方意见）阻碍其获得授权。

5）对于申请被撤回、专利申请被驳回的情况，需要关注是否有权利恢复的可能。

6）对于具备续案、分案条件的，需要关注其续案和分案的可能性和有可能获得的权利范围。

7）需要在准确计算专利保护期限的基础上判断其法律状态，尤其需要注意是否存在期限延长⑦和期限缩短⑧的情况。

需要特别说明的是，对于需要将检索范围扩展至专利申请尚未授权状态的 FTO 项目，往往也意味着需要将检索范围扩展至 PCT 申请和申请日处于 12 个月期限内的非目标国家/地区的专利申请。之所以需要扩展，是因为 PCT 申请有落地的机会，而一些非目标国家/地区的专利申请则有可能通过《保护工业产权巴黎公约》在目标地获得专利

---

① 在检索当日或检索日前，被检索的专利已获权，并且至检索日之后的下一个交费日前专利是有效的，该法律状态称为专利权有效。

② 在检索当日或检索日前，被检索的专利申请尚未公布，或已公布但尚未授予专利权，该法律状态称为专利申请尚未授权。

③ 在检索当日或检索日前，被检索的专利申请被申请人主动撤回或被专利机构判定视为撤回，该法律状态称为专利申请撤回。例如，中国《专利法》规定发明专利申请人无正当理由逾期不请求实质审查、申请人无正当理由逾期不答复审查意见通知书的视为撤回。

④ 在检索当日或检索日前，被检索的专利申请被专利机构驳回，该法律状态称为专利申请被驳回。

⑤ 在检索当日或检索日前，被检索的专利虽已获权，但是专利权有效期届满或者在专利权有效期尚未届满时提前失效。具体包括三种情况：1）有效期届满而终止，即专利权有效期已超过专利法规定的期限（包括超过扩展的期限）；2）有效期尚未届满时由于未按照规定缴纳年费引起的专利权终止；3）有效期尚未届满时由专利权人的主动放弃（以书面声明放弃）而引起的专利权终止。

⑥ 在检索当日或检索日前，被检索的专利曾获权，但由于无效宣告理由成立，专利权被专利机构判定为无效，该法律状态称为专利权无效。

⑦ 例如专利保护期调整制度和/或专利保护期延长制度所引起的期限延长。

⑧ 例如，在美国递交过期末放弃（Terminal Disclaimer）则可能存在专利权期限的缩短。根据美国专利法的规定，禁止"显而易见"类型的同样发明"重复授权"，为了获得授权，专利权人一般会递交"期末放弃"的声明，基于该声明在后专利的终止日与在先专利的终止日相同。

授权。

4. 专利类型

专利类型包括发明、实用新型①和外观设计②。在 FTO 检索中需要了解目标国家/地区法定的专利类型，同时需要分析待检索的产品可能侵犯哪种类型专利的专利权。这样做有助于我们提高检索的效率，同时也能帮助我们避免不必要的漏检。

（1）基于专利类型限定提高检索效率。

不同类型专利的保护内容不同。以我国为例，《专利法》第 2 条规定，发明是指对产品、方法或者其改进所提出的新的技术方案；实用新型是指对产品的形状、构造或者其结合所提出的适于实用的新的技术方案；外观设计是指对产品的整体或者局部的形状、图案或者其结合以及色彩与形状、图案的结合所作出的富有美感并适于工业应用的新设计。

在 FTO 检索中，事先排除待检索技术点不会以哪种类型的专利进行保护，可以帮助我们提高检索的效率。例如，待检索的目标产品是一种智能空调，待检索技术点是：当空调压缩机的停运时间和空调的运行模式满足一定条件时，空调会自动进行清洁。针对此需求进行 FTO 检索时，可以直接将检索范围设置为发明，而没有必要检索实用新型和外观设计专利，从而提高检索效率。

（2）基于专利类型避免漏检。

基于专利类型可以避免漏检的原理有二：一是需要基于专利类型选择恰当的数据库，确保所使用的数据库包括需要检索的专利类型；二是专利类型会影响所使用的检索字段，需要基于专利类型构建恰当的检索式。

不同类型的专利在数据库中可能对应不同的检索入口，甚至对应不同的数据库。一般而言，商业数据库会集成不同类型的专利文献，并提供统一的检索入口。而在使用专利局官方网站的数据库时，需要格外注意不同类型专利的检索入口问题。在进行专利检索时，需要确保所选择的数据库覆盖了所有可能的专利类型。

关于专利类型对检索式构建的影响，在此以专利分类进行说明。例如，外观设计采用不同于发明和实用新型的分类法进行分类。发明和实用新型的分类法包括 CPC、IPC 等；外观设计则采用洛迦诺分类法③进行分类。如果待检索的目标对象包括外观设计，则需要注意检索式中对 IPC 等分类的使用。因为如果基于 IPC 分类法进行检索，则意味着外观设计被排除在了检索式的检索范围之外。

5. 申请人/专利权人

是否需要将检索范围限定在特定的申请人/专利权人的范围内，需要根据项目的需

---

① 在一些国家有实用新型专利，例如中国、日本；一些国家不存在实用新型类型的专利，结构方面的新技术方案也以发明进行保护，例如美国。

② 美国专利类型包括发明专利（Utility Patent）、外观设计专利（Design Patent）和植物专利（Plant Patent）。

③ 又称为国际外观设计分类法。

求来确定。例如，如果项目方出于成本或者其他考虑仅需要针对直接竞争对手展开自由实施检索，这时候则需要进行申请人/专利权人的限定。

在一些情况下，虽然不能将检索范围限定在特定的申请人/专利权人范围内，但是从该范围开始进行 FTO 检索可以帮助检索人员提高工作效率。从一些重要的申请人/专利权人开始检索并评估检索到的专利是否有侵权风险，会带来诸多好处。例如，可以降低检索的难度。在极端情况下，可以通过逐件浏览的方式逐一排查风险专利，从而最大限度地避免漏检。此外，从一组相关性较高的专利开始检索和浏览工作，可以帮助 FTO 项目人员加深对技术和产品的理解，从而适应更大范围的专利检索。

6. 产品范围

在实践中，企业往往会有多款产品，一款产品中可能会涉及多种或者自研或者采购的部件。对哪些产品或者部件有必要进行风险排查，往往是企业开展 FTO 工作面临的第一个问题。关于这个问题没有唯一的答案，需要结合企业的商业环境和期待 FTO 工作达成的目标进行综合的分析。在此提供一些可供参考的维度：

1）检索新产品，这里的新产品既包括本行业的新产品，也包括本企业新涉足开发的新产品。

2）检索对企业最有影响的产品，例如主要利润来源产品、市场销量最大的产品等。

3）检索最有可能受到竞争对手攻击的产品，例如计划参加展会的产品、和竞争对手存在直接竞争关系的产品。

3.2.2 解构及确定检索目标

检索目标在 FTO 项目中用于限定检索的范围并指引检索的方向。一个完整清晰的检索目标需要包括：待检索的技术点、检索的目标地域、时间范围、针对的专利类型、目标专利的法律状态限定等。后四者在前一环节基本可以确定，本小节主要描述针对目标产品或方法如何确定待检索的技术点。

对目标产品或者方法的所有技术点都进行检索显然是不合理的，其成本高昂、必要性存疑。检索目标中待检索的技术点的确定可以理解成一个目标产品的解构和重构的过程。解构是一个多维度的产品拆解过程，通过该过程可以梳理所有备选的检索项清单；而重构的过程则是在这个清单的基础上，进行检索的必要性判断和筛选。在实践中，可以借助思维导图等工具进行目标产品的解构。图 3-4 以思维导图的形式展示了一种基于占用空间进行划分的电梯系统的组成①。

在图 3-4 所示的电梯系统解构的基础上，即可进行下一步重构以确定待检索的技

① 陈继文，杨红娟，崔嘉嘉，等. 现代电梯结构、制造及检测 [M]. 北京：化学工业出版社，2017：10.

术点。重构的本质是对技术点按照检索的必要性分级，确定是否检索及优先次序。必要性分级可以参考本书第 2 章给出的新颖性、可专利性、可识别性等 6 大维度。重构过程中，也可以针对每一个子系统/模块/部件/特征尝试回答以下问题以判断检索的必要性：

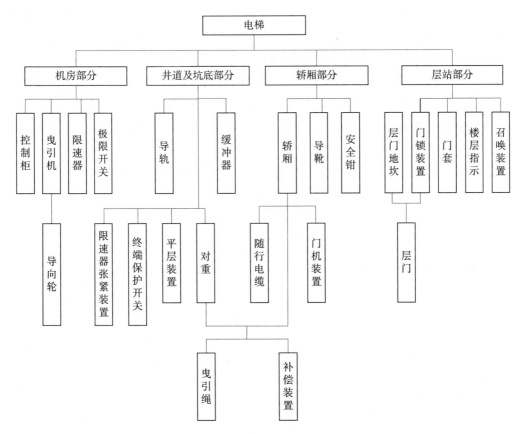

图 3-4　电梯的组成（从所占用的四个空间划分）

1）该部分（例如，楼层指示）是一个已经存在很多年的部件/特征，还是一个新的部件/特征？如果是一个使用很久甚至 20 年以上的部件，则可以不必进行 FTO 检索。

2）该部件的来源途径是什么？如果是经采购获得，则可以考虑由供应商提供 FTO 报告。

3）该子系统/模块/部件/特征应用在本电梯系统中，进行了哪些方面的改进？实现了哪些新的功能？解决了哪些新的问题？这些新的改进/新的功能/解决的新问题，在技术上是如何实现的？

4）该子系统/模块/部件/特征，本企业是第一次使用吗？如果是本企业第一次使用，只要不是一个行业内惯用的技术手段则有必要进行 FTO 检索。

5）该子系统/模块/部件/特征，对产品的未来品牌宣传、市场推广意义重大吗？如果是产品的重大卖点或者主要宣传点，则需要考虑在 FTO 中有一定的侧重。

产品的解构粒度需要具体情况具体分析。作为专利检索的前置步骤，一般建议对检索目标的描述尽量详细，其详细程度可以参照工程师撰写技术交底书时对发明点的描述。此外，解构粒度需要参考检索时间相对应的技术发展水平。在本文电梯的案例中，如果 FTO 检索的时间是曳引驱动电梯出现伊始的 20 世纪初，图 3 - 4 所示拆解的详细程度可以支持进行 FTO 检索。但是如果检索时间是近几年，其划分则有进一步细化的空间。历经近百年的发展，图 3 - 4 中的结构大多已经成为现有技术，只有在其基础上进行进一步的挖掘才有可能找到需要检索的特征。例如，A、B 两家公司均以防爆电梯为其新产品的设计方向，A 公司主要基于机械设计提升防爆性能，B 公司主要基于电气设计提升防爆性能。无论是 A 公司或者 B 公司，直接基于图 3 - 4 所示的解构拆解都不足以锁定检索的目标，均需要在图 3 - 4 的基础上进一步挖掘其各自产品的创新之处以确定 FTO 检索的目标。

需要注意的是，产品解构的方式并不是唯一的。图 3 - 4 基于空间占用进行了电梯的拆解，此外还可以基于功能进行电梯的拆解，如图 3 - 5 所示。

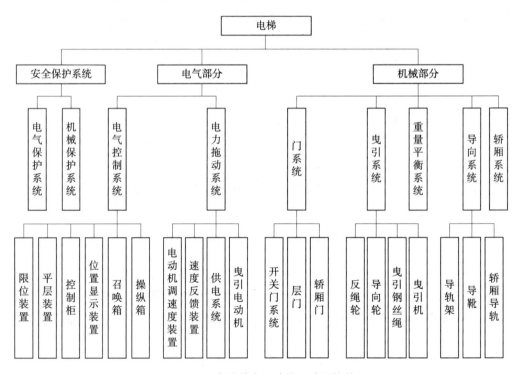

图 3 - 5　电梯的主要功能系统和构件

图 3 - 5 展示了基于功能结构进行的电梯拆解①。图 3 - 4 和图 3 - 5 拆解方式不同，但是均可以在 FTO 项目中使用。在一个 FTO 项目中，为了不遗漏需要检索的特征，建议从多个维度进行产品的解构，然后基于多维解构的结果梳理出最终需要检索的内容。

① 陈继文，杨红娟，崔嘉嘉，等. 现代电梯结构、制造及检测［M］. 北京：化学工业出版社，2017：11.

可供选择的产品解构方式如图 3 – 6 所示。

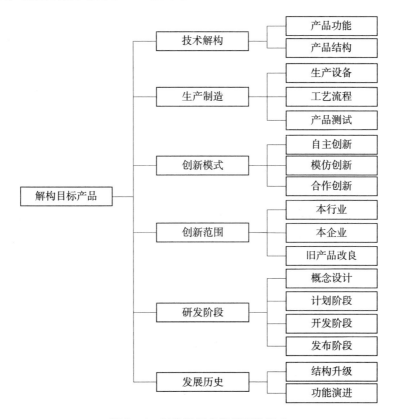

图 3 – 6 解构目标产品的可选维度

以创新模式为例。产品的创新模式主要包括自主创新、模仿创新和合作创新三种类型。针对模仿创新的产品，其模仿产品的所属企业、模仿的主要功能都将成为 FTO 工作的重中之重。对于合作创新，合作完成的部分、合作对象的专利情况也需要被纳入 FTO 重点关注的范围。

以生产制造为例。专利风险可能来源于产品的功能或者结构本身，也可能来源于用于制造产品的原料或者设备、制造产品的方法或工艺流程等。

在解构目标产品时也需要对产品的发展历史进行详细的调研，梳理出哪些部件属于常规部件的常规使用、哪些属于本产品的结构或功能的升级。此外，还有必要对产品相关技术的发展脉络、企业所处的商业竞争环境、产业专利诉讼的频次和重点区域①、产业的上下游关系进行全面深入的了解，以辅助检索目标的确定和后续的检索。

为方便读者，下文给出了一个 FTO 检索目标描述表的案例，见表 3 – 2。在实践中，读者可以基于实际情况，有针对性地选择通过哪些角度描述并记录检索目标。例如，中药产品开发的 FTO 项目中，表中的"模块划分"可以用制药原料、工艺技术等替代。

---

① 此处的区域不仅指地理范围的区域，也包括重点的专利权人、重点的技术方向等。

表 3-2 FTO 检索目标描述表

产品名称：	
研发阶段：	
上市时间：	20 ____ 年____月___日；尚未上市，计划时间为_____
创新模式：	☐自主创新 ☐合作创新（合作机构：_____） ☐模仿创新（对标产品信息：_____）
检索范围：	国家/地区范围： 专利类型： ☐发明 ☐实用新型 ☐外观设计 时间范围： 法律状态： ☐专利权有效 ☐专利申请尚未授权 其他_____ 是否需要检索 PCT 申请： ☐是 ☐否
填表日期：	

模块划分	技术点描述	是否检索	备注
子系统 1			
结构 1		否	常规部件，使用 20 年以上
结构 2		是	
子系统 2			
功能 1		否	旧功能，多款上市产品中已经使用
功能 2		是	
功能 3		否	研发中，尚无具体方案
……			
检索项总计		2	

3.2.3 制作检索要素表

检索要素表是检索策略落地的关键路径。检索要素是指能够体现技术主题、技术方案或产品结构所属技术领域、技术范围或基本构思的检索成分[①]。检索要素表记录的是基于专利文献特点的对检索目标技术特征的表达。在构成上，检索要素表中需要包括检索目标、检索要素及检索要素的组合关系。表 3-3 是一个空白检索要素表的示例。

---

① 房晓俊，丁志新，吴帅. IP 论坛之道可道，术可术 [M]. 上海：上海交通大学出版社，2022.

表 3 – 3　检索要素表示例

检索目标	检索要素	关键词		分类号			扩展表达方式	备注 *
		中文	英文	IPC	CPC	其他分类		
技术点 1	检索要素 A							
	检索要素 B							
	检索要素 C							
	检索要素 D							
技术点 2	检索要素 E							
……								

* 备注中可以用于标记检索要素的重要程度。

　　不同于期刊论文、会议论文等科研人员更为熟悉的科技文献类型，专利文献在篇章结构、词汇使用、分类等方面有其特殊性。在填写检索要素表时需要基于专利文献的特点选择恰当的表达方式。检索要素表中使用的具体表达形式主要包括关键词和分类号，在一些情况下还可以通过申请人/专利权人、发明人等形式进行表达。

　　表 3 – 3 中的技术点即是表 3 – 2 所记录的技术点。取决于 FTO 所针对的具体对象的差异，该技术点可能是一种技术（例如，脂质体递送技术）、一种特定的结构、一种结构间的组合关系、一种特定的物质、一种组分、一种功能（例如，滑动解锁）、一种工艺、一种特定的流程等。如表 3 – 3 所示，每一个技术点都可以被表达为一个或者多个检索要素。例如，待检索的目标产品是一种防爆电梯，它可以基于红外热成像仪采集的数据判断电梯是否出现突然断电，从而启动紧急制停。在该案例中技术点可以总结为：基于红外热成像仪采集的数据进行电梯制停控制。在检索要素表制作阶段其检索要素可以拆解为红外热成像仪、电梯、制停这三个要素。

　　此外，针对每一个检索要素，都可能有若干种不同的表达方式。例如"制停"可以表达为"控制"；"红外热成像仪"的使用是为了采集温度，因此可以扩展表达为"温度"。关于如何进行检索要素的扩展请参考第 3.3 节的内容。

　　侵权判定的原则之一是全面覆盖原则，该原则要求权利要求中的每一个要素都出现在产品中才会被认定为侵权。在整理检索要素表时，也需要记录清楚检索要素之间的关系以及某些特征对于特定功能的实现是否是必要的特征等。

3.2.4　选择数据库和构建检索式

1. 数据库的选择

　　数据库的选择要坚持数据质量优先兼顾检索效率的基本原则。数据质量主要体现为数据的完整性、数据的加工程度、数据的更新频率；检索效率则一般和检索字段的范围、所支持检索算符的多样性、检索功能的丰富性以及用户操作的友好性相关。选择专利数据库时，可以参考以下维度进行筛选：

1）是否收录了目标国家/地区的专利数据。进一步地，需要确认是否收录了所有类型的专利、是否收录了专利申请公开和授权专利。

2）收录数据的时间范围。

3）数据更新的频率。

4）数据加工情况。数据加工情况包括加工的深度和加工质量。一般而言，专利局官方数据库的数据加工深度不及商业数据库，其最显著的表现是官方数据库一般提供的检索字段较少。但是，官方数据库的数据准确性较高。商业数据库的数据质量各不相同，这需要检索者在检索过程中多注意观察。

5）专利检索的可选字段和支持的检索功能。

除了以上专利数据库的选择原则和规则，还需要充分考虑数据库的成本和可获得性。检索人员一般应当根据本机构目前所拥有的数据库资源来进行选择。必要时需要选择多个在检索功能或者数据范围上互补的数据库，以充分保证检索结果的可靠性。需要注意的是，数据库的数据收录范围和数据加工质量不是一成不变的，这就需要我们掌握数据库的相关动向以使自己能在 FTO 项目中找到最为合适的工具。

2. 检索式的构建方式

检索式一般需要包括检索词、检索运算符、检索的字段等。图 3-7 展示了一个基于 USPTO 的专利公共检索（Patent Public Search）的检索式。该检索式基于关键词进行检索，检索的字段为摘要，检索式中使用了两种布尔逻辑算符（AND 和 OR）和一种位置算符（ADJ），此外还使用了括号用于改变运算的次序。

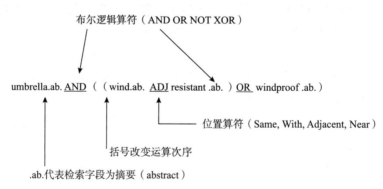

图 3-7 检索式组成的案例

检索运算符的作用是将检索词组配起来，常用的检索运算符有布尔逻辑算符、截词符、位置算符和频率算符等。除此之外，一些专利数据库中还会提供词频检索、检索式组合等较为高级的检索运算符以实现更为灵活的检索。

如图 3 - 8 所示，检索式的构建需要在确定检索词和了解数据库的检索语法规则的基础上进行。尤其需要注意对数据检索语法的了解。由于不同数据库支持的语法规则可能不同，切忌在不了解所使用数据库语法规则的前提下直接进行检索，这样会造成不必要的漏检或者错检。

1.确定检索词

• 检索词可以是关键词、IPC分类、CPC分类、时间信息等

2.了解数据库的检索语法

• 检索语法说明一般在"帮助"文档中

3.构建检索式

• 即使是相同的检索词，不同数据库中可能需要使用不同的检索式

图 3 - 8　检索式构建的关键动作和要点提示

想要了解数据库的检索语法，最直接的方式是查阅数据库的帮助和说明文档。为了使读者对不同的数据库语法规则有一个直观的认识，表 3 - 4 中列出了几个常见数据库中所支持的布尔逻辑算符、通配符、位置算符和频率算符。例如，在中国专利公布公告系统中"％"代表多个字符，但是在 HimmPat 数据库中"＋"代表多个字符。

表 3 - 4　常用的检索运算符

数据库	布尔逻辑算符	通配符（截词符）	位置算符	频率算符
Patsnap①	AND："与"检索 OR："或"检索 NOT："非"检索 （）：分组检索	＊：代表 0 个或多个字符 ？：代表 1 个字符 ＃：代表 0 - 1 个字符	＄Wn：连接两个无序间隔的关键词 ＄PREn：连接两个有序间隔的关键词 ＄WS：连接两个强相关的关键词 ＄SEN：连接两个或多个关键词出现在同一句话 ＄PARA：连接两个或多个关键词出现在同一个段落 ""：固定词组关键词	＄FREQn：代表频率 n 次以上

① 智慧芽. 检索逻辑 [EB/OL]. [2023 - 07 - 02]. https：//help. zhihuiya. com/help/360008250552/article/900000910826？ categoryId = 360002609831.

续表

数据库	布尔逻辑算符	通配符（截词符）	位置算符	频率算符
HimmPat①	AND："与"检索 OR："或"检索 NOT："非"检索 ()：分组检索	?：代表 0 - 1 个字符 #：代表 1 个字符 +：代表多个字符 ~：模糊算符	nW = nW：限定顺序的临近算符 nD = nD：不限定顺序的临近算符 S：同在一句 P 或 L：同在一段 F：同在一个字段 ""：短语检索	frec > n：代表频率 n 次以上
USPTO Patent Public Search②	AND："与"检索 OR："或"检索 NOT："非"检索 XOR："异或"检索 ()：分组检索	?：代表 1 个字符 $ [#]：代表#个字符 * 或 $：代表任意个数的字符	ADJ：连接两个限定顺序间隔的关键词 ADJ [n]：同句中限定顺序间隔不超过 n 的关键词 NEAR：和 ADJ 相似，不限定顺序 NEAR [n]：和 ADJ [n] 相似，不限定顺序 WITH：限定在同句中出现 WITH [n]：限定在 n 个句子内出现 SAME：限定在同一段中出现 SAME [n]：限定在 n 个段落内出现	不支持
中国专利公布公告③	AND："与"检索 OR："或"检索 NOT："非"检索	?：代表 1 个字符 %：代表多个字符	不支持	不支持

3.2.5 执行检索与补充检索

专利检索不是一项一蹴而就的工作，在初始检索的基础上需要进行补充检索，如图 3-9 所示。初始检索中可以使用多种检索方法，例如关键词检索、分类号检索、竞争对手检索等。关于可选的检索方法参见第 3.3 节的描述。补充检索则主要包括三方

---

① HimmPat. 布尔检索介绍 [EB/OL]. [2023 - 07 - 02]. https：//www.himmpat.com/booleanSearch.

② USPTO. Patent Public Search help [EB/OL]. [2023 - 07 - 02]. https：//ppubs.uspto.gov/pubwebapp/.

③ 国家知识产权局. 中国专利公布公告系统高级查询使用说明 [EB/OL]. [2023 - 07 - 02]. http：//epub.cnipa.gov.cn/Article.

面的内容：

1）对于检索中新发现的检索要素（包括但不限于新的关键词、分类号、申请人/专利权人、发明人等）需要阶段性地汇总至检索要素表中并扩展检索。

2）对于检索中发现的重点专利文献，需要进行同族专利检索和引文检索，必要的时候需要针对其申请人进行申请人的检索。需要注意的是，这里的重点专利文献不一定必须是授权有效的高风险专利或者目标国家/地区的专利。凡是和检索目标技术存在较高相似性的文献都有必要以其为出发点通过同族专利、前后引文寻找可能的风险专利。

3）在检索结果评估查全率不能满足预设条件的情况下，需要返回初始检索步骤，查找查全率低的原因，并进行补充检索。关于查全率如何计算参见第 3.2.6 节的描述。

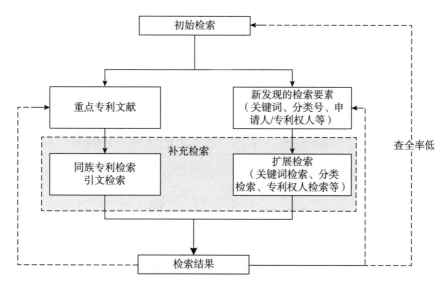

图 3 - 9　初始检索和补充检索逻辑图

3.2.6　专利筛选与评估

检索到专利后，需要对专利进行筛选并对筛选结果做好记录。FTO 项目中的专利筛选需要基于专利侵权判定的规则进行。国际通用的侵权判断原则包括全面覆盖原则、等同原则和禁止反悔原则。在 FTO 项目的早期阶段，尤其是在专利筛选中，应用最多的是全面覆盖原则。为了便于描述，本节以中国《专利法》为背景介绍专利筛选的过程。根据中国《专利法》的规定，发明与实用新型专利的保护对象都是智力成果，即对要解决的技术问题所采用的利用了自然规律的技术手段的集合，这决定了对于发明和实用新型的专利侵权判定方法基本上是一致的。外观设计的保护对象是对产品的形状、图案或者其结合以及色彩与形状、图案的结合所作出的富有美感并适于工业应用的新设计。在权利要求的解释上发明和实用新型与外观设计存在一些差异，本节主要基于发明和实用新型进行专利筛选的介绍。

1. 初步筛选

侵权判定需要将技术方案与权利要求的保护范围进行比较，确定是否侵权。对于在初始检索时设定较为宽泛的检索条件的情况，可以先浏览检索结果的题目、摘要等较容易获得和理解的信息，排除一部分与目标产品不是一个技术领域的专利。对于检索到的与主题接近的专利，则需要逐一基于权利要求作出判断。

2. 侵权判定

在专利侵权判定中，应当采用"技术特征逐一比对"的方式，基于全面覆盖原则进行。即，产品中包括了权利要求的所有技术特征时才会判定为产品落入专利权的保护范围。对于包括特征 A、B、C 的产品，表 3 – 5 中的权利要求甲、乙和丁由于包括了产品中没有的特征 D 而可以判定为不侵权；对于权利要求丙，其技术特征和产品的技术特征一一对应，可以认定为侵权；对于权利要求戊，即使产品中含有权利要求中没有限定的 C 也会构成侵权。

表 3 – 5 侵权分析对比表

特征	产品	权利要求甲	权利要求乙	权利要求丙	权利要求丁	权利要求戊
A	√	√	√	√	×	√
B	√	√	√	√	√	√
C	√	×	√	√	√	×
D	×	√	√	×	√	×

针对每一项检索到的专利，可以按照图 3 – 10 所示的流程逐一将权利要求①的技术特征和产品的技术特征进行比较，判断在权利要求中是否可以找到明显的一个或者多个特征未出现在产品中。如果可以找到，则可以认定针对该权利要求不存在侵权风险。如果不能找到，则需要进一步确认是否对产品或者权利要求有理解不到位的地方，并在进一步的技术理解后作出判断。对于在权利要求中暂时找不到明显特征未出现在产品中的情况，可以对该专利做出对应的标记，并根据实际情况进行风险等级的划分。

上述流程的目标是用一种投入产出较为平衡的方式筛选出可能存在风险的专利。对于可能存在风险的专利，可以基于进一步的权利要求解释和产品技术特征的确认明确专利风险的等级。表 3 – 6 给出了一种可以用于记录专利筛选过程的记录表。

---

① 为降低工作量，可以选择保护范围最广的独立权利要求进行判断。

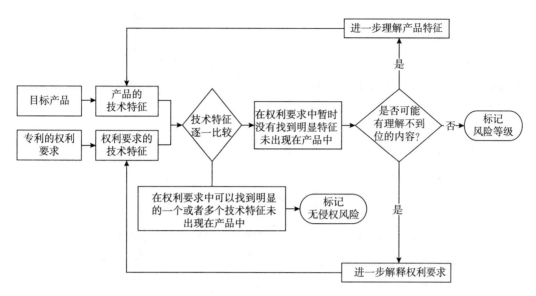

图 3 – 10　FTO 检索专利筛选流程图

表 3 – 6　专利筛选记录表

行号	申请号	公开号	题目	摘要	独立权利要求	筛选记录	筛选人	筛选时间
1	CN××××	CN××××	略	略	略	疑似风险	王某	2023/6/1
2	CN××××	CN××××	略	略	略	产品无 A 特征，无风险	李某	2023/6/1
3	CN××××	CN××××	略	略	略	产品无 A 和 B 特征，无风险	王某	2023/6/2
4	CN××××	CN××××	略	略	略	权利要求特征 C 待进一步分析	王某	2023/6/2

3. 检索结果评估

基于侵权判定规则进行专利筛选，可以保障针对单件专利的侵权分析结论的合理性。而是否已经进行了充分的检索、何时可以停止检索，这些可以借助专利检索评估的方法确定。

查全率[①]和查准率[②]是检索效果评估中的常用指标。查全率（R）是指被检出的相关文献量（r）与相关文献总量（t）的比值。使用较为宽泛的检索式（如，上位的关键词、上位的分类号），可以提高查全率，但查准率会下降。极端情况下，检索返回所有的专利则具有 100% 的查全率，但是查准率非常低。查准率（P）指被检出的相关文

献量（r）与被检出的文献总量（s）的比值。使用专指性较强的检索式（如，下位的关键词、下位的分类号）可以提高查准率，但查全率会下降。极端情况下，检索返回一件侵权专利，则查准率非常高，但是查全率非常低。由于查全率和查准率具有互逆的关系，在专利检索中对于每一个检索式可以尽量追求查全率和查准率的平衡，然后用多个检索式的组合保障命中专利的合集具有较高的查全率，用专利筛选保障最终结果的准确性。

在 FTO 检索中，为了不遗漏风险专利，需要保障较高的查全率。由于相关文献的总量是一个不可预知的量，一般可以通过事先构建查全样本集合评估查全率：

$$R = \frac{num(A \cap B)}{num(A)}$$

其中，R 代表查全率，B 为待评估专利文献集合，A 为查全样本集合（即抽样后标记得到相关的专利文献集合，抽样方式可以是按照时间或者申请人抽样），$A \cap B$ 表示 A 与 B 的交集，num（）表示集合中文献的数量。

查全率的评估可以阶段性地进行以便及时观察并调整检索策略。结合检索结果评估，图 3 - 11 展示了一种 FTO 的检索和筛选的组合策略。需要指出的是，该策略并不是唯一高效的策略，如本章第 3.1 节所述，FTO 检索具有临时性，针对每个项目都需要基于其具体情况规划最优路径。

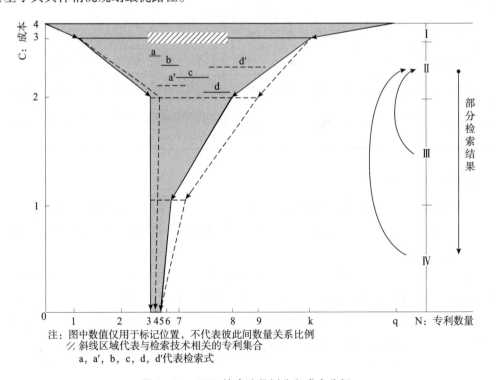

注：图中数值仅用于标记位置，不代表彼此间数量关系比例
╱╱ 斜线区域代表与检索技术相关的专利集合
a，a'，b，c，d，d'代表检索式

图 3 - 11 FTO 检索阶段划分和成本分析

图 3 - 11 描述了 FTO 项目检索阶段的划分和成本分析。图中横轴代表命中专利数

量，纵轴代表执行 FTO 项目的成本。结合图 3 - 11，FTO 的检索策略可以综合描述为 Ⅰ、Ⅱ、Ⅲ、Ⅳ阶段的内容。

Ⅰ. 范围定位。图中 N_{0q} 用于示意性地展示 IP5 授权专利的总量，本案例中在项目需求分析阶段确认检索范围为中国的发明、实用新型和外观设计，即将专利范围从 N_{0q} 定位至 N_{1k}，排除了 30% 以上[①]的专利。该阶段的成本投入为 C_{34}。该阶段的特征是以较小的成本投入，可以排除数量较多的非相关专利（或称为将专利限定在一个相对合理的范围）。

Ⅱ. 先检索，然后查缺补漏。理论上存在一个如图中斜线区域所示的待检索技术相关的专利集合，通过检索式 a，b，c，d[②]的组合可以命中斜线区域中的所有专利，即得到集合 N_{38}。现实情况中，可能是 a′，b，c，d′的组合（对应集合 N_{49}），即存在一定程度的漏检和误检。该阶段的成本投入为 C_{23}。该阶段能让集合 N_{49} 尽量接近集合 N_{38} 则意味着有较好的检索结果。

Ⅲ. 专利筛选，高效排除。基于检索语言得到的集合 N_{38} 难免会有很多噪声，在这一阶段可以按照前文所述的初步筛选的逻辑，通过对题目、摘要等容易理解和观察到的信息进行高效排除。排除后将得到 N_{36}。该阶段的成本投入为 C_{12}。该阶段中需要一些必要的人工浏览，需要相对较多的成本投入。

Ⅳ. 逐一对比，侵权判定。针对集合 N_{36}，可以按照前文所述侵权判定规则，基于权利要求逐一确认侵权风险情况。该阶段将得到存在侵权风险的专利集合 N_{35}。如果在前面的阶段漏检的问题得不到解决，则有可能仅能得到集合 N_{45}，从而漏评专利风险。该阶段的成本投入为 C_{01}。该阶段中需要相对较多的人工浏览，并需要对权利要求和产品技术特征进行相对较为深入的解读。

以上检索结果不是绝对的。例如，可以针对部分检索结果进行专利的筛选和侵权判定。基于专利筛选和侵权判定阶段的结果，可以用于指导调整检索式。

图中虽然以 C_{01}、C_{12}、C_{23} 和 C_{34} 展示了每个阶段的成本投入，但是由于每个项目特点不同，不能代表项目中真实的投入比例。该成本投入展示的意义在于提示我们对于单件专利而言 Ⅰ、Ⅱ、Ⅲ、Ⅳ阶段的成本递增，因此针对每个检索目标（检索式）一定要做好记录，同时需要在完成好当前阶段的工作后再开启下一阶段工作。表 3 - 7 即给出了一种可供参考的检索记录形式。

---

① 根据 HimmPat 提供的数据，截至检索日 2023 年 6 月 9 日，IP5 共有 28088466 件授权专利（不含植物专利）的专利权有效，占比情况为中国 67.4%、美国 13.9%、日本 7.6%、韩国 5.6%、欧洲 3.5%、其他 2.0%。非中国的专利占比 32.6%。

② 仅用于示意性展示，实际检索中往往需要使用更多数量的检索式。

表 3 - 7　FTO 项目检索记录表

行号	检索人	检索日	数据库	检索设置	检索目标	检索式	检索结果数量/个	检索结果评述
1	李某	2023/2/6	USPTO	无	防风伞	umbrella. ab.　AND ((wind . ab.　ADJ resistant . ab.) OR windproof . ab.)	58	专利 US92345×××值得关注；申请 US15555×××值得关注
2	李某	2023/2/25	HimmPat 美国专利数据库	每件申请显示一个文本	防风伞	Umbrella/ta　AND ((wind OR resistant) /ta OR windproof/ta)	60	对比后无新文献
3	王某	2023/6/1	USPTO	无	防风伞	umbrella. ab.　AND ((wind . ab.　ADJ resistant . ab.) OR windproof . ab.)	70	出现新的相关文献，US10×××；申请 US15555×××，已经授权，权利要求中含×××特征，产品中不涉及，无风险
4	略							

3.3　常用的检索方法

依据不同的分类标准，检索方法可以划分为多种类型。根据检索使用的字段的不同，可以分为发明人检索、专利权人检索、申请人检索、分类检索、权利要求检索等。根据检索所依据关系的不同，可以分为关键词检索、引文检索、分类检索等。事实上，一个检索式往往基于多重关系和多字段建立，而一个检索项目中又会利用多种不同方法组合的检索式。

3.3.1　关键词检索

关键词检索可以应用于多个字段，例如题目、摘要、权利要求，一些数据库还支持技术领域、背景技术等字段的检索，或者多个字段同时检索。基于关键词进行检索时，可以遵循图 3 - 12 所示的步骤。

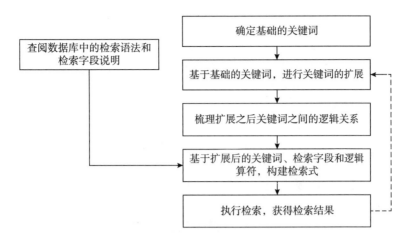

图 3 - 12　关键词检索的主要步骤

（1）确定基础的关键词

对于表达检索要素最核心、最准确，也最容易获得的一组关键词可以作为基础的关键词使用。例如，FTO 项目的目标产品是一种带有检测功能的电子纸显示器，可以防止电子纸显示器显示错误信息。基础的关键词可以包括检测、电子纸和显示器。然后可以以这些基础关键词为出发点，进行关键词的扩展。

（2）扩展关键词

1）为什么要扩展关键词？

多方面原因会造成针对同一概念存在多种表达方式。为了避免漏检，需要进行关键词扩展。图 3 - 13 中列举了一些可能造成表达方式多样性的原因，了解这些原因有助于我们有针对性地进行词汇扩展。例如，权利要求撰写时为了获得恰当的保护范围，可能对一个概念使用其上位或者下位表述。又例如，化学药品的保护策略可能包括化合物、盐型、晶型、制备方法、用途、联合用药和剂型等类型的专利。进行化学药品相关的 FTO 检索时，需要充分考虑以上方面是否存在可供选择的关键词（甚至 IPC 分类等）。

2）如何扩展关键词？

在了解了词汇多样性的原因后，可以有针对性地进行关键词的扩展。表 3 - 8 给出了一些关键词扩展表的样例[1]。

---

[1]　柯婷婷，李慧. 中国开展专利防侵权检索分析（FTO）的特点探究 [J]. 专利代理，2020（4）：7 - 16.

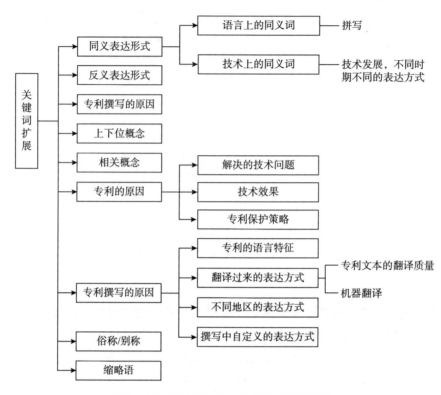

图 3 - 13   造成词汇存在多样性表述的原因

表 3 - 8   关键词扩展表的样例

序号	关键词扩展的角度	基本的关键词	扩展的关键词
1	语言上的同义词	计算机	电脑
2	技术上的同义词	杀虫	灭虫、除虫
3	反义表达形式	密封	泄漏（防泄漏、无泄漏）
4	上下位概念	手机	移动终端、无线电话
5	相关概念	存储器	内存、外存、缓存、储存器
6	解决的技术问题	门锁	防盗、防偷、防窃
7	技术效果	鸟嘴	阈值电压
8	翻译过来的表达方式	盘制动器	盘型装置
9	不同地区的表达方式	存储器	记忆本、记忆棒、记忆单元（中国台湾）
10	撰写中自定义的表达方式	亲水性树脂粘结剂	亲水性 and 树脂 and 粘结剂
11	专利的语言特征	环氧树脂	分子结构中含有两个以上环氧基团的有机高分子化合物
12	俗称/别称	白色烟羽	大白烟
13	缩略语	质子交换膜燃料电池	PEMFC

3）在哪里可以找到合适的关键词呢？

在具体的检索项目中，未必所有扩展角度都有扩展结果，但是需要对每一个词汇都基于表格中的扩展角度进行调查以尽量找全所有可用的表达方式。具体的寻找这些表达方式的路径可以是：

- 向技术人员咨询，从技术人员处收集关键词；
- 检索核心的申请人/专利权人的专利文献，从专利文献中收集扩展关键词；
- 查阅与待检索技术相关的非专利文献，从非专利文献中收集关键词；
- 基于一些词典、词表工具等收集关键词。

（3）构建检索式

关键词可以在多个字段中应用，例如题目、摘要、权利要求、说明书、背景技术、技术领域等。使用关键词进行检索时，需要注意以下问题：

1）不同的数据库由于其收录范围、数据加工情况、检索语法规则等不同，即使是相同的检索式也可能产生不同的检索结果（详见表 3-9）。为了尽可能提高查全率，可以使用多个数据库同时进行检索。

2）在同时使用中、英文进行关键词检索时，建议分开检索，以便观察检索结果并做出有针对性的调整。

3）在检索外文文献时，一定不能全部依赖中文的数据库提供的翻译功能进行检索，需要使用原文或者其他方式（例如 IPC 检索）进行多方补充和验证。

表 3-9　对比不同数据库针对相同检索式的检索结果

字段设置	HimmPat		Patsnap	
	检索式	专利申请量/件	检索式	专利申请量/件
题目 or 摘要 or 权利要求	灭草剂/tac	51	TAC：（灭草剂）	51
题目 or 摘要	灭草剂/ta	28	TA：（灭草剂）	31

检索时间：2023 年 6 月 9 日；检索范围：中国专利及申请；时间范围：未限制。

（4）执行检索式、扩展关键词及补充检索

无论检索人员经验有多丰富，关键词扩展和/或检索也不可能一次完成。专利检索必须进行多次迭代。在检索中需要随时记录新发现的关键词，将其补充到关键词扩展表中，并基于更新后的扩展表进行补充检索。

如何有效控制迭代的过程、最大限度地避免检索中的重复劳动，是较为考验检索人员经验的内容之一。观察新检索式产生的检索结果，如果存在以下现象则说明检索已经相对完备，检索工作可以告一段落：

- 新的检索结果是已有结果的子集；
- 新的检索结果不是已有结果的子集，但增量部分是和检索目标不相关的内容；如果新的检索结果不是已有结果的子集，且增量部分和检索目标相关，这时可以进一步观察增量部分的特征并总结是否有新的补充检索的线索。

3.3.2 分类号检索

（1）有哪些专利分类法

通过专利分类号，可以快速定位到相关的专利文献。表 3 – 10 中列出了针对发明和实用新型的常见的专利分类体系[①]。其中，联合专利分类（Cooperative Patent Classification，CPC）是欧洲专利局（EPO）和美国专利商标局（USPTO）共同开发形成的一套联合分类体系，该分类体系大部以欧洲专利分类体系（ECLA/ICO）为基础，结合了美国专利分类（USPC），并可兼容现有的国际专利分类（IPC）；其目标是为专利公开文献制定一个统一通用的分类体系。在 EPO 的网站上，给出了 CPC 至 FI、FI 至 CPC、IPC 至 CPC 的统计转换[②]。

表 3 – 10　常见的专利分类体系和示例

分类体系	简称	示例
国际专利分类法 The International Patent Classification	IPC	H04L 67/104
美国专利分类法（2015 年停用） The U. S. Patent Classification System	USPC 或 UC	392/418
欧洲专利分类法（2013 年停用） The European Classification System	ECLA 或 EC	GI1B 3/ 085B2
日本专利分类法 The File Index（FI）and File Forming Terms（F – Terms）	FI/F – Terms	H04W 4/06，170
联合专利分类法 Cooperative Patent Classification	CPC	H04L 67/1087

结合 US20230078214A1 所在专利家族的真实案例，表 3 – 11 中列出了 IP5 目前使用的专利分类法。由于分类法之间存在一定程度的映射关系，数据库在加工数据时有些会基于专利局登记的分类信息映射到其他类型的分类中以满足检索需要，或者在检索时进行转换以满足检索需要。

---

① 外观设计一般采用《国际外观设计分类表》（或称《洛迦诺分类表》）。

② EPO. Statistical mapping [EB/OL]. [2023 – 07 – 02]. https：//www. epo. org/searching – for – patents/helpful – resources/first – time – here/classification/cpc. html.

表 3 – 11　IP5 使用的专利分类法

专利局简称	代码	IPC 分类	CPC 分类	FI/F – Terms 分类	公开号
CNIPA	CN	H04W 88/06（2009.01） H04L 67/104（2022.01） H04L 67/5683（2022.01）	不使用该分类	不使用该分类	CN115835421A
USPTO	US	H04L 67/1087（2006.01） H04W 4/90（2006.01）	H04L 67/1087（2013.01） H04W 4/90（2018.02）	不使用该分类	US20230078214A1
JPO	JP	H04W 4/06（2009.01） H04M 1/72412（2021.01） H04M 1/00（2006.01） H04W 92/18（2009.01） H04W 8/00（2009.01）	不使用该分类	H04W 4/06 170 H04M 1/72412 H04M 1/00 V H04W 92/18 H04W 8/00 110（FI 分类） 5C164；5K067；5K127 （F – Terms 分类）	JP2023043828A
KIPO	KR	H04L 67/104（2022.01） H04L 67/52（2022.01）	B04L 67/104（2022.05） H04L 67/52（2022.05）	不使用该分类	KR20230040883A
EPO	EP	H04W 48/16（2009.01） H04L 67/104（2022.01） H04W 8/00（2009.01） H04W 40/24（2009.01）	H04L 67/1097；H04L 67/04； H04L 67/104；H04L 67/52； H04W 48/16；H04W 4/80； H04W 8/005；H04W 76/14	不使用该分类	EP4152830A1

（2）如何找到合适的分类号

如图 3 – 14 所示，在实际使用中有直接和间接两种方法可以找到专利分类号。翻阅分类表的方式适合对专利分类体系比较熟悉的人使用；在不是很熟悉专利分类体系的情况下，可以先在分类体系中用关键词检索定位到可能相关的分类号，然后再翻阅相关上下位类并确认。通过间接的方式查找分类号则可以从几件最相关的专利（例如，可能存在侵权风险的专利）中查找，或者找到一组较为相关的专利（例如，某公司的一组专利）统计出现频次较高的分类号。在实践中，往往需要多种方法综合运用，以便尽可能找到较为全面的可以利用的分类号。

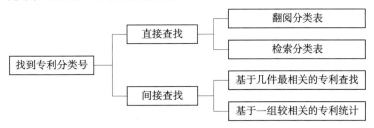

图 3 – 14　专利分类号的查找途径

（3）基于分类号执行检索

基于分类号检索前需要对分类号的结构有基础的了解①。IPC 分类是一种等级结构分类，包括部、大类、小类和组（含大组②和小组③）。在小组中又基于圆点个数标记其等级。每一个小组是距离最近且少一个圆点的小组的细分类，在图 3 – 15 中小组 A01B 33/12 属于 A01B 33/10 的细分类。

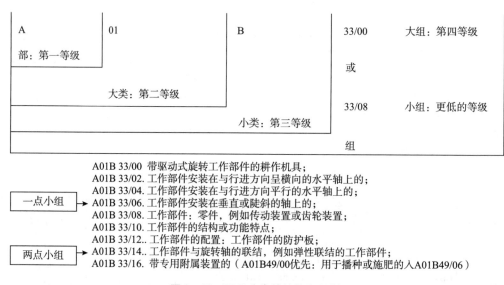

图 3 – 15　IPC 分类的结构和示例

在检索中需要注意，如果想要检索 IPC 小组及其更低层级的分类，需要使用全部号码进行检索。结合图 3 – 15 中的案例，如果想要检索所有属于 A01B 33/10 分类的内容，需要同时检索 A01B 33/10、A01B 33/12 和 A01B 33/14 三个号码。为了使大家有更直观的理解，图 3 – 16 中展示了几个检索式之间的对比。如图 3 – 16 所示，由于一件专利可能被划分为多个分类，所以 A01B 33/10 分类内的专利和其他两个分类（A01B 33/12 和 A01B 33/14）之间存在非空的交集。虽然 A01B 33/12 和 A01B 33/14 在层级关系上属于 A01B 33/10 的细分，但是直接检索 A01B 33/10 时并不能命中只分类于 A01B 33/12 或 A01B 33/14 的专利文献。

---

① 本节仅简单对 IPC 的分类结构进行介绍，更多的分类表使用帮助信息可从 WIPO 的 IPC 网站获得（https：//www.wipo.int/classifications/ipc）。

② 每一个大组的类号由小类类号、1～3 位数字、斜线及 00 组成。

③ 小组是大组的细分类。每一个小组的类号由其小类类号、大组类号的 1～3 位数字、斜线及除 00 以外的至少两位数字组成。

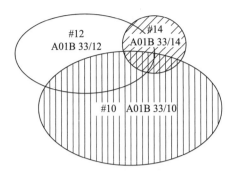

#12：A01B 33/12/ic 命中124条记录
#14：A01B 33/14/ic 命中32条记录
#10：A01B 33/10/ic 命中262条记录
#10 OR #12 OR #14 命中339条记录
检索时间：2023/06/11；数据库：HimmPat中国授权专利数据库

图 3-16 IPC 分类号 A01B 33/10 等检索结果的对比

3.3.3 竞争对手检索

竞争对手检索指基于竞争对手的名称检索其专利或者申请。竞争对手检索的检索式组成非常简单，包括检索词和检索字段。例如，"苹果公司/paas" 即是在 HimmPat 数据库中可以直接运行的一个检索式，其中 "/paas" 代表检索字段为 "申请人/专利权人"。但是，想要检索全面竞争对手的专利和申请也绝非易事。检索实践中，以下方面的原因可能会导致漏检：

- 竞争对手公司关系的复杂性：例如，分子公司、企业合并和收购。
- 企业申请专利主体的复杂性：例如，一些企业其专利申请的主体名称可能和常见的名称不一致。
- 专利权取得方式的复杂性：例如基于转让或者许可获得的专利权。
- 专利数据库中的数据质量：数据质量问题可能是由于数据库加工引发的，也可能是专利申请时误将 "某某有限责任公司" 登记为 "某某有限公司" 等，对于同族专利还可能存在诸多翻译方面的问题。

图 3-17 中列出了竞争对手检索时可供参考的扩展线索，除此之外，下文还列举了一些其他可供参考的检索技巧：

- 对于上市企业，可以基于其年度报告找到企业的利益相关方或关联公司情况。
- 基于同族专利的专利权人，可以找到相对准确的翻译或者一些关联公司。
- 对于一些成立时间不是很长的，尤其是创始团队具有技术背景的企业需要关注是否有以其创始人个人名义申请的专利。
- 对于直接竞争对手，需要关注与其相关的专利许可、技术合作等新闻事件。
- 需要充分利用第三方加工的数据资源，例如企查查、专利数据库加工的公司树等。
- 由于专利数据库对专利许可信息的加工较少且许可信息一般不对外披露，需要借助互联网检索相关事件，从中梳理专利许可的线索。

● FTO 项目委托方可以基于自己掌握的信息（例如，招投标中新出现的竞争对手、参展等活动中出现的竞争对手）提供检索线索。

● 检索企业时，可以适当缩短检索词对比观察检索结果，例如用"苹果/paas"替代"苹果公司/paas"进行检索。

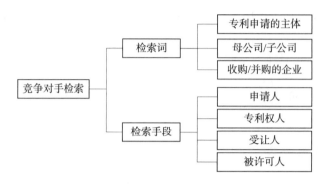

图 3 – 17　竞争对手检索的检索线索扩展途径

3.3.4　其他检索方式

1. 引文检索

专利引文是指在专利文件中列出的与本专利申请相关的专利或者非专利文献（例如，科技期刊、论文、著作、会议文件等）。根据引用目的不同，专利引文可以分为引用参考文献和审查对比文件。专利发明人在完成本专利申请所述发明创造过程中参考引用过并被记述在申请文件中的文献称为引用参考文献。专利审查员在审查专利申请时，根据申请的权利要求等文件进行专利性检索，找到的文献称为审查对比文件①。根据引文的引用方向，可以分为前引（forward citation）文件和后引（backward citation）文件。以目标专利为基准，前引文件指被目标专利引用的文件；后引文件指引用了目标专利的文件。

在引文检索中，对于引用参考文献和审查对比文件，由于审查对比文件和目标专利的权利要求更为接近，从而需要引起格外的关注；对于申请时间较早的专利，需要重点关注后引文件；对于申请时间较晚的专利，其前引文件则是发现相关专利的重要线索。

引文检索的优势在于，无论是何种类型的引文其与目标专利的相关性一般都比较高；其缺点也很明显，即系统性不强。在 FTO 检索中，引文检索可以作为关键词检索的重要补充，弥补关键词检索对词汇选择难以全面的不足。

---

① 国家知识产权局. 专利引文 ［EB/OL］.（2008 – 06 – 27）［2023 – 07 – 02］. https：//www.cnipa. gov. cn/art/2008/6/27/art_2147_152051. html.

多数专利数据库都收录了专利的引文信息，并在此基础上开发了引文检索功能，其易用性存在差异。在此向大家介绍 USPTO 提供的 Global Dossier（全球专利档案）系统①用于专利的引文检索。

USPTO 提供的 Global Dossier 平台上含 Global Dossier Citation List 功能（测试版），可以用于专利的引用信息检索。图 3 – 18 中箭头所指的是专利 US9503840B2 引用的参考文献。例如，该专利引用了编号为 US5260988/A 这一件美国专利申请，点击左侧数字可以展开图中虚线部分的折叠框进一步显示引用 US5260988/A 的其他专利文献。即通过 Global Dossier Citation List 可以同时实现针对特定专利文献的前引和后引的检索功能。

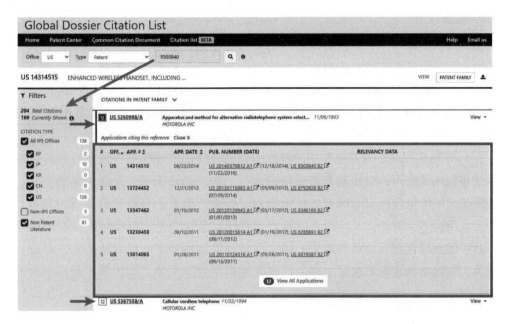

图 3 – 18 基于 Global Dossier 检索 US9503840B2 的引用信息

2. 发明人检索

在 FTO 项目中，发明人检索也是一种非常重要的进行补充检索的手段。对于重点专利的发明人，建议基于"技术领域 + 发明人"的方式进行检索。对于重名较多的情况，可以适当缩小技术领域的限定方式。由于发明人更换工作单位是较常见的情况，同时发明人的技术领域有延续性，因此发明人检索有可能帮助我们迅速找到不同机构的高风险专利。

3. 同族专利检索

由至少一个共同优先权联系的一组专利文献，称为一个专利族。在同一专利族中

———————————

① https：//globaldossier. uspto. gov/.

每件专利文献被称作专利族成员,同一专利族中每件专利互为同族专利。WIPO《工业产权信息与文献手册》将专利族分为六种:简单专利族①、复杂专利族②、扩展专利族③、本国专利族④、内部专利族⑤和人工专利族⑥。一个专利族中的专利其技术方案基本相同,在 FTO 检索时可以作为其他检索手段的有效补充。针对检索到的重点专利、重点申请人等,建议都进行同族专利的扩展以免遗漏文献。

在针对一些非中文(尤其是小语种)专利进行检索时,基于同族专利进行扩展可以有效弥补检索者对语言的不熟悉或者检索系统对语言处理不到位的情况。专利局官网的数据库中一般可以基于单件专利查找其同族专利的列表,商业数据库中多支持多件专利的批量的同族专利扩展。

4. 综合检索

需要说明的是,本节中虽然以分开的方式介绍了关键词检索、分类号检索、竞争对手检索等,但是在实践中这些检索手段可能综合在一起使用。例如,检索式"显示屏/ta AND 苹果公司/paas AND apd > =20100101 AND(G01C21/36/ic OR G06F3/0488/ic)"⑦ 中同时使用了关键词检索、申请人检索、IPC 分类检索、申请日检索等检索手段。

在 FTO 检索或者任何其他类型的检索中,具体使用何种检索手段更有效需要基于检索式和检索式之间的对比观察然后得出结论。如古谚语所说,条条大路通罗马。只要检索式之间的组合能覆盖所有的检索要素,检索结果查全率能符合预设的数值,无论检索式历经多少调整、不同的人的检索式之间有怎样的差别都是可以接受的检索结果。其中的差异仅在于检索的效率不同,很多时候这种效率的差异从全局来看也许并不显著。在查全率较高的水平上如何控制查准率不至于太低,则比较考验检索者的经验和水平。

---

① 在同一个专利族中,专利族成员以共同的一个或共同的几个专利申请为优先权,这样的专利族为简单专利族。

② 在同一个专利族中,专利族成员至少以一个共同的专利申请为优先权,这样的专利族为复杂专利族。

③ 在同一个专利族中,每个专利族成员与该组中的至少一个其他专利族成员至少共同以一个专利申请为优先权,它们所构成的专利族为扩展专利族。

④ 本国专利族是指在同一个专利族中,每个专利族成员均为同一国家的专利文献,这些专利文献属于同一原始申请的增补专利、继续申请、部分继续申请、分案申请等,但不包括同一专利申请在不同审批阶段出版的专利文献。

⑤ 内部专利族指仅由一个专利机构在不同审批程序中对同一原始申请出版的一组专利文献所构成的专利族。

⑥ 人工专利族也称智能专利族、非常规专利族,即内容基本相同,但并非以共同的一个或几个专利申请为优先权,而是根据专利文献的技术内容,人为地进行归类,组成的一组由不同国家出版的专利文献构成的专利族,但实际上在这些专利文献之间没有任何优先权联系。

⑦ ta 指题目或者摘要,paas 指申请人/专利权人,ic 指 IPC 分类号,apd 指申请时间。

3.4　常用 FTO 检索资源和工具

在 FTO 检索过程中，需要确认的关键问题可以分为以下几类：

- 与产品的技术发展相关的问题；
- 与检索的优先顺序和重要程度相关的问题：针对该产品/技术/部件发生的专利诉讼是否较为频繁？针对某公司发生的专利诉讼是否较为频繁？
- 与检索式构建相关的问题：关键词还有哪些可选的表达方式？
- 与目标专利相关的问题：哪些专利可能存在侵权风险？
- 与个别风险较高的专利相关的问题：专利的法律状态如何？当前的专利权人是谁？权利要求中的关键词汇可以如何进行解释？

以上问题的解答一方面依赖于检索人员技术和经验的积累，同时依赖于检索委托方工程师提供的信息，此外更多的依赖于在合适的数据库中进行专业的检索。

3.4.1　专利数据库

专利数据库是 FTO 检索最为基础的工具，可供利用的数据库基于主办机构的不同可以分为专利局官方提供的数据库和商业数据库。商业数据库的优势在于一般会提供跨地域的专利检索，检索功能相对比较完善。

本书介绍的重点将集中于由专利局官方提供的专利数据库。FTO 项目中需要的信息不仅包括专利文本，对于一些专利还要进一步确认其法律状态、进行权利要求解释，为此在内容组织时本书也特别关注了各国家/地区法律状态数据库和专利审查历史数据库。

1. 中国专利数据库

中国专利的类型包括发明、实用新型和外观设计。根据国家知识产权局（China National Intellectual Property Administration，CNIPA）发布的数据，2022 年我国发明专利授权量为 79.8 万件，实用新型专利授权量为 280.4 万件，外观设计专利授权量为 72.1 万件[①]。CNIPA 提供的专利检索数据库见表 3 - 12。基于中国专利公布公告数据库检索 CN101258484A 的结果如图 3 - 19 所示。

---

① 国家知识产权局. 国家知识产权局 2022 年度报告 [EB/OL]. [2023 - 07 - 02]. https：//www.cnipa. gov. cn/module/download/down. jsp？i_ID = 185538&colID = 3249.

表 3 – 12　CNIPA 提供的专利检索数据库

数据库名称	简要介绍
中国专利公布公告数据库	网址：http：//epub. cnipa. gov. cn/ 数据范围：提供 1985 年 9 月 10 日以来公布公告的全部中国专利信息。 该数据库同时提供事务数据的检索入口，可以用于判断专利的法律状态；或者可以基于特定专利的检索结果选择跳转至事务数据的链接
中国及多国专利审查信息查询系统	网址：https：//cpquery. cponline. cnipa. gov. cn 数据范围：提供中国专利审查信息的检索（仅提供审查意见，不提供答复文件）。2023 年 2 月 1 日 12 时新版中国及多国专利审查信息查询系统（以下简称"查询系统"）正式上线，进入试运行阶段

图 3 – 19　基于中国专利公布公告数据库检索 CN101258484A 的结果展示

2. 美国专利数据库

美国专利包括发明、外观设计和植物专利。针对发明专利，表 3 – 13 列出了 USPTO 提供的三个专利检索数据库。

表 3 – 13　USPTO 提供的专利检索数据库

数据库名称	数据类型	访问方式
USPTO 专利公共检索平台（USPTO Patent Public Search）	专利和申请全文	https：//ppubs. uspto. gov/pubwebapp/static/pages/landing. html#
Patent Center	审查历史、法律状态	https：//patentcenter. uspto. gov/
全球专利档案（Global Dossier）	审查历史	https：//globaldossier. uspto. gov/

（1）USPTO 专利公共检索平台

美国专利商标局（USPTO）的专利检索可以通过专利公共检索（Patent Public

Search）平台①进行。该检索工具由 USPTO 在 2022 年推出，是对原公共审查员自动搜索工具（PubEAST）、基于公共网络的审查员搜索工具（PubWEST）、专利全文和图像数据库（PatFT）以及专利申请全文和图像数据库（AppFT）的整合和替代。该数据库是检索美国专利最权威的数据库，提供 1790 年以来的美国专利的检索②。

USPTO 专利公共检索平台提供了基础检索和高级检索两个检索入口。图 3 - 20 中展示的是高级检索界面下的检索结果。如图 3 - 20 所示，该数据库提供了一些具有特色的检索功能，比如区域④中的前后引检索、区域③中的 Hit Terms 选项卡下可以显示每个关键词命中结果的数量。

图 3 - 20　USPTO 专利公共检索平台

（2）Patent Center

USPTO 提供的 Patent Center 数据库③可以用于检索美国专利的审查历史和当前最新的法律状态。在该数据库的检索结果页面，也可以直接链接至 Global Dossier 和专利维持费查询界面。

图 3 - 21 中展示了在 Patent Center 中检索专利 US9503840B2 的检索结果。如图所示，在状态（Status）项下可以查看专利最新的状态，图中信息显示这件专利由于未缴

---

①　USPTO. Welcome to Patent Public Search［EB/OL］.［2023 - 06 - 06］. https：//ppubs. uspto. gov/pubwebapp/static/pages/landing. html#.

②　USPTO. Using the Public Search Facility［EB/OL］.［2023 - 07 - 02］. https：//www. uspto. gov/learning - and - resources/support - centers/public - search - facility/using - public - search - facility#historical.

③　网址：https：//patentcenter. uspto. gov/. 该数据库的推出时间是 2022 年，是对原 USPTO 的 Public PAIR 数据库的替代。

纳维持费而失效。在文献和交易（Documents & Transactions）选项卡下可以获取审查历史文件的列表。例如，2015 年 12 月 4 日的非最终驳回（Non – Final Rejection）中记录的是 USPTO 发出的非最终驳回的审查意见；2016 年 3 月 4 日的 3 个文件是申请人递交的审查意见的答复。

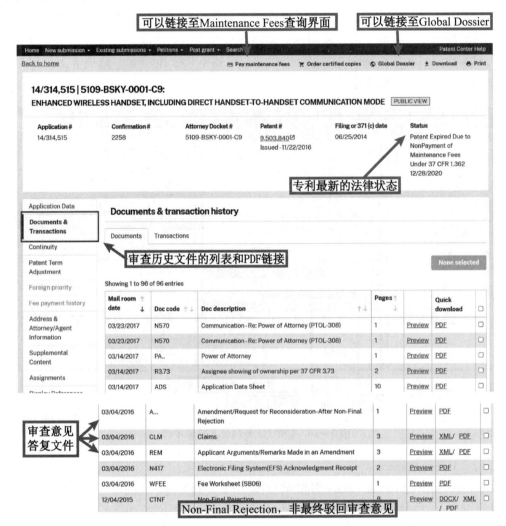

图 3 –21　基于 Patent Center 检索 US9503840B2 的审查历史结果展示

（3）全球专利档案（Global Dossier）

2015 年 11 月 20 日美国专利商标局上线的 Global Dossier（全球专利档案）系统①提供包括审查意见通知书、专利申请人答辩意见书在内的五局（US/CN/EP/KR/JP）专利案卷历史文件，并且提供同族专利链接、对非英语审查意见通知书的英文机器翻译。图 3 –22 所示为基于 Global Dossier 检索 US9503840B2 的结果。

---

① https：//globaldossier. uspto. gov/.

图 3－22　基于 Global Dossier 检索 US9503840B2 的结果展示

3. 日本专利数据库

日本专利包括发明（特许）、实用新型（实用新案）和外观设计（意匠）。通过日本专利信息平台① （Japan Platform for Patent Information，J－PlatPat）可以检索日本专利和申请的原文、最新的法律状态和审查意见。J－PlatPat 上发明和实用新型通过统一的入口检索，外观设计则有单独的检索入口，如图 3－23 所示。

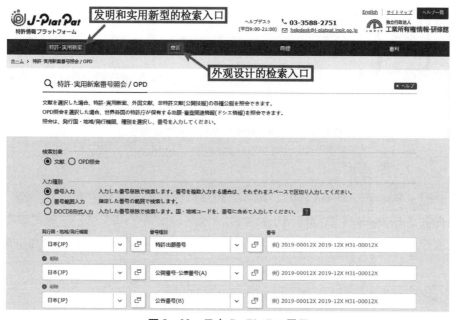

图 3－23　日本 J－PlatPat 展示

---

① https：//www.j－platpat.inpit.go.jp/.

4. 韩国专利数据库

韩国专利包括发明、实用新型和外观设计。韩国知识产权信息服务①（Korea Intellectual Property Rights Information Service，KIPRIS）平台提供三种类型专利的一站式检索。通过 KIPRIS 平台，可以下载专利和申请文件的全文，可以查看专利的最新法律状态和申请历史文件列表。目前，KIPRIS 平台暂不提供专利审查历史文件的下载或查阅，如图 3 - 24 所示。

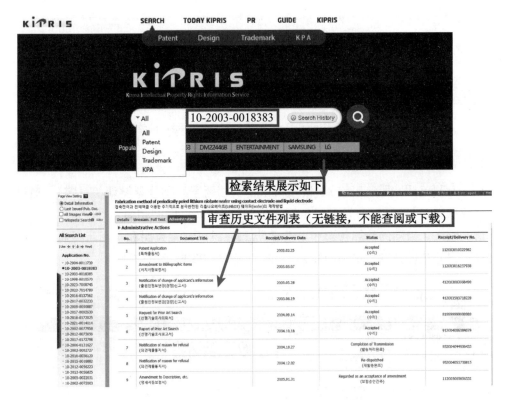

图 3 - 24 韩国 KIPRIS 平台和检索结果展示

5. 欧洲专利数据库

由欧洲专利局（European Patent Office，EPO）管理的专利仅发明一种类型。欧洲专利局提供了 Espacenet② 数据库用于检索欧洲专利，如图 3 - 25 所示。通过该数据库不仅能进行 EPO 专利的检索，还能检索除此以外 60 多个国家/地区③的专利和申请的全

---

① http：//www. kipris. or. kr/enghome/main. jsp.

② https：//worldwide. espacenet. com/.

③ EPO. Full - text coverage in Espacenet［EB/OL］. ［2023 - 07 - 02］. https：//www. epo. org/searching - for - patents/technical/full - text - additions. html.

文，以及 100 多个国家/地区①的书目信息。值得一提的是，Espacenet 不仅数据覆盖范围广泛，同时提供了丰富的检索字段和对检索语法的支持。

图 3 – 25　欧洲 Espacenet 和检索结果展示

欧洲专利局提供了欧洲专利登记簿（European Patent Register）② 用于检索专利的最新法律状态和审查历史文件。如图 3 – 26 所示，点击左侧选项卡可以查看专利的法律状态、引用信息、专利家族、审查历史文件等。

图 3 – 26　基于欧洲专利登记簿检索 EP4186660 结果展示

① EPO. Bibliographic coverage in Espacenet and OPS［EB/OL］．［2023 – 07 – 02］. https：//www.epo.org/searching – for – patents/technical/patent – additions. html.

② https：//register.epo.org/regviewer.

3.4.2　非专利数据库

完成一个 FTO 项目，专利数据库必不可少，但是在项目前期阶段也需要查询大量的非专利文献以完成对产业链、企业、竞争环境和竞争对手、产品技术发展历史等的了解。以上内容固然来源于检索者的技术积累、研发工程师提供的信息，但更多的需要检索者基于非专利数据库进行调研。下文中列出了一些可供选择的非专利数据库资源：

1）搜索引擎。搜索引擎是检索中可以用于发现相关线索的重要工具。

2）行业资讯。尤其需要关注行业中的企业并购重组、专利许可或转让、技术合作等事件。

3）行业研究数据库。行业研究数据库中的内容往往会涉及产业链、竞争格局、技术路线等内容，综合利用这些信息可以帮助提高检索的效率。

4）电商平台。对于利用电商进行销售的产品，通过电商平台可以方便地检索到同类产品及其关联企业的信息，从而帮助锁定竞争对手。

5）裁判文书数据库。例如，中国裁判文书网（https：//wenshu. court. gov. cn/）、美国法院电子记录公众查询系统（https：//pacer. uscourts. gov/）、欧盟司法判例数据库（https：//curia. europa. eu/jcms/jcms/j_6/en/）等。

6）企业信息数据库。例如，企查查（https：//www. qcc. com/）、中国国家企业信用信息公示系统（https：//www. gsxt. gov. cn/index）等。

7）中国国家图书馆（http：//www. nlc. cn/web/index. shtml）。中国国家图书馆采购了中国知网、万方数据、ProQuest、ACS、Springer 等多家机构出版的电子资源供读者到馆或者在线使用。

8）特殊领域的专业数据库。例如，医药领域的数据库。

例如，在 A 公司针对其竞争对手 B 公司开展的 FTO 项目中，通过 B 公司的官网获知 B 公司近期与 C 高校开展了技术合作并签署了技术转让协议。在此种情况下，建议及时作出调整，将 C 高校的相关专利也列入风险排查的范围。

3.4.3　特殊领域的检索资源

在生物医药、化学等领域存在一些特色数据库。尤其对于制药领域而言，除了使用常规的专利数据库进行专利检索外，还需要用到一些特殊的资源，例如橙皮书（The Orange book）①、《默克索引》（Merck Index）等。

---

① 美国有三大"药品"数据库：Drugs@ FDA 数据库、橙皮书和紫皮书。Drugs@ FDA 数据库主要收录 FDA 批准的所有药品；橙皮书主要收录经治疗等效性评价而批准的药品；紫皮书主要收录生物制品、同类生物制品及可替代生物制品。

美国橙皮书全称为《经过治疗等效性评价批准的药品》（*Approved Drug Products with Therapeutic Equivalence Evaluations*），是美国 FDA 批准使用的人用药品数据库[①]，检索界面如图 3 - 27 所示。它收录的是美国 FDA 根据安全与有效原则收录的所有批准药物，包括新药、仿制药，其中包括详尽的药物批准信息，以及新药所涉及的所有专利以及市场专营保护信息等。与之对应的，有日本橙皮书数据库（《日本医疗用医药品品质情报集》）、《中国上市药品目录集》等。

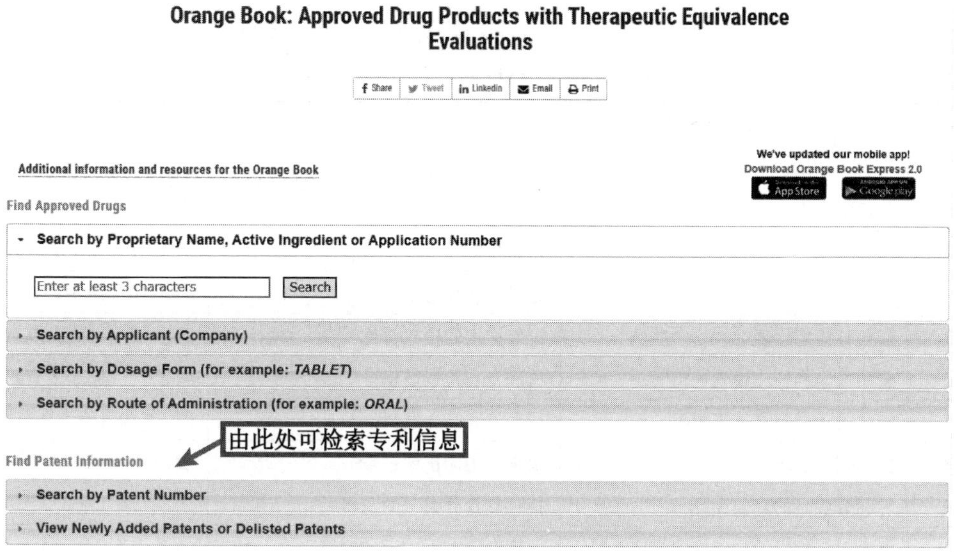

图 3 - 27　美国橙皮书数据库检索界面

《默克索引》是一本收录化学品、药品、生物制品等物质相关信息的综合性百科全书，至今已有超过 120 年的历史[②]。通过该索引可以进行名称、分子式等检索，以有效弥补专利检索中关键词检索的不足。

以智慧芽数据库为例，其在常规的全球专利数据库的基础上单独开发了 Chemical 化学数据库、Bio 序列数据库，分别提供化学和生物序列领域的检索。数据库 LENS. ORG[③] 则在专利数据的基础上进一步加工，向学术研究者免费提供生物序列检索。此外，通过美国国家生物技术信息中心（National Center for Biotechnology Information，NCBI）[④]、日本 DNA 数据库（DNA Data Bank of Japan，DDBJ）[⑤] 以及欧洲生物信

[①]　https：//www. accessdata. fda. gov/scripts/cder/ob/index. cfm.

[②]　皇家化学会.《默克索引》第 15 版网络版［EB/OL］.［2023 - 07 - 03］. http：//lib. cpu. edu. cn/_upload/article/files/2e/56/dabe3e824bafaa455f482685c16a/07b6bd29 - 8a0b - 4115 - b3c9 - 1154fff80a9e. pdf.

[③]　https：//www. lens. org/lens/？ locale = zh.

[④]　https：//blast. ncbi. nlm. nih. gov/Blast. cgi.

[⑤]　https：//www. ddbj. nig. ac. jp/ddbj/index - e. html.

息研究所的欧洲分子生物学实验室（European Molecular Biology Laboratory，EMBL）核苷酸数据库①也可以进行生物序列的检索和比对。

3.4.4　FTO 检索的实用工具

除数据库资源外，在 FTO 项目中需要一些工具辅助完成项目信息的记录。在商业数据库中，部分工作可以通过工作空间和添加字段或者标签完成。本书中整理了如表 3-14 所示体系的表格工具，用于帮助读者梳理检索思路并记录必要的事项。

表 3-14　FTO 检索实用图表工具

序号	图表名称	主要功能	本书位置
1	检索目标描述表	记录检索目标	表 3-2（第 3.2 节）
2	检索要素表	记录检索要素	表 3-3（第 3.2 节）
3	检索记录表	记录检索式	表 3-7（第 3.2 节）
4	专利筛选记录表	记录专利筛选结果	表 3-6（第 3.2 节）
5	侵权分析对比表	记录详细的侵权对比	表 3-5（第 3.2 节）
6	初始检索和补充检索逻辑图	梳理专利检索逻辑	图 3-9（第 3.2 节）
7	FTO 检索专利筛选流程图	梳理专利筛选逻辑	图 3-10（第 3.2 节）
8	关键词扩展表	梳理关键词扩展逻辑	表 3-8（第 3.3 节）
9	专利分类号的查找途径	梳理查找分类号的逻辑	图 3-14（第 3.3 节）
10	竞争对手检索的检索线索扩展途径	梳理竞争对手检索的逻辑	图 3-17（第 3.3 节）

---

① https：//www.ebi.ac.uk/Tools/sss/.

第4章 专利侵权的判定方法

本章概述

　　专利侵权判定，指判断目标产品或技术方案是否涉嫌侵犯他人的专利权。由于专利权具有地域性，因而专利侵权判定需要根据当地法律进行判断，例如，对于中国专利，应当根据中国法律进行专利侵权判定，对于美国专利，应当根据美国法律进行专利侵权判定。本章以中国法律为例，简要介绍专利侵权判定的方法。如果被诉侵权产品或技术方案落入涉案专利的保护范围，而且被诉侵权人实施了专利侵权行为，并且无法定的侵权抗辩理由，则构成专利侵权。本章主要介绍判断被诉侵权产品或技术方案是否落入涉案专利的保护范围的方法。发明和实用新型专利的侵权判定思路与方法，与外观设计专利的侵权判定思路与方法，具有很大差异，因此，本章将分别论述。

本章知识图谱

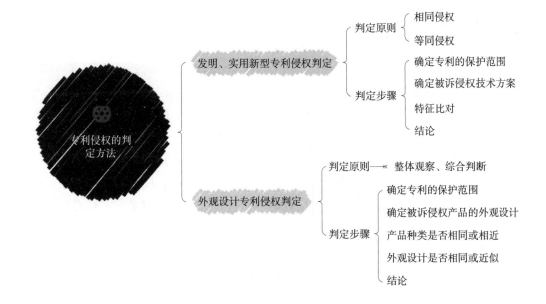

4.1　发明和实用新型专利的侵权判定

4.1.1　侵权判定的原则和方法

《专利法》第 11 条第 1 款规定，发明和实用新型专利权被授予后，除本法另有规定的以外，任何单位或者个人未经专利权人许可，都不得实施其专利，即不得为生产经营目的制造、使用、许诺销售、销售、进口其专利产品，或者使用其专利方法以及使用、许诺销售、销售、进口依照该专利方法直接获得的产品。

《最高人民法院关于审理侵犯专利权纠纷案件应用法律若干问题的解释》第 7 条规定，被诉侵权技术方案包含与权利要求记载的全部技术特征相同或者等同的技术特征的，人民法院应当认定其落入专利权的保护范围；被诉侵权技术方案的技术特征与权利要求记载的全部技术特征相比，缺少权利要求记载的一个以上的技术特征，或者有一个以上技术特征不相同也不等同的，人民法院应当认定其没有落入专利权的保护范围。

上述法律规定了我国发明和实用新型专利侵权判定的原则，即"全面覆盖原则"，指在判定被诉侵权技术方案是否落入专利权的保护范围时，应当审查涉案专利的权利要求所记载的全部技术特征，不应当省略权利要求中的任何一项技术特征。

发明或实用新型专利侵权判定的方法主要包括以下步骤：

第一，确定专利的保护范围。发明或者实用新型专利权的保护范围以其权利要求的内容为准，说明书及附图可以用于解释权利要求的内容。

第二，确定被诉侵权技术方案。

第三，将涉案专利权利要求的全部技术特征进行分解，逐一与被诉侵权技术方案中对应的技术特征进行比较。

第四，得出结论。如果被诉侵权技术方案与涉案专利权利要求记载的全部技术特征都相同，则为相同侵权；如果虽然有一个以上的特征不相同，但是构成等同，则为等同侵权；如果有一个以上的特征既不相同也不等同，或者，缺少一个以上的技术特征，则表明被诉侵权技术方案未落入专利权的保护范围，不构成侵权。

实务中，经常采用权利要求比对表来进行侵权比对分析。权利要求比对表，英文称为 Claim Charts，可以简单、高效地呈现信息和进行分析。权利要求比对表将权利要求的技术特征进行分解，并与被诉侵权技术方案中相应的技术特征进行一一比对。权利要求比对表一般包括 4 列，第 1 列为权利要求技术特征的编号，第 2 列为技术特征的具体内容，第 3 列为被诉侵权技术方案的对应特征，第 4 列为比对分析和结论。为了便于根据说明书解释权利要求，确定技术特征的含义，还可以在第 2 列与第 3 列之间增加 1 列，用于说明该技术特征在涉案专利的说明书、审查文档等中是如何描述的，如表 4 – 1 所示。第 4 列除了给出结论之外，还可以进行简要的分析，特别是当两者不相同时，还需要进一步分析是否构成等同。对于相同侵权和等同侵权的认定，将在下文中予以介绍。

表 4 – 1 权利要求比对表

编号	权利要求 1 的特征	本专利说明书及附图的描述	被诉侵权技术方案的特征	比对分析
1	一种水杯	…		相同
2	包括杯体和杯盖	……	包括杯体和杯盖	相同
3	其特征在于，杯盖是透明的	……	杯盖是不锈钢的	不同 不锈钢杯盖不是透明的，两者既不相同也不等同

4.1.2 相同侵权的判定

专利相同侵权指被诉侵权技术方案包含了与权利要求记载的全部技术特征相同的技术特征，又被称为字面侵权（Literal infringement）。

1. 相同技术特征的判断

对于"相同"的技术特征的判断，可以参照专利新颖性的判断基准。相同的技术特征既包括文字表述完全相同的技术特征，也包括虽然文字表述不同，但实质完全相同的技术特征。如果权利要求中记载的技术特征为上位概念，而被诉侵权技术方案采用下位概念的技术特征，也属于相同技术特征。例如，涉案专利权利要求中记载的技术特征为"传动装置"，而被诉侵权产品中具有齿轮，具有传动功能，也应认定属于相同的特征。如果涉案专利权利要求中存在以数值或者数值范围限定的技术特征，而被诉侵权技术方案的相应数值或者数值范围落在涉案专利权利要求的数值范围内，或者与权利要求的数值范围有部分重叠或有一个共同端点，应当视为与涉案专利技术特征相同。

2. 封闭式权利要求相同侵权的判断

《最高人民法院关于审理侵犯专利权纠纷案件应用法律若干问题的解释（二）》第7条规定，被诉侵权技术方案在包含封闭式组合物权利要求全部技术特征的基础上增加其他技术特征的，人民法院应当认定被诉侵权技术方案未落入专利权的保护范围，但该增加的技术特征属于不可避免的常规数量杂质的除外。前款所称封闭式组合物权利要求，一般不包括中药组合物权利要求。

由上述司法解释的规定可知，被诉侵权技术方案在包含了涉案专利权利要求中的全部技术特征的基础上，又增加了新的技术特征的，一般而言，仍然落入专利权的保护范围。但是，如果涉案专利的权利要求为封闭式权利要求，应当认定被诉侵权技术方案未落入该权利要求的保护范围。封闭式权利要求一般采用"由……组成"的表达方式，本领域技术人员应理解其限定了不含有权利要求所述以外的结构组成部分或方法步骤。以下将通过案例说明封闭式权利要求的侵权判定。

案例 4-1

河北鑫宇焊业有限公司与宜昌猴王焊丝有限公司侵害发明专利权纠纷再审案

案号：（2013）民申字第 1201 号

裁判要旨：封闭式权利要求的侵权判定。对于封闭式权利要求，如果被诉侵权产品或者方法除具备权利要求明确记载的技术特征之外，还具备其他特征的，应当认定其未落入权利要求保护范围。

案情简介：

涉案专利是名称为"高强度结构钢用气体保护焊丝"的发明专利，其权利要求 1 为："1. 高强度结构钢用气体保护焊丝，其特征在于：

由下列重量百分比的元素：C：0.04—0.12、Mn：1.20—2.20、Si：0.40—0.90、Ti：0.03—0.20、V：0.03—0.06、B：0.002—0.006、$S \leq 0.025$、$P \leq 0.025$，余量为铁及其不可避免的杂质构成。"

涉案专利说明书背景技术记载："该焊丝中含有高含量的贵重金属镍，因此使得其成本大大提高。"说明书发明内容记载："本发明……具有以下优点：……不含有贵重的金属镍和钼，每吨的生产成本能够降低 1000 多元以上。"

裁判文书摘录：

本院认为，封闭式权利要求与开放式权利要求是一组相对应的权利要求类型，关于二者的规定主要体现于《专利审查指南》（2006 年）第二部分第十章、《专利审查指南》（2010 年）第二部分第二、第十章等相关规定之中。之所以区分封闭式权利要求与开放式权利要求，在于允许专利申请人通过特定形式的措辞或者表达，表明除权利要求明确列举的组分、结构或者步骤等技术特征之外，专利技术方案是否还进一步涵盖未明确列举的其他技术特征。其中，封闭式权利要求通过"由……组成""余量为……"等表达方式的限定，表明其排除权利要求明确记载的技术特征之外的其他组分、结构或者步骤。涉案专利权利要求 1 采用了"由……构成""余量为铁及其不可避免的杂质构成"等措辞，表明权利人以明确的意思表示，对权利要求 1 请求保护的"高强度结构钢用气体保护焊丝"组分进行了穷尽式列举，权利要求 1 属于封闭式权利要求。

《最高人民法院关于审理侵犯专利权纠纷案件应用法律若干问题的解释》第 7 条系有关专利侵权判断中技术特征全面覆盖原则的规定。根据全面覆盖原则，专利侵权行为的成立，以被诉侵权技术方案包含与权利要求记载的全部技术特征相同或者等同的技术特征为充分条件。即使被诉侵权技术方案还附加有其他技术特征，亦不影响侵权判断，仍应认定侵权行为成立。在适用全面覆盖原则时，应当首先确定权利要求的保护范围。封闭式权利要求是一种特殊类型的权利要求，封闭式权利要求以特定措辞或者表达，限定了权利要求的保护范围仅包括权利要求中明确记载的技术特征及其等同物，排除了其他组分、结构或者步骤。因此，对于封闭式权利要求，如果被诉侵权产品除具备权利要求明确记载的技术特征之外，还具备其他特征，应当认定其未落入权利要求的保护范围。否则，会出现在授权确权程序中权利要求从严解释，权利人更容易避开现有技术获得授权；在侵权诉讼中从宽解释，覆盖更宽保护范围，权利人两头得利，法律适用前后脱节的情形。

《专利审查指南》（2006 年）、《专利审查指南》（2010 年）中有关封闭式权利要求的规定，不存在与上位法相抵触的情形，并且已在专利审查实践中适用多年，形成了稳定的秩序和预期，已为业界所广泛认可和接受。因此，在侵权诉讼中可以参照适用。本案被诉侵权产品除具有权利要求 1 记载的全部组分之外，还含有铬、铜、镍三种组分，其中镍还是涉案专利说明书中明确指出需要排除的组分。因此，二审判决参照适用《专利审查指南》中有关封闭式权利要求的规定，认定被诉侵权产品未落入涉案专利权的保护范围正确。鑫宇公司有关二审判决认定事实错误、法律适用错误的申请再审理由不能成立。

案例简评：

本案阐述了封闭式权利要求侵权判定的方法。封闭式权利要求的侵权判定，是适用全面覆盖原则的一种特殊的情形，通常情况下，如果被诉侵权产品具备权利要求明确记载的全部技术特征，无论其是否还具备其他特征，应当认定其落入了权利要求的保护范围；而对于封闭式权利要求，因为其排除了还有其他特征存在，所以当被诉侵权产品除了具备权利要求的技术特征，还具备其他特征时，应当认定其未落入权利要求的保护范围。

4.1.3 等同侵权的判定

1. 等同技术特征的判断

权利要求文字具有局限性，专利权人实际上也很难通过文字完整地描述或列举其发明的全部内容。如果严格按照权利要求的文字判断是否构成侵权，会使得专利权非常容易规避，从而导致专利权保护落空。因此，对于实质采用了专利的技术方案或者仅做了一些非实质性的修改或替换的技术方案，也应当认定为落入专利权的保护范围，这便是等同侵权的含义。

《最高人民法院关于审理专利纠纷案件适用法律问题的若干规定》（2020 年修正）第 13 条规定："专利法第五十九条第一款所称的'发明或者实用新型专利权的保护范围以其权利要求的内容为准，说明书及附图可以用于解释权利要求的内容'，是指专利权的保护范围应当以权利要求记载的全部技术特征所确定的范围为准，也包括与该技术特征相等同的特征所确定的范围。等同特征，是指与所记载的技术特征以基本相同的手段，实现基本相同的功能，达到基本相同的效果，并且本领域普通技术人员在被诉侵权行为发生时无需经过创造性劳动就能够联想到的特征。"

根据上述法律规定，判断等同特征时，首先要判断手段、功能和效果是否基本相同；其次，要判断是否为本领域普通技术人员无需经过创造性劳动就能够联想到的特征。判断的时机为被诉侵权行为发生时，判断的主体应该站位于本领域普通技术人员。

虽然等同原则有助于加强专利保护，但是，由于其在一定程度上破坏了权利要求的公示性，而且等同侵权判定的主观性较强，因而，也不宜过度适用等同原则，扩张专利的保护范围。因此，适用等同侵权应当非常慎重。例如，我国司法解释对于数值特征的等同认定就更加严格。《最高人民法院关于审理侵犯专利权纠纷案件应用法律若干问题的解释（二）》（2020 年修正）第 12 条规定，权利要求采用"至少""不超过"等用语对数值特征进行界定，且本领域普通技术人员阅读权利要求书、说明书及附图后认为专利技术方案特别强调该用语对技术特征的限定作用，权利人主张与其不相同的数值特征属于等同特征的，人民法院不予支持。

为了平衡专利权人和社会公众的利益，有必要对等同原则的适用进行一定的限制，例如禁止反悔原则、捐献原则等，限于本章篇幅，此内容将在其他章节中予以介绍。

—— 案例 4-2 ——

陕西竞业玻璃钢有限公司与永昌积水复合材料有限公司侵害实用新型专利权纠纷再审案

　　案号：（2010）民申字第 181 号

　　裁判要旨：等同技术特征的认定。在判断被诉侵权产品的技术特征与专利技术特征是否等同时，不仅要考虑被诉侵权产品的技术特征是否属于本领域的普通技术人员无需经过创造性劳动就能够联想到的技术特征，还要考虑被诉侵权产品的技术特征与专利技术特征相比，是否属于基本相同的技术手段，实现基本相同的功能，达到基本相同的效果，只有以上两个方面的条件同时具备，才能够认定二者属于等同的技术特征。

　　案情简介：

　　涉案专利是名称为"玻璃钢夹砂顶管"的实用新型专利，其权利要求 1 为："一种玻璃钢夹砂顶管，它由管头、管身以及管尾组成，管头和管尾管径一致，管尾连接部设有密封用套环，管头、管尾通过套环连接，其特征在于：所述的管头、管身以及管尾采用树脂基体，管身设有两维以上方向绕制的纤维层以及石英夹砂层，管头和管尾设有两维以上方向绕制的纤维层，所述的套环紧密设置在管头或管尾外壁的凹台内。"

　　本案一审法院认为，被诉侵权产品的技术特征"插口的管外径小于承口的管外径，有锥度"与涉案专利中的技术特征"管头和管尾管径一致"构成等同，被诉侵权产品落入涉案专利权的保护范围，遂判决被诉侵权人承担侵权责任。被诉侵权人不服一审判决，提起上诉。本案法院二审认为，根据涉案专利的权利要求书、说明书以及附图，涉案专利"管头和管尾管径一致"是指：管头和管尾的管内径一致、管头和管尾的管外径一致。被诉侵权产品的承口、插口分别对应于涉案专利中的管头和管尾，其中插口与承口的管内径一致，但插口的管外径小于承口的管外径，与涉案专利不同。并且正是基于该不同，导致两者所实现的功能、达到的技术效果均不相同，该技术特征亦非本领域的普通技术人员无需付出创造性劳动就能联想到的特征，故两者不构成等同，被诉侵权产品未落入涉案专利权的保护范围，不构成侵权。遂判决撤销一审判决，驳回专利权人的诉讼请求。专利权人不服二审判决，向最高人民法院申请再审。最高人民法院再审后裁定驳回专利权人的再审申请。

　　裁判文书摘录：

　　被诉侵权产品中插口、承口的管内径虽然一致，但是二者的管外径并不一致，具体表现为承口管外径上设有用于安装钢套环的水平凹台，并且承口管外径与钢套环紧密配合；而插口管外径呈不规则台阶状。虽然现有技术《顶管施工技术》中已经公开了注浆减阻的工作原理以及注浆孔、台阶状管外径等技术特征，本领域的普通技术人员在顶管施工中为了实现注浆减阻的目的，能够在《顶管施工技术》所给出的技术启示下，显而易见地想到被诉侵权产品中的注浆孔以及插口管外径呈不规则台阶状等技术特征，无需付出创造性劳动。但是，由于被诉侵权产品中的插口管外径呈不规则台阶状，一方面导致插口管外径与钢套环之间并不能紧密配合，无法实现增强管道连接密封性的功能和效果；另一方面能够在管外径与钢套环之间形成供减阻砂浆通过的环形空间，使得从注浆孔中注入的减阻砂浆可以经由该环形空间均匀分布在管道周围，形成润滑套，实现减少管道外壁与土壤间的摩擦阻力，提高管道顶进效率的有益功能和效果。因此，被诉侵权产品中技术特征"插口管外径呈不规则台阶状"所实现的功能和效果，与权利要求1中"管头和管尾管径一致"所实现的功能和效果具有实质性的差异，二者不属于等同的技术特征，被诉侵权产品没有落入涉案专利权的保护范围。

案例简评：

等同特征的判断，需要判断是否属于"以基本相同的手段，实现基本相同的功能，达到基本相同的效果"，并且本领域普通技术人员在被诉侵权行为发生时无需经过创造性劳动就能够联想到的特征。本案中，最高人民法院认为，虽然认为被诉侵权产品的不同特征属于本领域普通技术人员无需经过创造性劳动就能够联想到的特征，但是，由于被诉侵权产品采用了不同的手段，而且获得了不同的功能和效果，因而，二者不属于等同的技术特征。

实际上，一般在判断等同特征时，首先需要考虑"以基本相同的手段，实现基本相同的功能，达到基本相同的效果"的要求。如果不符合上述要求，一定不属于等同特征，就无须再判断是否属于本领域普通技术人员无需经过创造性劳动就能够联想到的特征。但是，本案被诉侵权人提出了该不同的技术特征相对于现有技术是容易想到的，最高人民法院回应了这一抗辩，认为尽管该不同的技术特征是容易想到的，但是，认定等同特征需要同时满足上述两方面的要求，而本案并不符合第一方面的要求，因而不构成等同特征。

案例 4 –3

肖某与深圳市森诺照明有限公司侵害专利权纠纷再审案

案号：（2019）最高法民申 365 号

裁判要旨：等同侵权中基本相同的技术效果的判断。判断权利要求有关技术特征是否应当受到说明书记载的技术效果的限定，应当综合考量技术效果是否确因该技术特征产生，以及技术效果的显著程度等因素。在此基础上，对于说明书中已经明确记载且本领域技术人员能够确定的技术效果，在适用等同原则时，应当予以考虑。

案情简介：

涉案专利系名称为"一种 LED 照明灯"的发明专利。其权利要求 1 为："一种 LED 照明灯，其特征在于：包括有灯头（7），该灯头（7）与外电源电连接；多根 LED 灯条（2），该 LED 灯条（2）上设置有驱动 LED 的电路，所述 LED 灯条（2）上布设有多颗 LED 灯珠（21），该 LED 灯条（2）相互拼接组成圆柱形灯体，其 LED 灯珠（21）均朝外设置，该圆柱形灯体的一端与所述灯头（7）固定电连接；还包括有固定所述圆柱形灯体的灯芯支架（3），该灯芯支架（3）包括有固定 LED 灯条（2）两端的固定架，支撑固定架的主体支架（35），与 LED 灯条（2）插拔电连接的环形插槽。"

涉案专利说明书记载：本发明的 LED 照明灯与现有技术相比，具有如下的优点……另一方面，由于采用 LED 灯条与插槽插拔电连接的结构，这样，对 LED 照明灯的维修和排除故障提供了便利，当某颗或数颗 LED 灯珠损毁时，只需将其相应所在的 LED 灯条抽出，即可维修更换灯珠，而不影响其他 LED 灯条的使用，因此最大程度地降低了维护和使用成本。

裁判文书摘录：

本院经审查认为，涉案"一种 LED 照明灯"发明专利处于合法有效状态，应受法律保护。双方当事人就被诉侵权技术方案是否落入涉案专利权的保护范围产生争议，具体涉及对涉案专利权利要求 1 中"与 LED 灯条（2）插拔电连接的环形插槽"的技术特征的认定，以及被诉侵权技术方案是否具有与之相同或者等同的技术特征的问题。

专利侵权纠纷中，专利权保护范围的确定是侵权判定的前提。《专利法》（2008 年修正）第 59 条第 1 款规定："发明或者实用新型专利权的保护范围以其权利要求的内容为准，说明书及附图可以用于解释权利要求的内容。"即，权利要求是确定专利权保护范围的依据，但是，说明书及附图的相关内容对权利要求具有解释作用。肖某主张涉案专利中争议技术特征含义清楚，二审判决引入说明书中技术效果的记载对其进行解释，适用法律错误。对此，本院认为，《最高人民法院关于审理专利侵权纠纷案件应用法律若干问题的解释》第 2 条规定："人民法院应当根据权利要求的记载，结合本领域普通技术人员阅读说明书及附图后对权利要求的理解，确定专利法第五十九条第一款规定的权利要求的内容。"首先，关于权利要求解释的必要性。权利要求以文字和数字记载技术特征的形式描述专利技术方案，基于语言文字的多义性和局限性，如果不结合具体的语境对权利要求进行解释，将难以准确界定其所要表达的技术方案。因此，在确定专利权保护范围的过程中，不论权利要求的用语从表面上看是否清楚，都不应当仅仅基于权利要求本身就确定其含义。其次，关于引入说明书及附图解释权利要求的时机。《专利法》（2008 年修正）第 26 条规定，说明书应当对发明或者实用新型作出清楚、完整的说明，以所属技术领域的技术人员能够实现为准；权利要求书应当以说明书为依据，清楚、简要地限定要求专利保护的范围。由此可见，权利要求书的内容是对说明书的抽象和概括，说明书的内容是对权利要求书的进一步解释和说明，即，说明书构成权利要求适用的具体语境。因此，在对权利要求进行解读的过程中，应当从说明书出发，系统、全面地理解专利所要保护的技术方案，以此为基础，对权利要求所记载的技术特征作出准确认定。最后，关于说明书中技术效果的记载对权利要求相关技术特征的解释作用及对等同原则适用的影响。一般而言，权利要求中记载的是技术特征所限定的技术方案，也就是发明的构成，而发明的目的及相关技术效果则记载于说明书中。说明书中关于技术效果的记载，其体现的有益效果通常就是专利相较于现有技术所具有的进步。由于专利权人对现有技术认识的有限性，以及专利审查部门对现有技术检索的局限性，说明书中记载的技术效果对于权利要求的解释只能起到参考作用。对于说明书中关于权利要求特定技术特征的技术效果的记载，需要考虑该技术效果是否确实由该技术特征所导致，该技术效果的显著程度等因素，综合判断权利要求中的该技术特征是否应当受到说明书中该技术效果记载的限定。在侵权诉讼中适用等同原则时，对于说明书中明确记载并且本领域技术人员能够确定的技术效果，应当予以考虑。

本案中，双方当事人就涉案专利权利要求 1 中"与 LED 灯条（2）插拔电连接的环形插槽"的技术特征的认定产生争议。对此，本院认为，对于争议技术特征，权利要求中只限定了灯条和环形插槽两者的连接关系是插拔电连接，并未对如何插拔电连接进行具体限定。但是，涉案专利说明书在技术效果部分明确记载："本发明的 LED 照明灯与现有技术相比，具有如下的优点……由于采用 LED 灯条与插槽插拔电连接的结构，这样，对 LED 照明灯的维修和排除故障提供便利，当某颗或数颗 LED 灯珠损毁时，只需将其相应所在的 LED 灯条抽出，即可维修更换灯珠，而不影响其他 LED 灯条的使用，因此最大程度地降低了维护和使用成本。"以本领域技术人员的通常理解来说，涉案专利的"插拔电连接"确实能实现上述技术效果。因此，在争议技术特征的解释过程中，应当考虑上述技术效果。在本院组织的询问程序中，经双方当事人确认，被诉侵权技术方案相应的技术特征为，LED 灯条与环形插槽在插拔的过程中并不接触，而是通过焊锡形成电连接和实现固定。由此带来的技术效果是，当灯条发生故障时，需要先破坏焊锡结构，才能实现灯条的更换和维修。因此，被诉侵权技术方案 LED 灯条与环形插槽通过焊锡固定电连接的技术特征与涉案专利争议技术特征不相同也不等同，被诉侵权技术方案未落入涉案专利权的保护范围。肖某的相关再审申请理由不能成立，本院不予支持。

案例简评：

本案对确定专利权保护范围的方法进行了完整的论述，特别是对等同特征技术效果的认定进行了阐述，非常具有指导意义。通常而言，说明书中记载的技术效果对于权利要求的解释只能起到参考作用，但是，在判断等同侵权时，对于说明书中明确记载并且本领域技术人员能够确定的技术效果，应当予以考虑。本案争议焦点实际上为：涉案专利中灯条和环形插槽之间插拔电连接，与被诉侵权产品中灯条和环形插槽之间焊接电连接，是否构成等同技术特征？由于涉案专利中明确记载了插拔电连接的技术效果，而且本领域技术人员也可以确认该技术效果，因此，在等同侵权判定时，就应当考虑说明书记载的技术效果。被诉侵权产品对应的"焊接电连接"不具备说明书中记载的技术效果，因而，两者之间不具有基本相同的技术效果，不构成等同特征。

2. 功能性特征的侵权判定

《最高人民法院关于审理侵犯专利权纠纷案件应用法律若干问题的解释》第 4 条规定，对于权利要求中以功能或者效果表述的技术特征，人民法院应当结合说明书和附图描述的该功能或者效果的具体实施方式及其等同的实施方式，确定该技术特征的内容。

《最高人民法院关于审理侵犯专利权纠纷案件应用法律若干问题的解释（二）》（2020 年修正）第 8 条规定，功能性特征，是指对于结构、组分、步骤、条件或其之间的关系等，通过其在发明创造中所起的功能或者效果进行限定的技术特征，但本领域普通技术人员仅通过阅读权利要求即可直接、明确地确定实现上述功能或者效果的具体实施方式的除外。与说明书及附图记载的实现前款所称功能或者效果不可缺少的技术特征相比，被诉侵权技术方案的相应技术特征是以基本相同的手段，实现相同的功能，达到相同的效果，且本领域普通技术人员在被诉侵权行为发生时无需经过创造性劳动就能够联想到的，人民法院应当认定该相应技术特征与功能性特征相同或者等同。

上述法律规定了功能性特征的定义，及其相同特征或等同特征的判断方法。功能性特征等同侵权的判定，是实务中的难点。在专利侵权判定过程中，确定功能性特征的保护范围的方法，与确定普通特征的保护范围的方法不同，其不是通过权利要求特征本身来确定保护范围，而是根据说明书及附图记载的实现所称功能或者效果不可缺少的技术特征来确定保护范围。由于确定功能性特征的保护范围，会引入说明书及附图的内容，因此，对于是否属于功能性特征的认定，往往会引发争议。以下将通过案例解释功能性特征的认定及侵权比对方法。

案例 4 – 4

临海市利农机械厂与陆某侵害实用新型专利权纠纷再审案

案号：（2017）最高法民申 1804 号

裁判要旨：

同时使用结构与功能限定的技术特征不属于功能性特征。如果技术特征中除了功能或者效果的限定之外，同时也限定了与该功能或者效果对应的结构特征，并且本领域技术人员仅通过阅读权利要求书，即可直接、明确地确定该结构特征的具体实现方式，并且该具体实现方式可以实现该功能或者效果的，则这种同时使用"结构"与"功能或者效果"限定的技术特征并不属于"功能性特征"。

普通技术特征等同与功能性特征等同的区别。《最高人民法院关于审理专利纠纷案件适用法律问题的若干规定》第 17 条规定的"等同特征"与《最高人民法院关于审理侵犯专利权纠纷案件应用法律若干问题的解释（二）》（简称《解释（二）》）第 8 条第 2 款规定的"相应技术特征与功能性特征相同或等同"的认定在适用对象、对比基础以及认定标准方面存在重要区别，不可混淆。

案情简介：

涉案专利是名称为"一种蔬菜水果分选装置"的实用新型专利，其权利要求 1 为：

"1. 一种蔬菜水果分选装置，其特征是，它包括机架（1）和传动电机（2），在机架（1）的一端装有传动轴（3），在传动轴（3）上装有两个转动链轮（5）和一个传动链轮（6）；在机架（1）的另一端装有另一传动轴（4），在传动轴（4）上装有两个转动链轮（5）；两条特制输送链条（7）分别套在转动链轮（5）上，特制输送链条（7）由中心开槽的链板相邻排列组成，在两条输送链条（7）上装有带长轴的圆管 a，圆管 a 的长轴装在中心开槽链板的 d 槽中，并伸出槽外，圆管 a 可在 d 槽的范围内上下移动，在机架（1）的两长边的上方装有能上下调动的托轨（8），托轨（8）托住圆管 a 伸出链板槽的长轴，在圆管 a 的下方设有选出物的送出槽或输送带（9）。"

本案中，对于权利要求 1 中特征"托轨""传动链轮（6）"是否构成功能性特征，以及其侵权判定，双方产生争议。

裁判文书摘录：

将被诉侵权产品的技术方案与本专利权利要求 1 记载的全部技术特征相比，再审申请人主张二者在托轨形状、传动方式、传动轴及转动链轮的数量，以及托轨的安装方式等方面不相同也不等同，不构成侵权。对于再审申请人主张的上述四个方面的区别，本院分别认定如下：

（1）关于权利要求 1 中的"托轨"

《最高人民法院关于审理侵犯专利权纠纷案件应用法律若干问题的解释》（简称《解释》）第 4 条规定："对于权利要求中以功能或者效果表述的技术特征，人民法院应当结合说明书和附图描述的该功能或者效果的具体实施方式及其等同的实施方式，确定该技术特征的内容。"关于上述规定中的"以功能或者效果表述的技术特征"，司法实践中通常简称为"功能性特征"。《解释（二）》第 8 条第 1 款进一步规定："功能性特征，是指对于结构、组分、条件或其之间的关系等，通过其在发明创造中所起的功能或者效果进行限定的技术特征，但本领域技术人员仅通过阅读权利要求即可直接、明确地确定实现上述功能或者效果的具体实施方式的除外。"

本院认为，根据上述《解释》第 4 条以及《解释（二）》第 8 条第 1 款的规定，如果技术特征中除了功能或者效果的限定之外，同时也限定了与该功能或者效果对应的结构特征，并且本领域技术人员仅通过阅读权利要求书，即可直接、明确地确定该结构特征的具体实现方式，并且该具体实现方式可以实现该功能或者效果的，则这种同时使用"结构"与"功能或者效果"限定的技术特征并不属于前述司法解释规定的"功能性特征"。

本案中，"托轨"是涉案专利"一种蔬菜水果分选装置"的部件之一。虽然并无证据证明"托轨"属于本领域常用的技术术语，但本领域技术人员仅通过阅读权利要求书，即可直接、明确地确定"托轨"中的"轨"是结构特征，而"托"进一步限定了"轨"的功能。本领域技术人员熟悉"轨"的各种常规实现方式，通常情况下，结构特征"轨"本身就已经足以实现"托"的功能。本领域技术人员能够根据"托轨"

在权利要求 1 技术方案中的具体情况，直接、明确地确定以适当结构的"轨"来实现"托轨"的功能。综上，"托轨"属于同时以产品结构及其功能限定的技术特征，不属于《解释》第 4 条以及《解释（二）》第 8 条第 1 款规定的"功能性特征"。被诉侵权产品的梯形托轨落入了权利要求 1 限定的保护范围。对于再审申请人有关应当依照《解释（二）》第 8 条第 2 款的规定，依据涉案专利说明书、附图中的具体实施方式，将"托轨"限缩解释为"三角形托轨"，被诉侵权产品的梯形托轨与之不相同也不等同的主张，本院不予支持。

（2）关于权利要求 1 中的"传动链轮（6）"

《最高人民法院关于审理专利纠纷案件适用法律问题的若干规定》（简称《规定》）第 17 条规定："发明或者……专利权的保护范围应当以权利要求记载的全部技术特征所确定的范围为准，也包括与该技术特征相等同的特征所确定的范围。等同特征，是指与所记载的技术特征以基本相同的手段，实现基本相同的功能，达到基本相同的效果，并且本领域普通技术人员在被诉侵权行为发生时无需经过创造性劳动就能够联想到的特征。"本案中，涉案专利的传动系统包括电机、传动链轮、转动链轮、传动轴，权利要求 1 中的传动链轮是常用的机械部件，用于将电机产生的动力传导到传动轴，使传动轴、转动链轮转动。被诉侵权产品使用常规的蜗杆传动，同样是将电机产生的动力传导到传动轴，使传动轴、转动链轮转动。二者的功能、效果基本相同，二者的替换也不需要经过创造性劳动即能联想到。因此，二者属于《规定》第 17 条规定的等同特征。

需要注意的是，《规定》第 17 条规定的"等同特征"的认定，与《解释（二）》第 8 条第 2 款规定的"相应技术特征与功能性特征相同或等同"的认定是不同的。二者虽然都要求"以基本相同的手段"，并且"无需经过创造性劳动就能够联想到"，但也存在重要区别，包括以下两个方面：其一，适用对象和对比基础不同。《规定》第 17 条规定的"等同特征"的适用对象更为宽泛，涉及的是除"功能性特征"之外的其他技术特征，对比的基础是权利要求记载的技术特征本身。而《解释（二）》第 8 条第 2 款的适用对象，是《解释》第 4 条、《解释（二）》第 8 条第 1 款规定的"功能性特征"，对比的基础是在说明书及附图中记载的，实现功能性特征的功能或者效果"不可缺少的技术特征"。其二，认定标准不同。关于《规定》第 17 条规定的"等同特征"，应当以"实现基本相同的功能""达到基本相同的效果"作为认定标准；而《解释（二）》第 8 条第 2 款规定的"与功能性特征相同或等同"，则必须"实现相同的功能""达到相同的效果"，认定标准更为严格。本案中，二审法院并未认定涉案专利的"传动链轮"为"功能性特征"，但又以《解释（二）》第 8 条作为法律依据，认定被诉侵权产品的"蜗杆传动"与涉案专利中的"传动链轮"构成"技术特征等同"，实质上是混淆了《规定》第 17 条规定的"等同特征"和《解释（二）》第 8 条规定的"与功能性特征相同或等同"，适用法律有所不当，本院予以纠正。

案例简评：

本案解释了功能性特征的认定方法，特别是阐释了功能性特征与普通特征等同侵权认定的区别。

功能性特征是指不直接限定发明技术方案的结构、组分、步骤、条件或其之间的关系等，而是通过其在发明创造中所起的功能或者效果对结构、组分、步骤、条件或其之间的关系等进行限定的技术特征。根据司法解释的规定，功能性特征具有例外的情形，即对于包含有特定功能、效果的技术特征，本领域普通技术人员仅通过阅读权利要求即可直接、明确地确定实现该功能或者效果的具体实施方式的，该技术特征不属于功能性特征。例如，导体、滤波器、放大器等特征，一般不应认定为构成功能性特征。此外，如果某个技术特征已经限定或者隐含了发明技术方案的特定结构、组分、步骤、条件或其之间的关系等，即使该技术特征还同时限定了其所实现的功能或者效果，原则上亦不属于功能性特征。

对于功能性特征，其保护范围应根据说明书及附图中记载的，实现功能性特征的功能或者效果"不可缺少的技术特征"来确定。应注意"不可缺少的技术特征"不是涉案专利具体实施例中完整的技术方案，而仅仅是具体实施例中为了实现所述功能或效果所采用的必要的技术特征。

功能性特征的侵权认定，相较于普通技术特征等同侵权的认定更加严格。主要体现在，被诉侵权技术方案的相应技术特征与上述"不可缺少的技术特征"相比较，不仅仅要求采用基本相同的手段，而且必须要求实现相同的功能，达到相同的效果，而不能仅仅是"实现基本相同的功能，达到基本相同的效果"。

4.2 外观设计专利的侵权判定

4.2.1 侵权判定的方法

《专利法》第11条第2款规定，外观设计专利权被授予后，任何单位或者个人未经专利权人许可，都不得实施其专利，即不得为生产经营目的制造、许诺销售、销售、进口其外观设计专利产品。

《最高人民法院关于审理侵犯专利权纠纷案件应用法律若干问题的解释》第8条规定："在与外观设计专利产品相同或者相近种类产品上，采用与授权外观设计相同或者近似的外观设计的，人民法院应当认定被诉侵权设计落入专利法第五十九条第二款规定的外观设计专利权的保护范围。"第11条第1款规定："人民法院认定外观设计是否相同或者近似时，应当根据授权外观设计、被诉侵权设计的设计特征，以外观设计的整体视觉效果进行综合判断。"

上述法律规定了我国外观设计专利侵权判定的方法，首先，判断外观设计专利产品与被诉侵权产品的产品种类是否相同或相近；其次，判断外观设计专利产品与被诉侵权产品的外观设计是否相同或近似。其中，对于外观设计是否相同或者近似的判断，应该"以外观设计的整体视觉效果进行综合判断"。上述相同或近似的判断方法，也可以类比外观设计专利无效时采用的"整体观察、综合判断"的对比判断方法。

外观设计专利侵权判定所采用的"整体观察、综合判断"的比对方法，与发明或实用新型专利侵权判定所采用的"全面覆盖、技术特征——比对"的方法，差异巨大。其原因在于发明和实用新型专利保护的客体为新的技术方案，技术方案也是一个整体，但是可以由权利要求记载的全部技术特征和技术特征之间的关系来表达。而外观设计保护的客体为新设计，设计体现为一种整体视觉效果，其贡献在于给工业产品增添设计美感。外观设计作为一个整体，其由外观设计的图片或照片来表达，难以定义外观设计的全部设计特征，而且将外观设计分解为多个设计特征并逐一比对的话，显然会割裂设计的美感。

外观设计专利侵权判定的方法主要包括以下步骤：

第一，确定外观设计专利的保护范围。外观设计专利的保护范围以表示在图片或者照片中的该产品的外观设计为准，简要说明可以用于解释图片或者照片所表示的该产品的外观设计。

第二，确定被诉侵权产品的外观设计。

第三，判断外观设计专利产品与被诉侵权产品的产品种类是否相同或相近。

第四，判断外观设计专利与被诉侵权产品的外观设计是否相同或近似。具体地，可以比较涉案专利与被诉侵权产品外观设计的相同点和区别点，并采用"整体观察、综合判断"的方法，判断相同点还是区别点对整体视觉效果的影响更大。如果涉案专利与被诉侵权产品外观设计的相同点对整体视觉效果的影响更大，则两者构成相同或近似；反之，如果涉案专利与被诉侵权产品外观设计的不同点对整体视觉效果的影响更大，则两者不构成相同或近似。

第五，得出结论。如果外观设计专利产品与被诉侵权产品的产品种类相同或相近，而且外观设计专利产品与被诉侵权产品的外观设计相同或近似，则构成侵权，否则，就不构成侵权。

实务中，经常也会采用外观设计比对表来分析涉案专利与被诉侵权产品的外观设计是否相同或近似，比对表可以对外观设计六面正投影视图分别进行比较，梳理和总结出两者的相同点或区别点，以方便分析两者相同点还是区别点对整体视觉效果的影响更大。

4.2.2 相同或相近种类产品的判断

《最高人民法院关于审理侵犯专利权纠纷案件应用法律若干问题的解释》第 9 条规定，人民法院应当根据外观设计产品的用途，认定产品种类是否相同或者相近。确定产品的用途，可以参考外观设计的简要说明、国际外观设计分类表、产品的功能以及产品销售、实际使用的情况等因素。

由上述规定可知，外观设计专利产品种类的判断，主要根据产品的用途来确定。当两种产品分别具有多种用途时，如果其中部分用途相同，即使其他用途不同，二者也属于相近种类的产品。以下将结合案例，介绍相同或相近种类产品的判断。

案例 4 -5

弓箭国际与义乌市兰之韵玻璃工艺品厂、深圳市鑫辉达贸易有限公司侵害外观设计专利权纠纷再审案

案号：（2012）民申字第 41 号、第 54 号

裁判要旨：外观设计专利保护中产品类别的确定。确定外观设计专利产品类别，应以具有独立存在形态、可以单独销售的产品的用途为依据；外观设计专利的保护范围限于相同或者相近种类产品的外观设计。

案情简介：

涉案专利是名称为"餐具用贴纸（柠檬）"的外观设计专利，其分类号为：05 - 06（人造或天然材料片材），仅包括图 4 - 1。

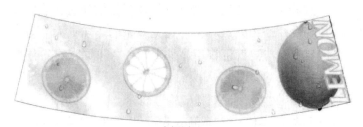

主视图P1

图 4 - 1 餐具用贴纸（柠檬）

被诉侵权人向中华人民共和国宁波海关申报出口一批厨房用玻璃水杯，因涉嫌侵犯专利权人多个外观设计专利权，宁波海关于 2009 年 3 月 24 日扣留了该批玻璃杯，其中 19 箱 798 个玻璃杯上贴有柠檬图案，与专利权人上述外观设计专利相近似。二审法院组织当事人对被告的生产现场进行了勘验，专利权人确认本案被诉侵权产品上的图案系通过油墨多次叠加印刷形成，并非使用贴纸一次性形成。

裁判文书摘录：

本院认为，外观设计应当以产品为依托，不能脱离产品独立存在。因为外观设计专利必须附着在产品载体上，所以外观设计专利需要和产品一并保护。《最高人民法院关于审理侵犯专利权纠纷案件应用法律若干问题的解释》（简称《解释》）第 8 条规定："在与外观设计专利产品相同或者相近种类产品上，采用与授权外观设计相同或者近似的外观设计的，人民法院应当认定被诉侵权设计落入专利法第五十九条第二款规定的外观设计专利权的保护范围。"可见，确定被诉侵权产品与涉案外观设计专利产品是否属于相同或者相近的种类是判断被诉侵权设计是否落入外观设计专利权保护范围的前提。上述《解释》第 9 条规定："人民法院应当根据外观设计产品的用途，认定产品种类是否相同或者相近。确定产品的用途，可以参考外观设计的简要说明、国际外观设计分类表、产品的功能以及产品销售、实际使用的情况等因素。"涉案专利产品是"餐具用贴纸（柠檬）"，其用途是美化和装饰餐具，具有独立存在的产品形态，可以作为产品单独销售。被诉侵权产品是玻璃杯，其用途是存放饮料或食物等。虽然被诉侵权产品上印刷有与涉案外观设计相近的图案，但该图案为油墨印刷而成，不能脱离玻璃杯单独存在，不具有独立的产品形态，也不能作为产品单独销售。被诉侵权产品和涉案专利产品用途不同，不属于相同种类产品，也不属于相近种类产品。因此，被诉侵权产品的外观设计未落入涉案外观设计专利权的保护范围，弓箭国际的申请再审理由不成立。

案例简评：

由本案可知，外观设计专利的侵权判定，可以首先判断被诉侵权产品与涉案专利的产品种类是否相同或者相近。当产品的种类既不相同也不相近时，即使被诉侵权产品与专利的外观设计相同或近似，也不能认定被诉侵权产品落入专利权的保护范围。

4.2.3　外观设计相同或近似的判断

《最高人民法院关于审理侵犯专利权纠纷案件应用法律若干问题的解释》第 10 条规定："人民法院应当以外观设计专利产品的一般消费者的知识水平和认知能力，判断外观设计是否相同或者近似。"第 11 条规定："人民法院认定外观设计是否相同或者近似时，应当根据授权外观设计、被诉侵权设计的设计特征，以外观设计的整体视觉效果进行综合判断；对于主要由技术功能决定的设计特征以及对整体视觉效果不产生影响的产品的材料、内部结构等特征，应当不予考虑。下列情形，通常对外观设计的整体视觉效果更具有影响：（一）产品正常使用时容易被直接观察到的部位相对于其他部位；（二）授权外观设计区别于现有设计的设计特征相对于授权外观设计的其他设计特征。被诉侵权设计与授权外观设计在整体视觉效果上无差异的，人民法院应当认定两者相同；在整体视觉效果上无实质性差异的，应当认定两者近似。"

《最高人民法院关于审理侵犯专利权纠纷案件应用法律若干问题的解释（二）》（2020 年修正）第 14 条规定："人民法院在认定一般消费者对于外观设计所具有的知识水平和认知能力时，一般应当考虑被诉侵权行为发生时授权外观设计所属相同或者相近种类产品的设计空间。设计空间较大的，人民法院可以认定一般消费者通常不容易注意到不同设计之间的较小区别；设计空间较小的，人民法院可以认定一般消费者通常更容易注意到不同设计之间的较小区别。"

同时，该司法解释还对几种特殊类型的外观设计的相同或近似的判断作出了规定。对于成套产品的外观设计专利，被诉侵权设计与其一项外观设计相同或者近似的，应当认定被诉侵权设计落入涉案专利权的保护范围。对于组装关系唯一的组件产品的外观设计专利，被诉侵权设计与其组合状态下的外观设计相同或者近似的，应当认定被诉侵权设计落入涉案专利权的保护范围。对于各构件之间无组装关系或者组装关系不唯一的组件产品的外观设计专利，被诉侵权设计与其全部单个构件的外观设计均相同或者近似的，应当认定被诉侵权设计落入涉案专利权的保护范围；被诉侵权设计缺少其单个构件的外观设计或者与之不相同也不近似的，应当认定被诉侵权设计未落入涉案专利权的保护范围。对于变化状态产品的外观设计专利，被诉侵权设计与变化状态图所示各种使用状态下的外观设计均相同或者近似的，应当认定被诉侵权设计落入涉案专利权的保护范围；被诉侵权设计缺少其一种使用状态下的外观设计或者与之不相同也不近似的，应当认定被诉侵权设计未落入涉案专利权的保护范围。

由以上法律规定可知，外观设计相同或近似的判断主体为一般消费者。判断的方式应为通过视觉进行直接观察，不应通过放大镜、显微镜等其他工具进行比较。在对外观设计的整体视觉效果进行综合判断时，除了考虑设计特征是否对整体视觉效果产生影响，还应当考虑设计空间。以下将结合案例，介绍外观设计相同或近似的判断方法。

案例 4-6

上海晨光文具股份有限公司与得力集团有限公司、济南坤森商贸有限公司侵害外观设计专利权纠纷案

案号：（2016）沪 73 民初 113 号

裁判要旨： 关于外观设计近似的判断，应遵循"整体观察，综合判断"的原则。在具体案件中，既应考察被诉侵权设计与授权外观设计的相似性，也要考察其差异性；应分别从被诉侵权产品与授权外观设计的相同设计特征和区别设计特征出发，就其对整体视觉效果的影响分别进行客观分析，避免主观因素的影响。未付出创造性劳动，通过在授权外观设计的基础上，改变或添加不具有实质性区别的设计元素以及图案和色彩，实施外观设计专利的，构成对外观设计专利权的侵犯。

案情简介：

涉案专利是名称为"笔（AGP67101）"的外观设计专利。被诉侵权产品为一款中性笔。专利权人认为该产品侵犯其涉案专利权，诉至法院。原告专利与被告产品的对比如图 4－2 所示。

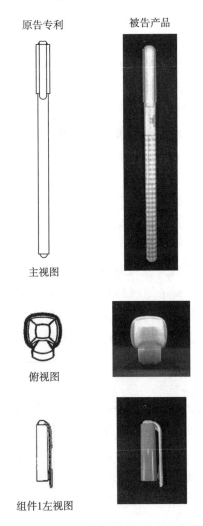

图 4－2　原告专利与被告产品的对比

裁判文书摘录：

被诉侵权设计落入原告外观设计专利权的保护范围，两被告的行为构成对原告外观设计专利权的侵犯

《最高人民法院关于审理侵犯专利权纠纷案件应用法律若干问题的解释》第 8 条规定："在与外观设计专利产品相同或者相近种类产品上，采用与授权外观设计相同或者近似的外观设计的，人民法院应当认定被诉侵权设计落入专利法第五十九条第二款规定的外观设计专利权的保护范围。"第 11 条规定："被诉侵权设计与授权外观设计在整体视觉效果上无差异的，人民法院应当认定两者相同；在整体视觉效果上无实质性差异的，应当认定两者近似。"本案中，被诉侵权产品与原告专利产品均为笔，系相同种类产品。两者在整体视觉效果上存在一定差异，外观设计并不相同。因此，案件主要争议在于，被诉侵权设计与授权外观设计是否构成近似，即两者在整体视觉效果上是否存在实质性差异。

根据《最高人民法院关于审理侵犯专利权纠纷案件应用法律若干问题的解释》第10条、第11条的规定，外观设计近似的判断应以外观设计专利产品的一般消费者的知识水平和认知能力，根据授权外观设计、被诉侵权设计的设计特征，以外观设计的整体视觉效果进行综合判断。产品正常使用时容易被直接观察到的部位相对于其他部位、授权外观设计区别于现有设计的设计特征相对于授权外观设计的其他设计特征通常对外观设计的整体视觉效果更具有影响。根据上述规定，在判断被诉侵权设计与授权外观设计在整体视觉效果上是否存在实质性差异时，既应考虑被诉侵权设计与授权外观设计的相似性，也应考虑其差异性。应分别考察被诉侵权设计与授权外观设计的相同设计特征与区别设计特征对整体视觉效果的影响，根据"整体观察、综合判断"的原则进行判定。

就相同设计特征来说，授权外观设计的笔杆主体形状、笔杆顶端形状、笔帽主体形状、笔帽顶端形状、笔帽相对于笔杆的长度、笔夹与笔帽的连接方式、笔夹长出笔帽的长度等方面的设计特征，在整体上确定了授权外观设计的设计风格，而这些设计特征在被诉侵权设计中均具备，可以认定两者在整体设计风格及主要设计特征上构成近似。

对于两者所存在的区别点对整体视觉效果的影响，本院认为：第一，笔夹内侧的平滑设计系惯常设计，且处于一般消费者不易观察到的部位，对整体视觉效果的影响极其有限；第二，笔夹下端的弧形区别，仅是整支笔乃至笔夹的细微局部差别，不足以影响整体视觉效果；第三，笔夹外侧的长方形锥台突起虽然在笔夹上占据了较大面积，但笔夹对于笔的整体视觉效果的影响首先在于它的整体形状、大小、与笔帽的连接方式及长出笔帽的长度比例等，在这些因素均相同的情况下，笔夹外侧的锥台突起对于整支笔的整体视觉效果影响有限，不足以构成实质性差异；第四，笔杆上的凹线设计位于笔杆靠近笔尖约三分之一处，只是横向环绕在笔杆上，面积很小，属于局部设计特征，对整体视觉效果的影响亦有限。综上，被诉侵权设计与授权外观设计所存在的上述四点区别设计特征，不足以构成对整体视觉效果的实质性差异。

被告得力公司认为，被诉侵权设计采用了与授权外观设计不同的色彩和图案，这种色彩和图案对整体视觉效果会产生重要的影响，因此与授权外观设计不构成近似。对此，本院认为，外观设计专利权的保护范围以表示在图片或者照片中的该产品的外观设计为准。形状、图案、色彩是构成产品外观设计的三项基本设计要素。根据《专利法实施细则》（2010年修订）第28条的规定，外观设计请求保护色彩的，应当在简要说明中写明。本案授权外观设计的简要说明中并未明确要求保护色彩，因此，在确定其保护范围及侵权判定时，不应将色彩考虑在内。此外，从图片或照片中显示的授权外观设计来看，其并不存在因形状产生的明暗、深浅变化等所形成的图案，故在侵权判定时，图案要素亦不应考虑在内。被诉侵权设计在采用与授权外观设计近似的形状之余所附加的色彩、图案等要素，属于额外增加的设计要素，对侵权判断不具有实质性影响。否则，他人即可通过在授权外观设计上简单添加图案、色彩等方式，轻易规避专利侵权，这无疑有悖于专利法鼓励发明创造、促进科技进步和创新的立法本意。因此，对于被告得力公司的上述意见，本院不予采纳。

综上，本院认为，根据整体观察、综合判断的原则，被诉侵权设计采用了与授权外观设计近似的设计风格，使用了影响授权外观设计整体视觉效果的设计特征，其与授权外观设计的区别点不足以对整体视觉效果产生实质性影响，即不构成实质性差异。因此，被诉侵权设计与授权外观设计构成近似，被诉侵权设计落入原告外观设计专利权的保护范围。被告得力公司未经原告许可制造、销售被诉侵权产品的行为，以及被告坤森公司未经原告许可销售、许诺销售被诉侵权产品的行为，构成对原告外观设计专利权的侵犯。

案例简评：

本案非常好地阐释了外观设计近似性的判断方法，首先，可以梳理被诉侵权产品与涉案专利外观设计的相同点和区别点；其次，判断上述相同点或区别点对整体视觉效果的影响。例如，本案中就认为相同的设计特征，在整体上确定了外观设计专利的设计风格，而这些设计特征在被诉侵权设计中均具备，可以认定两者在整体设计风格及主要设计特征上构成近似。而被诉侵权设计与涉案外观设计存在的区别设计特征，对整体视觉效果的影响有限，不足以构成对整体视觉效果的实质性差异。因此，两者构成近似的外观设计。此外，涉案外观设计专利的简要说明中并未明确要求保护色彩，且从图片或照片中来看，其并不存在因形状产生的明暗、深浅变化等所形成的图案，故在侵权判定时，颜色、图案要素不应考虑在内。

本章简要介绍了专利侵权判定的方法。限于篇幅，本章对于确定专利权的保护范围、专利侵权行为认定、专利侵权抗辩等内容未充分展开阐述。在专利侵权风险排查项目中，应当全面考察专利的审查历史、同族专利公开内容等情况，准确认定专利的保护范围，并考虑是否属于法定的专利侵权行为，以及是否存在禁止反悔、捐献原则、现有技术抗辩等专利侵权抗辩理由，最终认定是否具有专利侵权风险。

第 5 章　FTO 报告样例和撰写要点

本章概述

　　FTO 报告的正文通常分为四个章节，即项目背景、专利检索、专利分析和侵权结论。本章分别介绍了上述四个章节的报告样例及撰写要点，并简要展示了美国和中国的 FTO 报告样例。

本章知识图谱

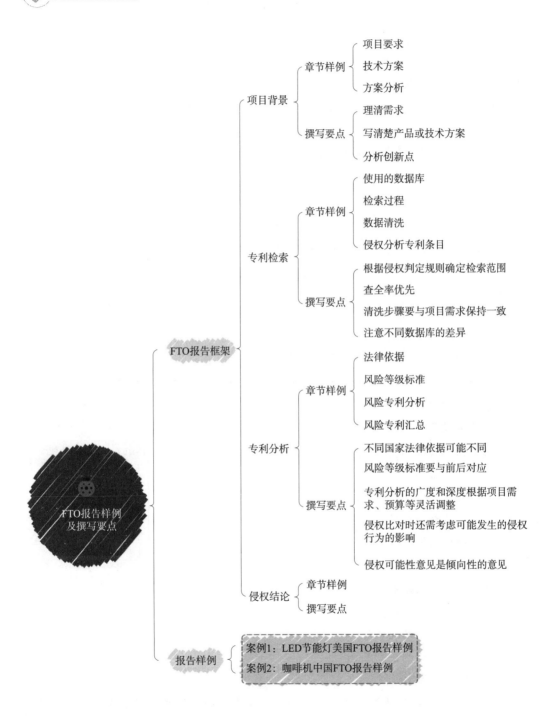

5.1 FTO 报告的框架

FTO 的整个项目流程，通常包括四个步骤：第一，确定技术方案并进行技术方案的分析；第二，制定检索策略并进行专利检索；第三，专利侵权风险排查并对风险专利进行分析；第四，给出最终的侵权风险结论。相对应地，FTO 报告的正文通常也分为四个部分，即项目背景、专利检索、专利分析和侵权结论。

比较典型的 FTO 报告框架如下：

第一部分 项目背景

本章节主要内容是描述该项目的项目要求、待分析的技术方案以及结合项目要求对技术方案的分析，为下一步的专利检索打好基础。

1.1 项目要求

1.2 技术方案

1.3 技术方案分析

第二部分 专利检索

本章节主要内容是描述对预检索的技术主题进行检索的过程，一般包括检索所使用的数据库、检索过程、数据清洗过程及统计、侵权排查专利条目汇总等。

2.1 检索所使用的数据库

2.2 检索过程

2.2.1 技术分解

2.2.2 检索策略

2.2.3 检索要素表和检索式

2.2.4 检索结果校核

2.2.5 检索结果汇总

2.3 数据清洗过程及统计

2.3.1 数据清洗方法

2.3.2 数据清洗过程

2.3.3 数据清洗结果统计

2.4 侵权排查专利条目汇总

第三部分 专利分析

本章节主要内容是记载侵权排查后获得的风险专利的侵权分析情况，一般包括法律依据、风险等级标准、风险专利分析、风险专利汇总等。

3.1 法律依据

3.2 风险等级标准

3.3 风险专利分析

3.3.1CN×××××B

3.3.2CN×××××A

3.3.3CN×××××S

……

3.4 风险专利汇总

第四部分　侵权结论

本章节主要内容是风险专利的风险等级汇总的情况，并给出最终的法律意见。

除了正文部分，报告通常还会附上附件清单，附件一般包括与委托人的来往邮件及资料、风险排查国家的法律法规、专利检索要素表、检索式、各个阶段的专利清单等。如果是服务机构出具给客户的报告，通常还会在正文的前面或尾部添加免责声明。

对于不同的项目，可以根据项目情况，对上述 FTO 报告的框架进行调整。报告每个部分的报告样例和所需要注意的撰写要点，在下面的章节中进一步展开说明。

5.2　"项目背景"章节样例和撰写要点

5.2.1　章节样例

FTO 报告中的"项目背景"部分，比较典型的报告样例如下：

第一部分　项目背景

一、项目要求

针对委托人提供的 A 产品在 B 地区进行专利侵权风险评估。具体要求如下：

1）根据委托人提供的 A 产品相关的资料，在充分沟通了解的基础上，形成 A 产品的技术方案说明书，制定检索策略；技术方案说明书、检索策略需与委托人确认一致后方可执行后续检索。

2）专利检索的查全率，通过重点申请人验证需达到 100%，通过随机申请人验证需达到 95% 以上，专利检索完成后需提供检索要素表、检索式、查全率验证数据给委托人确认。

3）需标注检索获得的专利清单中的每条专利的排除原因，并提供清单数据给委托人确认。

4）需排查的专利包括授权专利和已公开但未授权的专利，失效专利不在排查范围内。

5）针对与 A 产品技术特征高度相关的授权发明，需分析该授权发明的侵权风险等级和稳定性情况；侵权风险等级，通过授权发明的独立权利要求来确定；该授权发明的稳定性统一定义为高，不要求进行现有技术检索。

6）针对与 A 产品技术特征高度相关的已公开但未授权的发明，需分析该已公开但未授权的发明的独立权利要求；对于有侵权风险的权利要求，需查阅审查意见，并根据审查意见分析该权利要求的授权可能性；已公开但未授权的发明的稳定性，统一定义为稳定性低。

7）针对与 A 产品技术特征高度相关的授权实用新型，需分析该授权实用新型的侵权风险等级；侵权风险等级，通过授权实用新型的独立权利要求来确定；该授权实用新型的稳定性统一定义为中，不要求进行现有技术检索。

8）针对与 A 产品技术特征高度相关的授权外观设计，需分析该授权外观设计的侵权风险等级；该授权外观设计的稳定性统一定义为中，不要求进行现有技术检索。

9）对于风险等级高的专利，若有规避设计的可能性，需给出规避设计思路，供研发人员参考。

二、技术方案

根据委托人提供的技术资料和与委托人的多次沟通，最终确定的技术方案如下：

1. 产品照片和外观

……

2. 产品结构、控制原理和使用方法

……

3. 产品创新点

根据与委托人沟通和现有技术检索的情况，本产品的创新点如下：

……

三、技术方案分析

关于 A 产品的外观部分，本产品的整体外观为较为常见的设计，但其 C 部件的外部图案为新设计……；关于 A 产品的技术部分，电路板所涉及的芯片为外部采购，其控制电路模块采用业内常规的现有技术，但 A 产品的机械驱动结构为自主设计；关于 A 产品的零部件的设计，D 部件使用自主研发的材料；……。因此，该产品的主要改进点在于：1）A 产品的机械驱动结构……；2）D 部件的材料组成……。

因此，本项目需要检索的技术主题包括：1）与 C 部件相同或相近的产品技术主题的外观设计专利；2）与 A 产品相同或相近的产品技术主题的发明/实用新型专利；3）与 D 部件的材料及制作方法相关的技术主题的发明/实用新型专利；……

经过预检索可知，与 C 部件相同或相近的产品技术主题的外观设计专利的数量约为……件；与 A 产品相同或相近的产品技术主题的发明/实用新型专利的数量约为……件；与 D 部件的材料及制作方法相关的技术主题的发明/实用新型专利约为……件。

根据该项目的预算并与委托人确认，最终确定该项目需检索的技术主题为：1）与 A 产品相同或相近的产品技术主题的发明/实用新型专利；2）与 C 部件相同或相近的产品技术主题的外观设计专利。

5.2.2　撰写要点

针对"项目背景"章节，报告撰写需要注意的要点如下：

① 在"项目要求"部分，主要是理清委托人的需求，委托人的需求主要包括三个方面：第一，对何种产品在哪个国家进行侵权风险排查；第二，在项目执行过程中哪些中间数据需要委托人确认；第三，对于不同类型和风险等级的专利，需要分析到何种程度（比如，是否需要分析从属权利要求、是否需要判断稳定性、判断稳定性是否需要检索现有技术、侵权分析是仅仅做大致判断还是需要查阅审查档案、同族专利或司法判例详细解读、对于已公开尚未授权的专利是否要预判授权范围、对于有侵权风险的专利是否需要提供应对策略、应对策略需要分析到何种深度等）。

在实际工作中，"项目要求"部分的撰写，根据不同项目情况和客户要求可以有很多种文字形式，以理清需求并与委托人达成一致，形成书面文字为最终目的即可。

② 在"技术方案"部分，主要是要写清楚委托人委托的产品或技术方案，可以从外观、结构、控制电路、成分、制作方法、所涉及的部件材料、使用方法等各个角度阐明。若这部分内容比较多，可以在报告正文写明要点，把完整的技术方案以附件的形式附在报告后。

③ 在"技术方案分析"部分，主要是要分析哪些技术点是创新点、哪些技术点是现有技术、哪些部件为市售可得等，并结合预检结果和委托人预算确定最终需要检索的技术主题。

5.3　"专利检索"章节样例和撰写要点

5.3.1　章节样例

FTO 报告中的"专利检索"部分，比较典型的报告样例如下：

第二部分　专利检索

一、检索所使用的数据库

根据项目需求，至少使用一家商业数据库进行数据检索，并使用至少两家商业数据库和本地官方数据库交叉验证。

本项目使用到的数据库列表如下：

☒ HimmPat 专利数据库

☒ 智慧芽专利数据库

☒ 中国实用新型和发明专利数据库

二、检索过程

根据上一章节的技术方案分析，最终确定的该项目需检索的技术主题为：1）与 A 产品相同或相近的产品技术主题的发明/实用新型专利；2）与 C 部件相同或相近的产品技术主题的外观设计专利。

以上每个技术主题的检索过程和结果如下。

1. 技术主题 1：与 A 产品相同或相近的产品技术主题的发明/实用新型专利

1）技术分解

根据侵权判定规则结合专利分类标准进行技术分解，技术分解表如图 2.1 所示。

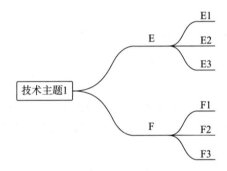

图 2.1　技术主题 1 的技术分解表

2）检索策略和检索要素表

根据技术调研和 IPC/CPC 分类情况分析，该技术主题适宜采用总分式检索策略。首先，先对一级技术分支"技术主题 1"进行检索；其次，再对三级技术分支"E3""F2"进行补充检索。

其中，一级技术分支"技术主题 1"的检索要素表如表 2.1 所示。

表 2.1　一级技术分支"技术主题 1"的检索要素表

检索块	检索块 1	检索块 2	检索块 3
块名称	……	……	……

其中，三级技术分支"E3"的检索要素表如表 2.2 所示。

表 2.2　三级技术分支"E3"的检索要素表

检索块	检索块 1	检索块 2
块名称	……	……

其中，三级技术分支"F2"的检索要素表如表 2.3 所示。

表 2.3　三级技术分支"F2"的检索要素表

检索块	检索块 1	检索块 2	检索块 3
块名称	……	……	……

3）检索式

根据上述检索策略及查全查准情况，确定最终检索要素表和检索式，如表 2.4 ~ 表 2.7 所示。

表 2.4　一级技术分支"技术主题 1"的检索要素表

检索块	检索块 1	检索块 2	检索块 3
块名称	……	……	……
中文关键词	……	……	……
IPC	……	……	……
CPC			

表 2.5　三级技术分支"E3"的检索要素表

检索块	检索块 1	检索块 2
块名称	……	……
中文关键词	……	……
IPC	……	……
CPC		

表 2.6　三级技术分支"F2"的检索要素表

检索块	检索块 1	检索块 2	检索块 3
块名称	……	……	……
中文关键词	……	……	……
IPC	……	……	……
CPC			

表 2.7　检索式

S1	……
S2	……
S3	……
S4	……

续表

S5	……
S6	……
S7	……
S8	……
S9	……
S10	((S1 or S2) not (S8 or S9)) or ((S3 or S4 or S5 or S6 or S7) not S9)

通过检索式 S10，公开日在 20××年××月××日之前的，在中国范围内与"技术主题 1"相关的发明/实用新型专利文献共……件。

4）检索结果校核

由于检索出的专利文献数量较大，查全率验证采用抽样检验的方法，具体验证方法如下：

构建以申请人和发明人为检索要素且人工标引为目标文献的查全样本，

查全率＝查全样本中被检索命中的文献/查全样本 ＊100%

验算过程使用的申请人和发明人如下：

……

通过上述申请人和发明人检索到的专利数量……件，经人工标引与检索主题相关的专利文献为……件，其中被检索命中的专利文献为……件。

经过验算，根据上述检索式检索出的专利文献的查全率结果如表 2.8 所示。

表 2.8　查全率验证结果

被检出的相关文献	查全样本中被检索命中的文献	查全验算的抽样率	查全样本	查全率
……	……	……%	……	……%

2. 技术主题 2：与 C 部件相同或相近的产品技术主题的外观设计专利

略，参考第 1 节。

3. 检索结果汇总

公开日在 20××年××月××日之前的，在中国范围内检索出的与上述技术主题相关的专利文献共……件，详细专利列表见附件 X。

三、数据清洗过程及统计

1. 数据清洗方法

根据项目需求，制定数据清洗方法如下：

1）本项目需要排查的专利类型为：有效的发明、实用新型和外观设计，已公开尚未授权的发明；因此，对于检索出的失效专利直接通过法律状态排除；

2）根据初步分析，若发明、实用新型的独立权利要求包括 G 特征或 H 特征，则本产品必然不会有侵权风险；因此，对于只有一个独立权利要求且独立权利要求包括

G 特征或 H 特征的发明、实用新型，检索 G 特征或 H 特征的关键词并直接标记为不侵权；对于有多个独立权利要求且某个独立权利要求包括 G 特征或 H 特征的发明、实用新型，标记为第三批次；

3）根据初步分析，若发明、实用新型的独立权利要求包括 I 特征或 J 特征，则本产品发生侵权风险的可能性较小；因此，标记出独立权利要求包括 I 特征或 J 特征的发明、实用新型，标记为第三批次；

4）根据初步分析，若发明、实用新型的独立权利要求包括 K 特征或 L 特征，则本产品发生侵权风险的可能性极大；因此，标记出独立权利要求包括 K 特征或 L 特征的发明、实用新型，标记为第一批次；

5）根据项目需求，对于申请人为申请人 M 或申请人 N 的专利，需要重点排查；因此，标记出申请人 M 或申请人 N 的发明、实用新型，标记为第一批次。

2. 数据清洗过程

1）通过对专利的法律状态进行筛选，在中国范围内检索出的与上述技术主题相关的专利文献……件中，失效专利……件，需要排查的专利……件；

2）在上述需要排查的专利……件中，筛选出只有一个独立权利要求且独立权利要求包括 G 特征或 H 特征的发明、实用新型共……件，标记为不侵权；

3）在上述需要排查的专利……件中，筛选出有多个独立权利要求且某个独立权利要求包括 G 特征或 H 特征的发明、实用新型，标记为第三批次专利；

4）在上述需要排查的专利……件中，筛选出独立权利要求包括 I 特征或 J 特征的发明、实用新型，标记为第三批次专利；

5）在上述需要排查的专利……件中，筛选出独立权利要求包括 K 特征或 L 特征的发明、实用新型，标记为第一批次专利；

6）在上述需要排查的专利……件中，筛选出申请人 M 或申请人 N 的专利，标记为第一批次专利；

7）若同一专利被同时标记为不同批次，优先放置于前一批次。

3. 数据清洗结果统计

本项目需要排查的专利数量共为……件，直接标记为失效的专利数量为……件，直接标记为不侵权的专利数量为……件，第一批次（重点排查）的专利数量为……件，第二批次（一般排查）的专利数量为……件，第三批次（简单排查）的专利数量为……件。

四、侵权分析专利条目确定

经上述专利检索和数据清洗后，不同批次的专利数量和后续处理方式如表 2.9 所示，详细专利列表见附件 X。

表 2.9　不同批次的专利数量和后续处理方式

标记	专利数量	后续处理方式
失效	……	不再人工排查
不侵权	……	不再人工排查
第三批次	……	低年资专利律师人工逐一阅读，有疑问的条目由资深专利律师复核
第二批次	……	低年资专利律师分为两组人工逐一阅读，并对结果进行交叉验证，不一致的条目由资深专利律师复核
第一批次	……	低年资专利律师分为三组人工逐一阅读，并对结果进行交叉验证，不一致的条目由资深专利律师复核

5.3.2　撰写要点

本章节主要是要写清楚专利检索和数据处理的过程，方便委托人查看和验算数据来源的可靠性和合理性，因此，需特别注意在阐述过程中的逻辑性和前后一致性，每个处理步骤都需要能跟上一步骤衔接上，不要产生逻辑上的错误。

其中，需要特别注意的要点如下：

① 在"技术分解"阶段，要区分 FTO 项目技术分解和专利导航类技术分解的差别，FTO 检索要根据侵权判定规则去倒推应该检索的技术主题的范围，而专利导航类通常是根据行业分类标准和专利分类标准进行的技术分解。

② 在"检索结果校核"部分，FTO 检索主要的校核指标为查全率，查全率为必须要保证的指标；查准率仅仅会影响到项目的整个工作量，查准率可根据项目的实际情况按需求选择性校核。

③ 在"数据清洗过程及统计"部分，需要注意某些数据清洗步骤只能在查全验算合格后方可执行。比较典型的为"去除失效的专利"这一步骤，如果放在查全验算前执行，则有可能导致查全率的失真。

④ 在"数据清洗过程及统计"部分，还需要注意，清洗步骤的制定要与项目需求保持一致。比较典型的需要注意的关键信息有，需要排查的专利类型、公开时间截止日期、重点排查申请人、不需要排查的申请人等。

⑤ 在专利检索和数据清洗过程中，要注意不同数据库之间的差异。对于检索结果、法律状态等信息，需要弄清数据库的规则，最好能依据指定国家的官方网站进行校验；特别是对于法律状态信息，不同的数据库针对不同国家的法律状态的规定有可能存在区别，需要仔细核实。

5.4 "专利分析" 章节样例和撰写要点

5.4.1 章节样例

FTO 报告中的"专利分析"部分，比较典型的报告样例如下：

第三部分　专利分析

一、法律依据

根据项目需求，本次侵权风险排查的国家范围是中国，因此，侵权判定的法律依据应该为中国的现行法律法规、司法解释和司法指导意见。

1. 现行法律法规与司法解释

与专利侵权相关的主要的法律法规和规范性文件有：1）《中华人民共和国专利法》（2020 年修正）；2）《中华人民共和国专利法实施细则》（2023 年修订）；3）《专利审查指南》（2023 年修订）。

与专利侵权相关的主要的司法解释有：1）《最高人民法院关于审理专利纠纷案件适用法律问题的若干规定（2020 年修正）》；2）《最高人民法院关于审理侵犯专利权纠纷案件应用法律若干问题的解释》；3）《最高人民法院关于审理侵犯专利权纠纷案件应用法律若干问题的解释（二）（2020 年修正）》。

与专利侵权相关的主要的地方司法文件有：1）北京市高级人民法院《专利侵权判定指南（2017）》；2）江苏省高级人民法院《侵犯专利权纠纷案件审理指南》（2010 年11 月）。

2. 发明、实用新型的专利侵权判定原则及主要法律依据

1）侵权判断原则：全面覆盖原则

全面覆盖原则是判断一项技术方案是否侵犯发明或者实用新型专利权的基本原则。具体含义是指，在判定被诉侵权技术方案是否落入专利权的保护范围，应当审查权利人主张的权利要求所记载的全部技术特征，并以权利要求中记载的全部技术特征与被诉侵权技术方案所对应的全部技术特征逐一进行比较。被诉侵权技术方案包含与权利要求记载的全部技术特征相同或者等同的技术特征的，应当认定其落入专利权的保护范围。

① 相同侵权

被诉侵权技术方案包含了与权利要求限定的一项完整技术方案记载的全部技术特征相同的对应技术特征，属于相同侵权，即字面含义上的侵权。

② 等同侵权

在专利侵权判定中，在相同侵权不成立的情况下，应当判断是否构成等同侵权。被诉侵权技术方案有一个或者一个以上技术特征与权利要求中的相应技术特征从字面上看不相同，但是属于等同特征，在此基础上，被诉侵权技术方案被认定落入专利权保护范围的，属于等同侵权。

等同特征，是指与权利要求所记载的技术特征以基本相同的手段，实现基本相同的功能，达到基本相同的效果，并且本领域普通技术人员无需经过创造性劳动就能够想到的技术特征。在是否构成等同特征的判断中，手段是技术特征本身的技术内容，功能和效果是技术特征的外部特性，技术特征的功能和效果取决于该技术特征的手段。

2）专利侵权判定中的等同特征的判断

相关法条略。

3）专利侵权判定中专利权保护范围的确定

相关法条略。

3. 外观设计的专利侵权判定原则及主要法律依据

1）专利侵权判定原则：整体观察、综合判断

整体观察、综合判断的原则是指，判断外观设计是否相同或相近似时以全面观察设计特征、综合判断整体视觉效果为原则，即应当对授权外观设计、被诉侵权设计可视部分的全部设计特征进行逐个分析比对后，对能够影响产品外观设计整体视觉效果的所有因素进行综合考虑后作出判断。

下列情形通常对外观设计的整体视觉效果更具有影响：

① 产品正常使用时容易被直接观察到的部位相对于其他部位；

② 外观设计的设计要点相对于其他设计特征。

在比对时，可对外观设计和被诉侵权产品设计特征的异同点进行客观、全面的总结，逐一判断各异同点对整体视觉效果造成影响的显著程度，最终通过整体观察、综合判断进行认定。

2）外观设计专利权保护范围的主要法律依据

相关法条略。

3）外观设计专利的侵权判定的法律依据

相关法条略。

4. 专利侵权行为的认定的法律依据

1）直接侵犯专利权行为的认定

相关法条略。

2）共同侵犯专利权行为的认定

相关法条略。

5. 专利侵权抗辩的法律依据

相关法条略。

二、风险等级标准

根据项目需求，本项目专利风险等级，主要考虑因素有侵权可能性、专利稳定性以及申请人诉讼可能性，具体参考表 3.1～表 3.3。

表 3.1　侵权可能性的分级标准

侵权可能性等级	发明/实用新型分级标准	外观设计分级标准
高	分析对象与风险专利构成相同侵权	分析对象与风险专利具有相同的外观设计
中	分析对象与风险专利构成等同侵权	分析对象与风险专利具有相近似的外观设计
低	分析对象与风险专利的独立权利要求对比，有 1～2 个技术特征有可能为相同或等同特征	分析对象与风险专利有相近似的设计概念，但具有不同的有显著影响的设计特征

表 3.2　专利稳定性的分级标准

专利稳定性	分级标准
高	发明授权专利
中	实用新型授权专利、外观设计授权专利
低	已公开未授权的发明专利

表 3.3　申请人诉讼可能性的分级标准

申请人诉讼可能性	分级标准
高	申请人 M、申请人 N
中	除诉讼可能性高、低名单以外的申请人
低	申请人 O、申请人 P

根据项目需求，还需要综合以上三个因素，给出最终的专利侵权风险等级，如表 3.4 所示。

表 3.4　专利侵权风险等级的分级标准

专利侵权风险等级	分级标准
高	侵权可能性、专利稳定性、申请人诉讼可能性中有 2 个高风险
中	侵权可能性、专利稳定性、申请人诉讼可能性中有 1 个高风险
低	侵权可能性、专利稳定性、申请人诉讼可能性中均没有高风险

三、风险专利分析

根据本项目的风险等级标准，对第二部分数据处理后的专利条目进行人工排查，最终确认有风险的专利如下。

1. CN×××××B（见表3.5）

表3.5　CN×××××B

公开/公告号	标题	侵权可能性	专利稳定性	申请人诉讼可能性	风险等级
CN×××××B	……	高	高	低	高

1）侵权可能性分析

具体侵权分析如下：

该专利有1个独立权利要求（见表3.6），即权利要求1，权利要求1保护一种……

表3.6　CN×××××B 的独立权利要求1

独立权利要求1中的技术特征	分析对象的技术特征	是否相同或等同
……	……	相同
……	……	相同
……	……	相同
……	……	相同
……	……	相同

由于分析对象包含了权利要求1中所有的技术特征，落入其保护范围，有极大可能构成相同侵权。

2）专利稳定性分析

发明授权专利的专利稳定性为高。

3）申请人诉讼可能性

该专利的申请人为申请人O，申请人诉讼可能性为低。

综合上述分析，该专利的风险等级为高。

2. CN×××××A（见表3.7）

表3.7　CN×××××A

公开/公告号	标题	侵权可能性	专利稳定性	申请人诉讼可能性	风险等级
CN×××××A	……	中	低	中	低

1）侵权可能性分析

具体侵权分析如下：

该专利有2个独立权利要求（见表3.8和表3.9），即权利要求1和10。

其中，权利要求1保护一种……

表 3.8　CN×××××A 的独立权利要求 1

独立权利要求 1 中的技术特征	分析对象的技术特征	是否相同或等同
……	……	相同
……	……	相同
R	R'	等同
……	……	相同
……	……	相同

分析对象的技术特征 R'，与权利要求 1 所记载的技术特征 R，以基本相同的手段，实现基本相同的功能，达到基本相同的效果，并且本领域普通技术人员无需经过创造性劳动就能够想到。分析对象，包含了权利要求 1 中所记载的全部技术特征相同或等同的技术特征，落入其保护范围，有极大可能构成等同侵权。

其中，权利要求 10 保护一种……

表 3.9　CN×××××A 的独立权利要求 10

独立权利要求 10 中的技术特征	分析对象的技术特征	是否相同或等同
……	……	相同
R	不包括	既不相同也不等同
……	……	等同
……	……	相同
……	……	相同

分析对象，不包括独立权利要求 10 中的技术特征 R，未落入其保护范围，不构成侵权。

综合上述分析，分析对象与该专利的权利要求 1 极大可能构成等同侵权，侵权可能性为中。

2）专利稳定性分析

已公开未授权的发明专利的专利稳定性为低。

3）申请人诉讼可能性

该专利的申请人为除诉讼可能性高、低名单以外的申请人，申请人诉讼可能性为中。

综合上述分析，该专利的风险等级为低。

3. CN×××××S（见表 3.10）

表 3.10　CN×××××S

公开/公告号	标题	侵权可能性	专利稳定性	申请人诉讼可能性	风险等级
CN×××××S	……	中	中	高	中

1）侵权可能性分析

对比专利 CN××××××S 要求保护一种……，对比专利的用途用作……，设计要点在于产品的形状。对比专利的图片如下：

……

下面对分析对象和对比专利 CN××××××S 进行详细比对，具体比对如表 3.11 所示。

表 3.11　CN××××××S 与分析对象的比对

	对比专利	分析对象	异同	影响显著程度
产品类别	……	……	相同	
设计特征 1	……	……	相同	现有设计，设计空间很小
设计特征 2	……	……	相同	现有设计，设计空间较小
设计特征 3	……	……	相同	具有较大显著影响
设计特征 4	……	……	相同	具有较大显著影响
设计特征 5	……	……	相同	具有较大显著影响
设计特征 6	……	……	相同	具有一般显著影响
设计特征 7	……	……	近似	具有一般显著影响
设计特征 8	……	……	不同	具有较小显著影响
设计特征 9	……	……	不同	具有较小显著影响

如表 3.11 所示，将分析对象和对比专利 CN××××××S 相比，产品类别相同，设计特征对比结果如表 3.12 所示。

表 3.12　CN××××××S 的设计特征对比结果

影响显著程度	设计特征数量	相同或相似的设计特征的数量	不同的设计特征的数量
现有设计	2	2	0
具有较大显著影响	3	3	0
具有一般显著影响	2	2	0
具有较小显著影响	2	0	2

从表 3.12 可以看出，将分析对象和对比专利 CN××××××S 相比，既有相同或近似的设计特征，也有不同的设计特征。不同的设计特征 8、9，对整体视觉效果造成影响的显著程度较小，具有较大或一般显著影响的设计特征均为相同或近似的设计特征。

根据整体观察、综合判断的原则，分析对象和对比专利 CN××××××S，两者虽然具有不同的设计特征，导致整体视觉效果有一定程度的差异，但不同的设计特征 8、9，对整体视觉效果造成影响的显著程度较小，不能排除在实务中分析对象有被认为是对比专利 CN××××××S 的相近似设计的可能性。

综上所述，分析对象和对比专利 CN×××××S 为相近似设计，分析对象有较大可能性落入对比专利 CN×××××S 的保护范围，侵权风险等级为中。

2）专利稳定性分析

外观设计授权专利的专利稳定性为中。

3）申请人诉讼可能性

该专利的申请人为申请人 M，申请人诉讼可能性为高。

综合上述分析，该专利的风险等级为中。

4. 其他专利

略。

四、风险专利汇总

上述风险专利的分析情况以及风险等级汇总如表 3.13 所示。

表 3.13　风险专利的风险等级汇总

公开/公告号	标题	侵权可能性	专利稳定性	申请人诉讼可能性	风险等级
CN×××××B	……	高	高	低	高
CN×××××A	……	中	低	中	低
CN×××××S	……	中	中	高	中
……	……	……	……	……	……
……	……	……	……	……	……

5.4.2　撰写要点

本章节主要是对于已经筛选出的风险专利进行逐条分析，主要需要注意以下几点：

① 在"法律依据"部分，在撰写报告时，应先进行法律调研，给出不同国家的法律依据，并要注意核实最新的法律更新情况。

对于专利侵权判定的方法，各个主流国家的法律规定大同小异，发明、实用新型适用"全面覆盖"原则，外观设计适用"整体观察、综合判断"的原则。但落实到部分细节规定，各个国家又有所不同。比如，对于"等同特征"的认定，每个国家的认定标准都不一致，英国相对于其他主流国家更为严格，而德国相对来讲更为宽松。再比如，对于"等同特征"的判断侵权的时间界限，各国完全不一样，美国规定为侵权日，英国规定为专利公开日，中国和德国规定为专利申请日或优先权日。再比如，还有不少国家仍保留"多余指定原则"。再比如，对于"间接侵权"的侵权行为的认定，各个国家也有细微差异。

因此，对于不同国家的专利侵权判定，可以先采用较统一的标准进行初筛，但具体到单个专利，仍需要核实该国的法律法规和相关案例，最好能与当地国家的专利律师合作处理。

以美国为例，中文版法律依据部分的报告样例如下：

根据项目需求，本次侵权风险排查的国家范围是美国。因此，侵权判定的法律依据应该为美国的现行法律法规、司法解释和司法指导意见。

1. 美国相关法律法规和司法制度[1]

美国的专利保护类型包括发明专利、外观设计专利及植物专利，其中外观设计于1842 年纳入了美国专利法的保护范围。

发明专利（utility patent）：美国专利法中规定，凡是发明或发现新颖且具有实用的方法、机器、产品、物质组合物，或者对已知物质的新用途，或者是对现有技术的进一步改进，都属于美国专利法所要保护的客体。

外观设计专利（design patent）：外观设计专利保护对产品本身或附加到产品上的视觉装饰性的新的和独创的改进。外观设计专利的保护客体通常涉及产品的整体或局部的形状或构型、附加到产品上的表面装饰、形状或构型与表面装饰的组合。

植物专利（plant patent）：植物专利保护利用无性繁殖方式培育出的任何独特且新颖的植物品种，包括变形芽、变体、杂交等新品种。申请人可对种子、植物本身以及植物组织培养物进行专利保护，要求保护的植物品种必须具有显著性、一致性和稳定性。

美国各知识产权法几乎都是判例法和成文法并重的"混合体制"。其中，主体部分是判例法，法律的创制、法律原则的形成和发展以及法律的解释往往是通过判例形式实现的。

在司法实践中，法官不仅享有司法审判权，而且享有司法解释权以及由"遵循先例"所决定的实际上的立法权；在审判风格上，同样采用归纳法推理方式。

美国法院对先例、对制定法条文都享有司法解释的权力，这种解释往往造成判例规则和制定法条文含义的极大伸缩性。

目前美国涉及专利保护的相关法律有《美国专利法》，相应的实施细则、法规包括《美国专利实施细则》《美国专利审查程序手册》《美国外观设计申请指南》《美国计算机相关发明的审查指南》等。

其中，关于《美国专利法》：美国法典第 35 编中涉及美国专利法相关内容，专利法分为三章，第一章规定了美国专利商标局的建制、官员、职权、专利费用等内容，第二章涉及发明创造的可专利性及专利审批相关规定，第三章涉及专利证书与专利权保护相关规定。

其中，关于《美国专利实施细则》：美国联邦法规第 37 编中涉及美国专利法实施细则的相关内容，详细规定专利及商标申请案件的处理细则，包括申请文件的准备、费用及期限、签署文件的准备、其他人或律师的代理行为、宣誓书等内容。

---

[1] https：//www.worldip.cn/index.php? m = content&c = index&a = lists&catid = 54&tid = 54.

其中，关于《美国专利审查程序手册》（Manual of Patent Examining Procedure, MPEP）：该手册可在美国专利商标局网站上下载，是美国专利商标局为规范审查程序制定的行政规章，是审查员审批专利的依据。

另外，需要注意的是，美国联邦法律在各州没有绝对的效力，每个州还有自己独立的权力。各个州还有自己有关专利侵权相关的规定，也有可能和联邦规定有一些细微的差别。有时候，联邦法院也会依赖州法律来判定案件。因为美国各个州法律规定众多，不能逐一告知，在具体案件中请根据实际情况注意这一点。

2. 发明、实用新型的专利侵权判定原则：全面覆盖原则

全面覆盖原则是判断一项技术方案是否侵犯发明或者实用新型专利权的基本原则。具体含义是指，在判定被诉侵权技术方案是否落入专利权的保护范围时，应当审查权利人主张的权利要求所记载的全部技术特征，并以权利要求中记载的全部技术特征与被诉侵权技术方案所对应的全部技术特征逐一进行比较。被诉侵权技术方案包含与权利要求记载的全部技术特征相同或者等同的技术特征的，应当认定其落入专利权的保护范围。

3. 外观设计的专利侵权判定原则：整体观察、综合判断

整体观察、综合判断的原则是指，判断外观设计是否相同或相近似时以全面观察设计特征、综合判断整体视觉效果为原则，即应当对授权外观设计、被诉侵权设计可视部分的全部设计特征进行逐个分析比对后，对能够影响产品外观设计整体视觉效果的所有因素进行综合考虑后作出判断。

需要注意的是，美国侵权判定中对于"等同特征"的认定标准比中国宽松，对于"禁止反悔原则"的认定标准也比中国宽松。因此，在后续的专利分析中，对于权利要求的保护范围的认定和等同特征的认定，采取了更为宽松的标准。对于筛选出的高风险专利，可根据委托人的要求查找美国判例再进一步分析。

以美国为例，英文版法律依据部分的报告样例如下：

THE LEGAL STANDARD FOR DETERMINING INFRINGEMENT

Patent infringement is the unauthorized making, using, selling, importing, or offering for sale of an invention claimed in a patent. 35 U. S. C. §271 (a). An infringement analysis requires two steps: first, the court as a matter of law construes the meaning and scope of the patent claim; second, the properly construed claim is compared to the products or method accused of infringement. *Markman v. Westview Instruments, Inc.*, 52 F. 3d 967, 976 (Fed. Cir. 1995), *aff'd*, 517 U. S. 370 (1996).

A. Claim Construction

Claim construction is a matter of law. *Id.* at 979. The words of a claim are generally given their ordinary and customary meaning. *Phillips v. AWH Corp.* , 415 F. 3d 1303, 1312 （Fed. Cir. 2005） （*quoting Vitronics Corp. v. Conceptronic, Inc.* , 90 F. 3d 1576, 1582 （Fed Cir. 1996））. " ［T］he ordinary and customary meaning of a claim term is the meaning that the term would have to a person of ordinary skill in the art in question at the time of the invention, *i. e.* , as of the effective filing date of the patent application. " *Phillips*, 415 F. 3d at 1313 （*citing Innova/Pure Water, Inc. v. Safari Water Filtration Systems, Inc.* , 381 F. 3d 1111, 1116 （Fed. Cir. 2004））.

A court looks to " ［t］hose sources available to the public that show what a person of skill in the art would have understood" claim language to mean. *Phillips*, 415 F. 3d at 1314 （*quoting Innova*, 381 F. 3d at 1116）. "Those sources include the words of the claims themselves, the remainder of the specification, the prosecution history, and extrinsic evidence concerning relevant scientific principles, the meaning of technical terms, and the state of the art. " *Phillips*, 415 F. 3d at 1314 （*quoting Innova*, 381 F. 3d at 11160; *see also Markman*, 52 F. 3d at 979 – 80; *Vitronics*, 90 F. 3d at 1582 – 83; and *Gemstar – TV Guide Int'l. v. Int'l Trade Comm'n*, 383 F. 3d 1352, 1364 （Fed. Cir. 2004））. The intrinsic evidence of record, i. e. , the patent itself, including the claims, the specification and the prosecution history is "the most significant source of the legally operative meaning" of claim language. *Vitronics*, 90 F. 3d at 1582; *Markman*, 52 F. 3d at 979; *Phillips*, 415 F. 3d at 1317.

The specification "is always highly relevant to the claim construction analysis. " In fact, it is "the single best guide to the meaning" of a claim term and "acts as a dictionary when it expressly defines terms used in the claims or when it defines terms by implication. " *Phillips*, 415 F. 3d at 1320 – 21; *Vitronics*, 90 F. 3d at 1582. When the specification reveals "a specific definition given to a claim term by the patentee that differs from the meaning it would otherwise possess," the "inventor's lexicography governs. " *Phillips*, 415 F. 3d at 1316. When the specification reveals "an intentional disclaimer, or disavowal, of claim scope by the inventor," the "inventor has dictated the correct claim scope, and the inventor's intention ... is dispositive. " *Id.* Nevertheless, one should avoid "reading a limitation from the written description into the claims. " Phillips, 415 F. 3d at 1320 （*quoting SciMed Life Sys. , Inc. v. Advanced Cardiovascular Sys. , Inc.* , 242 415 F. 3d 1303, 1337 （Fed. Cir. 2001））.

"The prosecution history can often inform the meaning of the claim language by demonstrating how the inventor understood the invention and whether the inventor limited the invention in the course of prosecution, making the claim scope narrower than it would otherwise be. " *Phillips*, 415 F. 3d at 1317; *Vitronics*, 90 F. 3d at 1582 – 83. For example, the prosecution history may "exclude any interpretation that was disclaimed or disavowed during prosecution. " *Rhodia Chimie & Rhodia, Inc. v. PPG Indus. Inc.* , 402 F. 3d 1371, 1384 （quo-

ting ZMI Corp. v. Cardiac Resuscitator Corp. , 844 F. 2d 1576, 1580 (Fed. Cir. 1988)).

However, if a claim term has a plain and unambiguous meaning, that plain meaning will be applied even if the result is to make the claimed invention inoperative. The Federal Circuit has recognized that claims should not be rewritten simply to avoid nonsensical results. *See Chef America, Inc. v. Lamb – Weston, Inc.* , 358 F. 3d 1371, 1373 – 74 (Fed. Cir. 2004) ("It is the job of the patentee, and not the court, to write patents carefully and consistently. The court cannot rewrite the patent.") The claim must be construed "based on the patentee's version of the claim as he himself drafted it." Id. at 1374 (*citing Process Control Corp. v. HydReclaim Corp.* , 190 F. 3d 1350, 1357 (Fed. Cir. 1999)). Accordingly, in *Chef America*, "heating the resulting batter – coated dough to a temperature in the range of about 400°F to 850°F" required heating the dough, rather than just the air inside an oven, to the specified temperature.

If necessary, extrinsic evidence may also be considered in construing the claims. Extrinsic evidence "consists of all evidence external to the patent and prosecution history, including expert and inventor testimony, dictionaries, and learned treatises." *Phillips*, 415 F. 3d at 1317 (*quoting Markman*, 52 F. 3d at 980). Dictionaries, and, in particular, technical dictionaries, may be used to better understand the accepted meanings of terms used in the underlying technology and the way in which one of skill in the art might use the claim terms. *Phillips*, 415 F. 3d at 1318. It should be noted, however, that while "extrinsic evidence may be useful . . . it is unlikely to result in a reliable interpretation of patent claim scope unless considered in the context of the intrinsic evidence." *Phillips*, 415 F. 3d at 1319.

B. Infringement

The second step of the infringement analysis is a determination as to whether the accused products or method meets each and every limitation of the properly construed claim, either literally or by a substantial equivalent. Infringement, either literal or under the doctrine of equivalents, is a question of fact. *Crown Packaging Tech. , Inc. v. Rexam Beverage Can Co.* , 559 F. 3d 1308, 1312 (Fed. Cir. 2009).

A patent claim typically includes a preamble and a body separated by a transitional word, such as the word "comprising." Whether the preamble is limiting on the scope of the claim depends on how the preamble is used. A claim's preamble may limit the claim when the claim drafter uses the preamble to define the subject matter of the claim. *August Tech. Corp. v. Camtek, Ltd.* , 655 F. 3d 1278, 1284 (Fed. Cir. 2011). If the claim preamble, when read in the context of the entire claim, recites limitations of the claim, or, if the claim preamble is necessary to give life, meaning, and vitality to the claim, then the claim preamble should be construed as if in the balance of the claim. *Pitney Bowes, Inc. v. Hewlett – Packard Co.* ,

182 F. 3d 1298, 1305 (Fed. Cir. 1999). To establish literal infringement, each and every limitation of a patent claim must be found in the accused products or method exactly as specified by the claim language. *See Acco Brands, Inc. v. Micro Sec. Devices, Inc.*, 346 F. 3d 1075, 1080 (Fed. Cir. 2003). The failure to meet a single element of an asserted claim precludes a finding of infringement of that claim. *See Laitram Corp. v. Rexnord, Inc.*, 939 F. 2d 1533, 1535 (Fed. Cir. 1991). It should also be noted that "dependent claims cannot be found infringed unless the claims from which they depend have been found to have been infringed." *Wahpeton Canvas Co. v. Frontier, Inc.*, 870 F. 2d 1546, 1553 (Fed. Cir. 1989).

If literal infringement does not exist, an additional determination must be made as to whether the accused products or method infringes the claims under the judicially created "doctrine of equivalents." *Warner – Jenkinson Co. v. Hilton Davis Chem Co.*, 520 U. S. 17 (1997). "Under this doctrine, a products or process that does not literally infringe upon the express terms of a patent claim may nonetheless be found to infringe if there is 'equivalence' between the elements of the accused products or process and the claimed elements of the patented invention." *Id.* As each claimed element in a claim is deemed material to defining the patented invention, "the doctrine of equivalents must be applied to individual elements of the claim, not to the invention as a whole." *Id.* at 29. The doctrine prevents an infringer from avoiding liability by merely changing "only minor or insubstantial details" of a claimed invention. *Festo Corp. v. Shoketsu Kinzoku Kogyo Kabushiki Co.*, 234 F. 3d 558, 564 (Fed. Cir. 2000) (citing *Graver Tank & Mfg. Co. v. Linde Air Prods. Co.*, 339 U. S. 605, 608 (1950)).

To determine equivalence, the "insubstantial differences" test may be applied. *See Warner – Jenkinson*, 520 U. S. at 39. In assessing whether an insubstantial difference exists, the Federal Circuit has observed that an accused device that does not perform the central function of a claim element "could rarely, if ever, be considered to be insubstantially changed from the claimed invention." *Vehicular Technologies Corp. v. Titan Wheel Int'l, Inc.*, 212 F. 3d 1377, 1382 (Fed. Cir. 2000). Further, recognition by persons reasonably skilled in the art that an ingredient not contained in the patent is interchangeable with the claimed ingredient may provide evidence that the change is insubstantial. *See Warner – Jenkinson*, 520 U. S. at 25. A "person aiming to copy or aiming to avoid a patent is imagined to be at least marginally skilled at copying or avoidance, and thus intentional copying raises an inference rebuttable by proof of independent development of having only insubstantial differences, and intentionally designing around a patent claim raises an inference of substantial differences." *Warner – Jenkinson*, 520 U. S. at 36.

The inquiry in determining infringement under the doctrine of equivalents may also be answered by applying the tripartite test of *Graver Tank* to determine if the accused products or method performs substantially the same function in substantially the same way to achieve substantially the same result recited in a patent claim. *Graver Tank*, 339 U. S. 605, 608. There are a number of legal principles that can preclude a finding of infringement under the doctrine of equivalents. *Warner – Jenkinson Co.* , 520 U. S. at 39 n. 8. For example, there can be no infringement if the theory of equivalence would vitiate a claim term in its entirety. *Id.* There also can be no infringement if the theory of equivalence would permit the patentee to claim subject matter that was already in the prior art and was thus unpatentable. *Wilson Sporting Goods Co. v. David Geoffrey & Assocs.* , 904 F. 2d 677, 683 (Fed. Cir. 1990). In addition, prosecution history estoppel limits the doctrine of equivalents.

Under the doctrine of prosecution history estoppel, a patent holder is prevented from using the doctrine of equivalents to cover subject matter that was relinquished during prosecution to obtain allowance of the claims. *See Festo Corp. v. Shoketsu Kinzoku Kogyo Kabushiki Co.* , 535 U. S. 722 (2002). In *Festo*, the court held that a "patentee's decision to narrow his claims through amendment may be presumed to be a general disclaimer of the territory between the original claim and the amended claim. " *Id.* at 740. Accordingly, an amendment that is made for a substantial reason related to patentability is presumed to have no range of equivalents.

The burden lies with the patent holder to rebut this presumption by showing that "at the time of the amendment one skilled in the art could not reasonably be expected to have drafted a claim that would have literally encompassed the alleged equivalent. " *Id.* at 741. The patent holder can attempt to do this by showing that: (1) the equivalent was "unforeseeable" at the time of the application, (2) the rationale underlying the amendment bears no more than a "tangential relation to the equivalent," or (3) some other reason exists that the patentee "could not reasonably be expected" to have described the insubstantial substitute. *Id.* at 740 – 41.

In addition to "direct" infringement as described above, patent law imposes liability on those who "induce" or "contribute" to direct patent infringement under 35 U. S. C. § § 271 (b) and (c), respectively. Inducement of infringement includes actions that are knowingly intended to cause, urge, encourage, or aid another to infringe a patent. Contributory infringement involves the sale of a material component of a patented invention that is knowingly especially made for that invention and that is not suitable for a substantial noninfringing use. However, "[t] here can be no inducement or contributory infringement without an underlying act of direct infringement. " *Linear Tech. Corp. v. Impala Linear Corp.* , 379 F. 3d 1311, 1326 (Fed. Cir. 2004).

② 在"风险等级标准"部分，风险等级标准要与第一部分的"项目需求"前后对

应，达成一致。风险等级的判断维度可以为单一侵权风险可能性的维度，也可以增加专利稳定性、申请人诉讼可能性、专利价值度等评判维度，其评判维度根据项目的实际需求来定。

③ 在"风险专利分析"部分，对于单件专利的分析，其分析的广度和深度的灵活度很大，包括侵权分析的权利要求数量、专利稳定性判断是否需要进行现有技术检索、是否需要分析审查过程和同族专利等。不同的项目需求，均会有不同的分析要求，单件专利的分析，要与项目需求、风险等级标准相对应，应在达到目的的前提下为委托人节省预算。

④ 在"侵权可能性分析"中，最常用的表格为侵权比对表。需要注意的是，对于不同类型的权利要求，除考虑侵权判定原则以外，还需要考虑可能发生的侵权行为对侵权可能性的影响。比如，发明/实用新型专利的方法类的权利要求，在进行侵权判定时，应判断委托人在生产经营过程中，是否可能按照对比专利所要求保护的方法的步骤、条件逐一再现方法的全过程。再比如，涉及分析对象与其相配套的部件形成的产品权利要求，需要考虑是否构成帮助侵权行为。再比如，对于涉及分析对象的零部件的制造方法的方法权利要求，需要考虑分析对象的零部件是否有可能根据该权利要求所限定的制造方法所获得。

使用方法类的权利要求的侵权比对分析样例如下：

侵权比对表		
独立权利要求1中的技术特征	分析对象的使用方法	是否相同或等同
步骤1	步骤1	相同
步骤2	步骤2	相同
步骤3	步骤3	相同
步骤4	步骤4	相同
步骤5	步骤5	相同

使用专利方法，是指权利要求记载的专利方法技术方案的每一个步骤均被实现。使用专利方法的结果不影响对是否构成侵犯专利权的认定。

若委托人在生产经营过程中所使用的方法，是按照权利要求1的方法的步骤、条件逐一再现了方法的全过程，有极大可能性覆盖了权利要求1中的方法的所有技术特征，行为人有极大可能构成侵权行为。当然，若委托人使用该方法的行为不属于为生产经营目的而实施的行为，则委托人的行为有极大可能性不属于侵犯专利权的行为。

帮助侵权类的权利要求的侵权比对分析样例如下：

侵权比对表

独立权利要求 1 中的技术特征	分析对象	是否相同或等同
S	不包括	既不相同也不等同
T（与 S 配套使用的专用产品）	T（与 S 配套使用的专用产品）	相同

　　销售侵权产品，是指将落入专利权利要求保护范围的侵权产品的所有权、依照专利方法直接获得的侵权产品的所有权或者含有外观设计专利的侵权产品的所有权从卖方有偿转移到买方。销售者在某些条件下可能会为生产经营目的销售包含了权利要求 1 中所有的技术特征的 S＋T 的组合，销售者的上述销售行为可能为侵犯专利权的行为。

　　与此同时，委托人若明知有关产品（T）系专门用于实施专利技术方案（S＋T）的专用产品，未经专利权人许可，为生产经营目的向他人提供该专用产品，且销售者实施了侵犯专利权行为的，委托人提供该专用产品的行为构成帮助他人实施侵犯专利权行为。

分析对象的零部件的制造方法的侵权比对分析样例如下：

侵权比对表

独立权利要求 1 中的技术特征	分析对象的零部件的制造方法	是否相同或等同
步骤 1	步骤 1	相同
步骤 2	步骤 2	相同
步骤 3	步骤 3	相同
步骤 4	步骤 4	相同
步骤 5	步骤 5	相同

　　对于依照专利方法直接获得的产品，无论该产品是新产品还是已知产品均可获得延伸保护。只要制造方法本身被授予专利权，即使该方法直接获得的是已知产品，任何单位或个人未经专利权人许可许诺销售、销售、使用、进口该已知产品的行为也构成侵犯专利权的行为。

　　经分析，此次排查的分析对象的零部件有较大可能根据权利要求 1 的制造方法所获得，有较大可能侵犯权利要求 1 的专利权。

　　⑤ 在"侵权可能性分析"中，还需要注意，侵权可能性并不是肯定性意见，而是倾向性意见。侵权可能性，与分析对象的技术特征的准确性、技术特征的解释、等同特征的标准等各个因素有关。比如，对于非结构类的技术方案或者研发前期的技术方案，有可能分析对象的某些技术特征本身就是模糊的，此时需要判断侵权可能性，给出倾向性意见，而不是肯定性意见。再比如，对于等同特征的判断，不同知识背景的人对于权利要求的技术特征的解读和等同特征的判断标准都会有差异，应给出侵权可能性的倾向性意见，而不是肯定性意见。

5.5 "侵权结论"章节样例和撰写要点

5.5.1 章节样例

FTO 报告中的"侵权结论"部分，比较典型的报告样例如下：

第四部分　侵权结论

根据上述分析，获得风险专利……件，其中，高风险专利……件，中风险专利……件，低风险专利……件。对于委托人重点关注的申请人 M，高侵权可能性专利……件，……。具体见表4.1，风险专利列表见附件 X。

表 4.1　风险专利汇总

公开/公告号	标题	侵权可能性	专利稳定性	申请人诉讼可能性	风险等级
CN××××××B	……	高	高	低	高
CN××××××A	……	中	低	中	低
CN××××××S	……	中	中	高	中
……	……	……	……	……	……
……	……	……	……	……	……

5.5.2 撰写要点

本章节主要是对 FTO 报告的整体情况进行总结，需要注意的是，结论部分要与项目需求相对应，给出委托人想要了解的最终结论。

5.6 LED 节能灯美国 FTO 报告样例①

LED 节能灯美国 FTO 报告

第一部分　项目背景
一、项目要求
针对委托人提供的"LED 节能灯"在美国地区进行专利侵权风险评估。具体要求

① 1）本报告列举的分析对象为现有专利技术方案的改编，并非真实案例，在实际案例中，分析对象有可能会有更多技术信息；2）本报告仅为风险专利示例，并未穷尽所有风险专利；3）为了节省篇幅，对报告整体做了简化，仅列出了 FTO 报告的有代表性的章节，其他章节略写。

如下：

1）根据委托人提供的"LED 节能灯"相关资料，在充分沟通了解的基础上，形成"LED 节能灯"的技术方案说明书，制定检索策略；技术方案说明书、检索策略需与委托人确认一致后方可执行后续检索。

2）专利检索的查全率，通过重点申请人验证需达到 100%，通过随机申请人验证需达到 95% 以上，专利检索完成后需提供检索要素表、检索式、查全率验证数据给委托人确认。

3）需标注检索获得的专利清单中的每条专利的排除原因，并提供清单数据给委托人确认。

4）需排查的专利为授权且仍有效的专利，已失效专利、已公开但未授权的专利不在排查范围内。

5）针对与"LED 节能灯"技术特征高度相关的授权发明专利，需分析该授权发明的侵权风险等级；侵权风险等级，通过该授权发明的独立权利要求来确定。

6）对于侵权风险等级高的专利，若有规避设计的可能性，需给出规避设计思路，供研发人员参考。

二、技术方案

根据与委托人的多次沟通，最终确定的技术方案如下：

1. 技术方案说明

图 1.1 为本分析对象"LED 节能灯"的结构示意图。该灯包括一个管状的、中空的连接柱 1，它与灯帽 2 的一端连接。连接柱 1 的另一端与基座 3 连接，该基座有多个 LED4。中空连接柱 1 内的空间容纳着控制 LED4 所必需的电器。灯帽 2 内容纳有控制电路，控制电路向 LED4 供应电力。

在灯工作的过程中，这些 LED 产生 5lm 或更高的光通量。另外，灯有一个合成树脂的外壳 5，它包围连接柱 1 和基座 3。

基座 3 是有四个平面的规则的锥体形状，并通过锥体的一个顶点与连接柱 1 连接。基座 3 的外表面由铜合金制成，因而能使 LED4 与连接柱 1 良好地导热。锥体的每个面有多个 LED4，它们通过热传导粘接的方式固定到表面上。多个 LED，使用相同类型，每个 LED 仅有一个光点。

LED 灯的连接柱 1 的外表面由铜合金制成，这使得从基座 3 到灯帽 2 得到良好的热传导。上述散热装置的使用使具有比较高光通量的 LED 用在上述类型的 LED 灯中没有热的问题。

图 1.1 所示的 LED 灯也包括在灯中产生空气流的装置（未显示）。这些装置由包含在连接柱 1 中的风扇组成，在灯工作的过程中风扇产生空气流。这种空气流通过设置在连接柱上的孔 6 离开连接柱 1，并通过提供在连接柱 1 上的孔 7 重新进入连接柱 1。通过孔 7、孔 6 形成空气流，获得从基座和 LED 改进的散热效果。

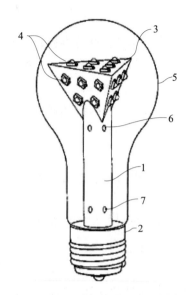

图 1.1 "LED 节能灯"的结构示意图

外壳 5 内填充有丙烯酸树脂,丙烯酸树脂充满外壳 5 的内部空间,丙烯酸树脂与 LED4 直接接触。丙烯酸树脂,起到导热的作用的同时也可以呈现更佳的视觉效果。

(略)

该 LED 节能灯很容易制造,并在灯工作的过程中,显示相当高的光通量。

2. *产品创新点*

根据与委托人沟通,该 LED 节能灯的外形为市场上常见的形状,内部安装的 LED 灯也为购买获得。主要的创新点在于:1) LED 节能灯内部的结构,包括基座、连接柱、内部导线等的设置;2) LED 节能灯的导热设置,包括风扇、导热胶、导热孔的设置以及 LED 的电路板散热等的设置,但涉及的导热材料本身为市售可得。

三、技术方案分析

根据与委托人进一步确认,本产品的整体外观为较为常见的设计,LED 灯为外部采购,其控制电路模块采用业内常规的现有技术,该产品的主要改进点在于:1) LED 节能灯内部的结构,包括基座、连接柱、内部导线等的设置;2) LED 节能灯的导热设置,包括风扇、导热胶、导热孔的设置以及 LED 的电路板散热等的设置。

因此,根据该项目的预算和与委托人确认,最终确定该项目需检索的技术主题为:1) LED 节能灯的发明专利;2) 具有 LED 的电路板的发明专利。

第二部分 专利检索

参考第三节。

第三部分 专利分析

一、法律依据

参考第四节。

二、风险等级标准

根据项目需求，本项目专利风险等级，仅考虑侵权可能性，具体参考表 3.1。

表 3.1　侵权可能性的分级标准

侵权可能性等级	发明分级标准
高	分析对象与风险专利构成相同侵权
中	分析对象与风险专利构成等同侵权
低	分析对象与风险专利的独立权利要求对比，有 1~2 个技术特征有可能为相同或等同特征

三、风险专利分析

根据本项目的风险等级标准，对第二部分数据处理后的专利条目进行人工排查，最终确认有风险的专利如下。

1. US9944519B2（见表 3.2）

表 3.2　US9944519B2

公开/公告号	US9944519B2
标题	LED 灯泡（LED – based light bulb）
专利权人	Consumer Lighting，LLC（通用照明公司）；Current Lighting Solutions，LLC
申请日（优先权日）	20120320（20030505）
侵权可能性	高

具体侵权分析如下：

该专利有 1 个独立权利要求（表 3.3），即权利要求 1，权利要求 1 保护一种光源。

表 3.3　US9944519B2 的独立权利要求

序号	权利要求 1 中的技术特征	权利要求 1 中的技术特征（翻译）	分析对象的技术特征	是否相同或等同
1	A light source comprising	一种光源，包括	一种 LED 灯，包括	相同
2	a light engine comprising a printed circuit board and including at least one LED	光引擎，所述光引擎包括印刷电路板并包括至少一个 LED	基座 3 和多个 LED4 组成的光引擎，光引擎包括印刷电路板和多个 LED	相同
3	a light transparent or translucent enclosure	透光或半透明外壳	半透明外壳 5	相同
4	fitted over at least a portion of the light engine	（外壳）适用于光引擎的至少一部分	外壳 5，安装在灯帽 2 上，将光引擎包裹在内	相同
5	an index matching and thermal spreading material in the enclosure and in direct physical contact with the at least one LED	指数匹配和热扩散材料，所述材料在所述外壳中并且与所述至少一个 LED 直接物理接触	丙烯酸树脂，填充在外壳 5 内，并与 LED4 直接物理接触	相同

续表

序号	权利要求 1 中的技术特征	权利要求 1 中的技术特征（翻译）	分析对象的技术特征	是否相同或等同
6	said material consisting of a liquid	所述材料由液体组成	丙烯酸树脂为液体	相同
7	a base for supporting the light engine, enclosure and a heat sink in operative arrangement	基座，所述基座用于在操作布置中支撑所述光引擎、外壳和散热器	灯帽 2，用于在操作布置中支撑光引擎、外壳 5 和连接柱 1	相同
8	and a conversion circuit housed in at least a portion of the base for supplying electric power to the light engine	以及转换电路，所述转换电路容纳在所述基座的至少一部分中，用于向所述光引擎供应电力	控制电路，控制电路位于灯帽 2 内，向 LED 4 供应电力	相同

针对技术特征 4 "fitted over at least a portion of the light engine（外壳，适用于光引擎的至少一部分）"，对应的说明书的记载为说明书具体实施方式第 3 段 "In one embodiment, the base 24 has a receptacle into which the light engine 16 is plugged in. Preferably, the base 24 is one of the commercially available light bulb sockets for easy field exchange and retrofitting of the light bulb with the LED light engine 16 such that the enclosure 22 can be fitted over the light engine 16（在一个实施例中，底座 24 具有插座，光引擎 16 插入其中。优选地，底座 24 是市售的灯泡插座之一，以便于现场交换和用 LED 光引擎 16 改装灯泡，使得外壳 22 可以适用于光引擎 16）"，再结合图示可知，技术特征 4 中的 "fitted over at least a portion of the light engine" 理解为 "（外壳）适用于光引擎的至少一部分" 更为合适，而不是指 "（外壳）安装在光引擎上"。

而，分析对象的外壳 5，安装在灯帽 2 上，包围连接柱 1 和基座 3。因此，分析对象具有与技术特征 4 相同的技术特征。

由于分析对象包含了权利要求 1 中所有的技术特征，落入其保护范围，有极大可能性构成相同侵权。

综合上述分析，分析对象侵犯该专利的专利权的侵权风险等级为高。

2. 规避设计

关于技术特征 6 "said material consisting of a liquid（所述材料由液体组成）"，将指数匹配和热扩散材料限定为液体。在该专利具体实施方式第 3 段记载 "The fluid is selected from solids, gels, liquids, fluorocarbon coolants, luminescent materials and others to create a desired visual effect（流体选自固体、凝胶、液体、氟碳化合物冷却剂、发光材料和其他材料，以产生所需的视觉效果）"。在该专利的公开文本中，技术特征 6 未限定在该权利要求中，且在审查过程中，为了获得专利权，对该权利要求进行了多次修改，最终将材料限定为液体。根据"禁止反悔原则"，技术特征 6 "said material consisting of a liquid（所述材料由液体组成）"，大概率不能等同于其他材质的材料，特别是固体（solids）、凝胶（gels）材料。

因此，规避设计建议如下：

1）如分析对象"LED 节能灯"可以取消"视觉效果"的功能，可以去除外壳 5 内填充的丙烯酸树脂，使分析对象"LED 节能灯"不包括技术特征 6，从而使分析对象"LED 节能灯"不侵犯该专利的专利权；

2）如分析对象"LED 节能灯"需要保留"视觉效果"的功能，可以将外壳 5 内填充的丙烯酸树脂更改为具有类似效果的固体（solids）、凝胶（gels）材料，使分析对象"LED 节能灯"大概率不能等同于技术特征 6，从而使分析对象"LED 节能灯"大概率不侵犯该专利的专利权。

3. 其他专利

略。

第四部分　侵权结论

略。

附录

附件 1　分析对象的技术方案说明书

附件 2　美国专利相关法律法规合集

附件 3　检索要素表、检索式

附件 4　检索查全数据记录表

附件 5　专利排查过程记录表

附件 6　侵权风险专利列表

免责声明

1. 本报告所载事实来源于本报告出具之日前委托人的陈述和委托人提交的相关材料。委托人应保证，已向本所提供了出具本报告所必需的全部有关事实材料，并且提供的所需文件均真实、合法、有效、完整，并无任何虚假记载、误导性陈述或重大遗漏，文件上所有的签名、印鉴均为真实，所有的复印件或副本均与原件或正本完全一致。

2. 本报告仅根据并依赖于本报告出具之日公布并生效的相关法律、法规，本所不能保证在本报告出具之后所公布生效的任何法律、法规、规章对本报告不产生影响。

5.7 咖啡机中国 FTO 报告样例①

咖啡机中国 FTO 报告

第一部分 项目背景

一、项目要求

针对委托人提供的"咖啡机"在中国地区进行专利侵权风险评估。具体要求如下：

1）根据委托人提供的"咖啡机"相关资料，在充分沟通了解的基础上，形成"咖啡机"的技术方案说明书，制定检索策略；技术方案说明书、检索策略需与委托人确认一致后方可执行后续检索。

2）专利检索的查全率，通过重点申请人验证需达到100%，通过随机申请人验证需达到95%以上，专利检索完成后需提供检索要素表、检索式、查全率验证数据给委托人确认。

3）需标注检索获得的专利清单中的每条专利的排除原因，并提供清单数据给委托人确认。

4）需排查的专利为授权且仍有效的专利，已失效专利、已公开但未授权的专利不在排查范围内。

5）针对与"咖啡机"技术特征高度相关的授权专利，需分析该授权发明的侵权风险等级；其中，发明、实用新型的侵权风险等级，通过该授权专利的独立权利要求来确定。

二、技术方案

根据委托人提供的技术资料以及沟通中获得的相关信息，进行图片与文字的说明描述，整理形成本项目的分析对象。

1. 技术方案说明

根据与委托人沟通的信息，分析对象"咖啡机"所使用的技术均为现有的市场上非常成熟的技术，不涉及创新的控制电路、材料等，主要的创新点在于"咖啡机"的外观。"咖啡机"的外观如图1.1所示。

---

① 1）本报告列举的分析对象为现有专利技术方案的改编，并非真实案例，在实际案例中，分析对象有可能会有更多技术信息；2）本报告仅为风险专利示例，并未穷尽所有风险专利；3）为了节省篇幅，对报告整体做了简化，仅列出了FTO报告的有代表性的章节，其他章节略写。

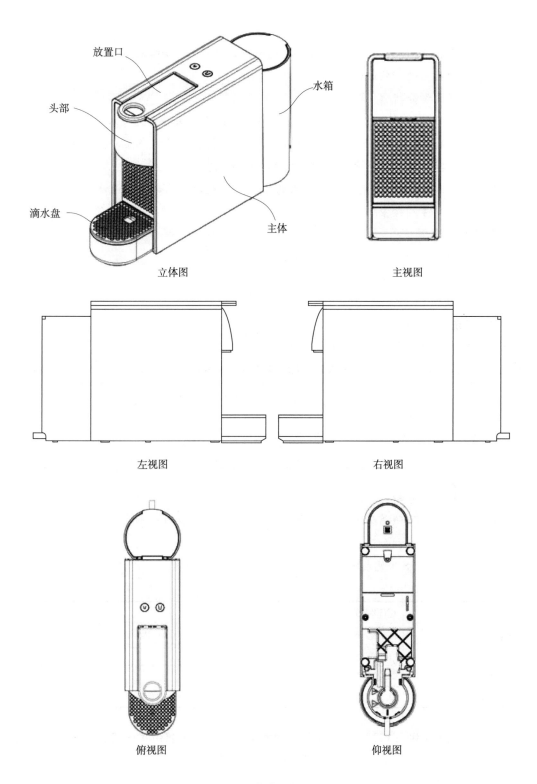

图 1.1　"咖啡机"的外观

2. 产品创新点

根据与委托人沟通，该咖啡机的主要创新点在于：1）咖啡机的整体外观；2）咖啡机上表面的按钮的形状设计。

三、技术方案分析

根据该项目的预算和与委托人确认，最终确定该项目需检索的技术主题为：

1）咖啡机及类别相近的产品的外观设计，其中类别相近的产品包括饮料机、饮水机、茶水机、净饮机、苏打水机等用于饮用饮料的机器。

2）咖啡机及类别相近的产品的按钮的 GUI 外观设计或局部外观设计。

第二部分　专利检索

参考第三节。

第三部分　专利分析

一、法律依据

参考第四节。

二、风险等级标准

根据项目需求，本项目专利风险等级，仅考虑侵权可能性，具体参考表 3.1。

表 3.1　侵权可能性的分级标准

侵权可能性等级	外观设计分级标准
高	分析对象与风险专利具有相同的外观设计
中	分析对象与风险专利具有相近似的外观设计
低	分析对象与风险专利有相近似的设计概念，但具有不同的有显著影响的设计特征

三、风险专利分析

根据本项目的风险等级标准，对第二部分数据处理后的专利条目进行人工排查，最终确认有风险的专利如下。

1. CN305591227S（见表 3.2）

表 3.2　CN305591227S

公开/公告号	CN305591227S
标题	咖啡机
专利权人	深圳市西啡科技有限公司
申请日（优先权日）	20120320
侵权可能性	低

对比专利 CN305591227S 要求保护一种咖啡机，对比专利的用途用作咖啡机，设计要点在于产品的形状。对比专利的图片如表 3.3 所示。

表 3.3　CN305591227S 的图片

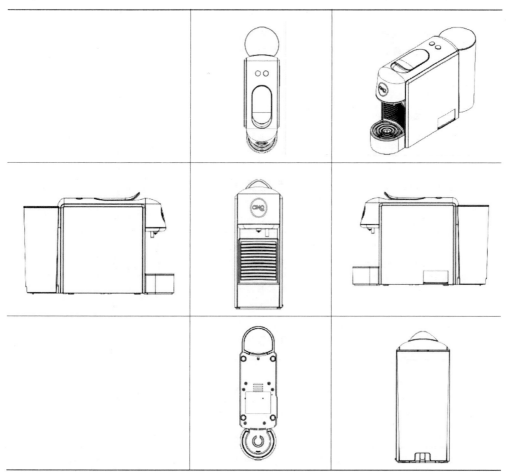

下面对分析对象和对比专利 CN305591227S 进行详细比对，具体比对如表 3.4 所示（由于仰视图所显示的设计特征，是咖啡机的底部特征，属于一般消费者不容易观察到的设计特征，在特征比对中不予考虑）。

表 3.4　分析对象和 CN305591227S 的对比

	对比专利	分析对象	异同	影响显著程度
产品类别	咖啡机	咖啡机	相同	
设计特征 1	咖啡机包括水箱、头部、主体和滴水盘，主体带有咖啡豆或胶囊的放置口；头部连接于主体的上部、滴水盘连接于主体的底部，出水口设置于头部，位于滴水盘的上方	咖啡机包括水箱、头部、主体和滴水盘，主体带有咖啡豆或胶囊的放置口；头部连接于主体的上部、滴水盘连接于主体的底部，出水口设置于头部，位于滴水盘的上方	相同	现有设计，设计空间很小
设计特征 2	水箱放置于主体的侧边	水箱放置于主体的侧边	相同	现有设计，设计空间较小

续表

	对比专利	分析对象	异同	影响显著程度
设计特征 3	咖啡豆或胶囊的放置口位于主体的上表面	咖啡豆或胶囊的放置口位于主体的上表面	相同	现有设计，设计空间较小
设计特征 4	咖啡机整体外形为类椭圆形	咖啡机整体外形为类椭圆形	相同	具有较大显著影响
设计特征 5	水箱为圆柱形	水箱为圆柱形	相同	具有较大显著影响
设计特征 6	主体为类长方体	主体为类长方体	相同	具有较大显著影响
设计特征 7	滴水盘的形状呈类圆柱形	滴水盘的形状呈半椭圆形	近似	具有较大显著影响
设计特征 8	头部向外凸出较多	头部向外凸出较少	不同	具有一般显著影响
设计特征 9	主体上表面具有一个椭圆形盖和两个按钮	主体上表面具有一个类长方形盖和两个按钮	近似	具有一般显著影响
设计特征 10	主体面向滴水盘的一面向内凹陷，花纹为条形凸起	主体面向滴水盘的一面为平面，花纹为若干凸点	不同	具有较小显著影响
设计特征 11	滴水盘的上表面的花纹为环形	滴水盘的上表面的花纹为若干凸点	不同	具有较小显著影响
设计特征 12	主体的侧面有长方形的凹陷	主体的侧面为光滑表面	不同	具有较小显著影响

如表 3.4 所示，将分析对象和对比专利 CN305591227S 相比，产品类别相同，设计特征对比结果如表 3.5 所示。

表 3.5　CN305591227S 的设计特征对比结果

影响显著程度	设计特征数量	相同或近似的设计特征的数量	不同的设计特征的数量
现有设计	3	3	0
具有较大显著影响	4	4	0
具有一般显著影响	2	1	1
具有较小显著影响	3	0	3

从表 3.5 可以看出，将分析对象和对比专利 CN305591227S 相比，既有相同或近似的设计特征，也有不同的设计特征。其中，不同的设计特征中，设计特征 8 具有一般显著影响，即对整体视觉效果造成影响的显著程度一般。但具有较大或一般显著影响的其他设计特征（设计特征 4、5、6、7、9）为相同或近似的设计特征。

根据整体观察、综合判断的原则，分析对象和对比专利 CN305591227S，两者虽然具有相类似的设计概念，但整体视觉效果仍有一定程度的差异，尚不能达到相近似的程度。但鉴于分析对象和对比专利 CN305591227S，有多个具有较大或一般显著影响的相同的设计特征，不能排除在实务中有被认为是相近似设计的可能性。

综上所述，分析对象和对比专利 CN305591227S 为可能相近似的设计，分析对象有一定可能性落入对比专利 CN305591227S 的保护范围，侵权风险等级为低。

2. 其他专利

略。

第四部分　侵权结论

略。

附录

附件 1　分析对象的技术方案说明书

附件 2　中国专利相关法律法规合集

附件 3　检索要素表、检索式

附件 4　检索查全数据记录表

附件 5　专利排查过程记录表

附件 6　侵权风险专利列表

免责声明

1. 本报告所载事实来源于本报告出具之日前委托人的陈述和委托人提交的相关材料。委托人应保证，已向本所提供了出具本报告所必需的全部有关事实材料，并且提供的所需文件均真实、合法、有效、完整，并无任何虚假记载、误导性陈述或重大遗漏，文件上所有的签名、印鉴均为真实，所有的复印件或副本均与原件或正本完全一致。

2. 本报告仅根据并依赖于本报告出具之日公布并生效的相关法律、法规，本所不能保证在本报告出具之后所公布生效的任何法律、法规、规章对本报告不产生影响。

第 6 章　针对典型技术领域特性的 FTO 分析

本章概述

　　进行 FTO 分析不仅需要考虑开展的时机，还要充分考虑技术领域的特殊性和技术的复杂性，特别是在生物医药领域和信息通信领域。在生物医药领域，进行 FTO 分析时特别需要考虑各国对药品相关知识产权特殊的制度设计，以及药品种类的不同和不同的药品开发阶段。在信息通信领域，进行 FTO 分析时涉及标准必要专利时要充分考虑技术标准文件的内容，涉及算法的技术还需要注意算法专利的检索技巧和保护范围的分析，涉及开源软件时需要在分析开源许可证的基础上再进行专利侵权的风险判断，通信技术的方法方面，还需要注意多主体实施通信方法权利要求的侵权风险分析需要考虑间接侵权规则和共同侵权规则等。

本章知识图谱

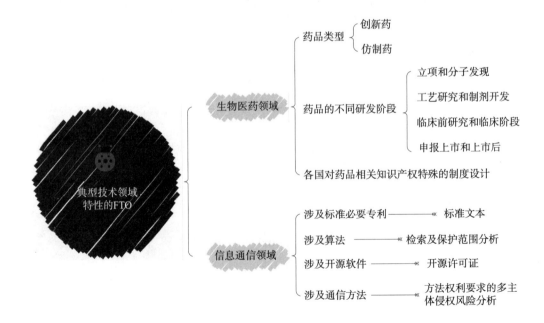

6.1　生物医药领域的 FTO 分析

随着技术进步、经济发展、社会老龄化以及人们对健康关注程度的提高，全球和中国的生物医药市场规模都在稳步发展。根据 Frost & Sullivan 数据，全球医药市场由 2017 年的 1.2 万亿美元增长至 2021 年的 1.4 万亿美元，预计到 2030 年将达到 2.1 万亿美元的规模；中国医药市场由 2017 年的 1.4 万亿元增长至 2021 年的 1.6 万亿元，预计到 2030 年将增长至 2.7 万亿元的规模。而我国的医药制度也在深入改革，行业整体研发投入增多，使我国生物医药企业的创新能力、国际竞争力也在逐渐提升。据统计[①]，2023 年上半年就有 17 款国产 1 类创新药（包括化药、治疗用生物制品，不含中药、疫苗）获批上市，而 2022 年有 14 款国产创新药获批上市（与 2021 年 32 款获批量相比下降了 56%，与 2020 年获批数量相当）。

生物医药产业具有研发周期长、投入高、风险高的特点，为保证这种高投入能够获得回报，保证原研药企有一定的市场独占或市场垄断时间，各国都针对药品相关知识产权进行了特殊的制度设计，但各国的制度有相似有不同。例如，中国在 2021 年 6 月 1 日第四次修正的《中华人民共和国专利法》（下称新专利法）实施后，除了针对一般性的发明专利在授权过程中的不合理延迟给予的专利权期限补偿，还有针对新药上市审评审批占用的时间进行补偿的药品专利权期限补偿制度，以及针对仿制药上市设置了专利纠纷早期解决机制，但尚未有落地实施的完整的数据保护制度。美国有针对专利的专利权期限调整（Patent Term Adjustment，PTA）制度和药品专利权期限补偿（Patent Term Extension，PTE）制度，以及与专利保护独立的根据 FDA 法规实行的药品市场独占权（exclusivity）制度。欧洲更依赖药品试验数据保护，同时也有针对专利的补充保护证书（Supplementary Protection Certificate，SPC）制度。日本也有相应的药品试验数据保护和专利权期限补偿制度。在结合各国，特别是未来市场国的法律法规的基础上，企业知识产权工作者进行全面深入的 FTO 尽调，能够帮助企业明晰或规避侵权风险，辅助企业制定商业开发策略。

6.1.1　根据药品的产品分类的 FTO 分析

生物医药企业在产品立项时，通常需要考虑患者需求、国家政策、市场份额、研

---

① 人民金融创新药数据库。

发成本等因素，会选择创新药、仿制药（以下涵盖生物类似药）、改良型新药①的研发路径。创新药研发以满足临床上尚未获得满足的患者需求为目标，上市后可能获得高回报、高收益，因为靶点新、作用机制新、分子形式新，具有研发成本高、失败率高的特点。仿制药研发以在原研药专利到期或被无效后，尽快进入市场为目的，能够很好地提高药品可及性、降低医疗支出，研发成本虽然相对低，但产品价格也低。改良型新药居于创新药和仿制药之间，研发成功率高，市场回报好，但在中国需要有明显的（临床）优势。

当企业选择了不同的产品立项时，知识产权人员对 FTO 尽调的策略也相应不同。以下从创新药、仿制药两种产品分类进行介绍，而改良型新药从"改良"的技术角度可归于两者之一。

1. 创新药

提及创新药时，根据药物最终上市的时间和临床疗效，通常会分为首创新药（First-in-class，FIC）、Me too、Me better、Best in class（BIC）这几类。如果是 FIC，通常可认为面临的靶点专利风险相对较小，但不必然排除在后期开发过程中，可能落入在后开发企业的专利保护范围；如果是 Me too 等在后开发的药物，则可能落入 FIC 开发公司早期布局专利的保护范围中。

以下通过抗体领域的 PCSK9 案例（Amgen Inc. v. Sanofi）进行说明。

PCSK9（前蛋白转化酶枯草溶菌素 9）基因表达的 PCSK9 蛋白能与肝脏细胞表面的低密度脂蛋白受体（LDL-R）结合并使其降解，从而升高血浆中低密度脂蛋白胆固醇水平，因此，是降脂药物开发的热门靶点。2015 年 8 月，Amgen 公司开发的抗 PCSK9 的单克隆抗体药物 Repatha®（evolocumab）经美国 FDA 批准上市。而 Sanofi 公司与 Regeneron 公司的同靶点单抗药物 Praluent®（alirocumab）早于 Repatha® 一个月在美国获批上市。2022 年，Repatha® 的全球销售额为 12.96 亿美元，Praluent® 的全球销售额为 4.67 亿美元。

2014 年 10 月，Amgen 起诉 Sanofi 和 Regeneron 侵犯其美国专利 US8829165B2、US8859741B2、US8563698B2 的专利权。这些专利保护了靶向 PCSK9 特定功能表位的抗 PCSK9 抗体，权利要求保护范围十分宽泛，涵盖了结构不同但表位或部分表位相同的任意同靶点抗体。Repatha® 和 Praluent® 的抗体互补决定区（CDR）序列完全不同，但 Praluent® 仍落入 Amgen 专利的保护范围。此后，Sanofi 方对 Amgen 公司的专利是否有效提起无效，双方围绕涉诉专利是否具备可实施性（enablement）、满足书面描述

---

① 中国的化学药品的改良型新药指在已知活性成分的基础上，对其结构、剂型、处方工艺、给药途径、适应证等进行优化，且具有明显临床优势的药品，参见《化学药品注册分类及申报资料要求》第 1 条第 3 款；生物制品的改良型新药指对境内或境外已上市制剂进行改良，使新产品的安全性、有效性、质量可控性有改进，且具有明显优势的治疗用生物制品，参见《生物制品注册分类及申报资料要求》第 2 部分第 1 条第 2 款。美国的改良型新药参见 1999 年实施的 Guidance for Industry Applications Covered by Section 505（b）（2）。

（written discription）的要求进行了数年的专利诉讼，并最终上诉至美国联邦最高法院。2023 年 5 月 18 日，美国联邦最高法院维持了美国联邦巡回上诉法院（CAFC）关于 Amgen 专利不具备可实施性、专利无效的判决。

以 US8859741B2 为例，权利要求 7 如下：

1. An isolated monoclonal antibody that binds to PCSK9, wherein the isolated monoclonal antibody binds an epitope on PCSK9 comprising at least one of residues 237 or 238 of SEQ ID NO：3, and wherein the monoclonal antibody blocks binding of PCSK9 to LDLR.

2. The isolated monoclonal antibody of claim 1, wherein the isolated monoclonal antibody is a neutralizing antibody.

7. The isolated monoclonal antibody of claim 2, wherein the epitope is a functional epitope.

虽然专利中记载了相当数量的抗体示例，但关于"可实施性"，法院仍然认为，权利要求当中的功能限定过于宽泛，其所给出的示例与指引又过于狭窄，会导致他人在实施时必须进行过度实验（undue experimentation），因此不符合专利可实施性的要求。该案开始逐渐影响美国法院对于类似的抗体专利的判决。2023 年 9 月 20 日，CAFC 在 Baxalta 公司起诉 Genentech 公司的 Hemlibra ®（Emicizumab）侵权的判决中，即根据美国联邦最高法院的 Amgen 判决，判定 Baxalta 公司关于治疗血友病的抗体专利 US7033590B1 由于不满足可实施性要求而无效。

除美国市场外，Amgen 和 Sanofi 也在其他国家存在专利纠纷。前述三项美国专利均为 PCT 专利 WO2009026558 的美国同族，日本授权同族 JP5906333B2、JP5705288B2 保护的是与限定具体 CDR 序列的抗体竞争结合的 PCSK9 抗体，欧洲授权同族 EP2215124B1 保护范围与日本类似，保护范围均比较大。2020 年 4 月和 2019 年 7 月，Sanofi 在日本和德国败诉，Praluent ® 被要求退出日本、德国市场。中国授权同族专利 ZL200880113475.4 保护的是限定到具体抗体 CDR 序列的范围，因此，目前 Sanofi 在中国不侵犯 Amgen 的专利权，Praluent ® 也于 2019 年在中国获批上市。

与抗原表位限定抗体类似，竞争结合、参数或功能性限定等也属于保护范围大的权利要求类型。这类专利一旦获得授权，就具有强排他性，因此，FIC 企业往往倾向于相对早地提出申请，并要求保护大范围的权利要求。一方面，相对早地提出申请，在审查过程中可用于评价权利要求新颖性、创造性的现有技术就较少，有可能获得较大的权利要求保护范围。另一方面，由于权利要求的保护范围较大，例如想要覆盖某个靶点或某项技术平台，而专利说明书中提供的实验方案、实验数据可能不足以支持权利要求保护范围，这成为可能的无效理由，例如前述的 PCSK9 案。

因此，假使在 FTO 尽调过程中遇到这种情况，需要关注在审专利申请可能获得的授权范围、已授权专利的无效可能性，预估药品上市后的专利风险。针对不同等级的专利风险，采取不同的应对策略，辅助企业的立项决策和开发策略。而 PCSK9 案在美国的诉讼备受关注的主要原因也在于，其可能指示类似专利存在的情况下，专利持有人的药品和竞争对手的药品在美国市场的竞争格局。毕竟，各方的利益和诉求不同，对于最早研发新靶点、新技术平台的企业而言，他们承担了高风险、付出了高成本，期望通过专利垄断市场足够长的时间来获得收益；对竞争对手而言，虽然市场上同类产品多可能导致价格下降，但他们仍然期望尽早进入并共享市场。

此外，业界知名的专利诉讼还有抗 PD－1 抗体案（BMS and Ono Pharmaceutical v. MSD）、CAR－T 案（BMS v. Gilead）、基因编辑案（Broad Institute/Feng zhang v. UC group/University of Vienna and Emmanuella Charpentier/Jennifer Doudna）等。其中，CAR－T 案（BMS v. Gilead）的涉案专利为 US7446190B2，Juno 公司（后被 BMS 收购）于 2013 年获得该专利授权。2017 年 9 月，Juno 向 Kite 公司（后被 Gilead 收购）提起侵权诉讼，认为 Kite 获批的细胞治疗产品 Yescarta® 使用了其专利中靶向 CD19 的 CAR－T 技术，Kite 反诉该专利无效。2019 年 12 月，地方法院判定 BMS 胜诉，并认为 Gilead 的侵权是主观故意的，需要赔偿 12 亿美元。2021 年 8 月，CAFC 推翻地方法院判决，认为专利中靶向 CD19 的 CAR－T 技术中的"特异性 scFv"是数以万计的，不满足书面描述的要求，相关权利要求无效，Gilead 不侵权。BMS 不服，上诉至美国联邦最高法院，但最高法院在 2022 年 7 月时拒绝了 BMS 的再审请求。该案以 Gilead 不侵权画上句号。

2. 仿制药

当企业选择开发仿制药时，需要明确原研药的专利到期时间，以及各国对于药品给予的行政保护期限，以判断仿制药能够上市的时间，进而决定企业的开发策略。

对于原研药的专利到期时间，通常考虑如下几方面：

1）专利类型：包括但不限于化合物/产品专利、制剂专利、工艺专利、联用专利、给药方案专利。

在中国，在国家药监局发布了关于实施《药品专利纠纷早期解决机制实施办法（试行）》相关事宜的通告（2021 年第 46 号）后，这些专利中的部分可以通过中国上市药品专利信息登记平台（https：//zldj. cde. org. cn/home）查询获得。平台登记的专利类型包括：化学药品（不含原料药）的药物活性成分化合物专利、含活性成分的药物组合物专利、医药用途专利；中药的中药组合物专利、中药提取物专利、医药用途专利；生物制品的活性成分的序列结构专利、医药用途专利。需要注意的是，化学药中间体、代谢产物、晶型、制备方法、检测方法等的专利不登记在平台上。

在美国，橘皮书（https：//www. accessdata. fda. gov/scripts/cder/ob/）登记有上市化学药的专利，类型包括：药物专利（drug substance patents）、药品专利（drug product patents）、使用方法专利（method－of－use patents），如果没有上述与上市产品相对应的专利，也要求明示不存在专利的事实。需要注意的是，中间体、代谢产物、工艺、包装专利不登记在橘皮书中。而生物类似药可以通过专利舞蹈①解决可能的专利诉讼问题。2021 年 7 月起，紫皮书（https：//purplebooksearch. fda. gov/）公布部分生物产品许可申请人（BLA 持有人）向 FDA 提供的某些获得许可的生物产品的专利清单。

由以上可知，以中国、美国为例的上市药品专利登记平台均只登记部分专利，目的是在仿制药上市前，尽量解决专利纠纷，使仿制药在原研药专利到期后能尽快上市。但是，正因为不是所有的原研药相关专利都会登记在平台上，仿制药上市后仍然可能对一些未登记在平台上的原研药专利发生侵权并引发诉讼，因此企业需要在立项时，就对仿制药上市后可能面临的侵权风险进行全面尽调，以行评估。

2）专利保护期的特殊制度：通常包括针对专利由于审查流程导致的延误给予补偿，和由于药品审批流程导致的延迟给予补偿。由于这些制度的适用条件、保护期限和保护效力均相对复杂，以下仅简单说明。

在美国，针对专利本身，有专利权期限调整（PTA），PTA 由法条 35 U. S. C. 154（b）规定，旨在补偿专利因审查授权流程导致的延误。同时，PTA 计算后得到的专利权期限终止日受到期末放弃（Terminal Disclaimer，TD）的限制。如果一件专利递交了 TD，且获得了 PTA 延长，那么该专利 PTA 调整后的终止日不得超出 TD 设定的终止日。针对上市药品，其有资格获得专利期限延长（PTE），PTE 由法条 35 U. S. C. 156 规定，旨在补偿药品上市行政审批程序导致的延误。如果获批的药品被多项专利保护，申请人可以针对该药品提交多份 PTE 申请，美国专利商标局（USPTO）将要求申请人选择一项专利进行延期。这项专利延长的时间不超过 5 年，同时，药品获批后剩余的专利保护期限加上 PTE 不超过 14 年。需要指出，一件药品专利的保护期可以同时享有 PTE 和 PTA，PTE 在 PTA 和 TD 调整后的专利到期时间的基础上累计。

在中国，新专利法修正后新增了类似美国 PTA 和 PTE 的制度，对发明专利审查延迟的专利权期限进行补偿；以及对在中国获批的新药的药品专利权期限进行补偿，补偿期限不超过 5 年，新药批准上市后总有效专利权期限不超过 14 年。在 2023 年 12 月 11 日通过的《中华人民共和国专利法实施细则》和《专利审查指南 2023》将于 2024 年 1 月 20 日施行，也对专利权期限补偿的适用条件、效力等进行了明确规定。

在欧洲，1992 年通过的第 1768/92 号条例提出了药品补充保护证书制度，以 SPC 的形式补偿欧洲行政审批导致的延误。SPC 有效期不得超过 5 年并且首次批准上市后总有效专利权期限不超过 15 年。此外，儿童用药的 SPC 可多延 6 个月。

总而言之，在专利制度下，中国、美国的专利本身的保护期限可能超过 20 年，而专利本身的保护期限届满后，中国、美国、欧洲、日本等还可能有针对获批创新药及

---

① 根据《生物制品价格竞争与创新法案》（Biologics Price Competition and Innovation Act，BPCIA）的规定，生物类似药申请人在向美国 FDA 申请报批的过程中，可以通过"专利舞蹈"的程序与原研药企业把相关专利问题交涉清楚，目的是在生物类似药上市前就解决相关专利纠纷。专利舞蹈的程序相对复杂，包括信息交换程序、专利范围谈判与诉讼及上市前通知，但不属于强制性程序。

其新增适应证等的保护期限的进一步延长。此外，还需要考虑各国针对创新药的临床试验数据予以的行政保护（data exclusivity）。在美国，新化学实体（NCE）有 5 年的独占期，在"NCE - 1 日"，如果仿制药企提起仿制药 NDA 申请（Abbreviated New Drug Application，ANDA），将是后期获得 180 天首仿独占期的先决条件；孤儿药（ODE）有 7 年的独占期；儿科用药（PED）的独占期是在现有专利/独占期基础上延长 6 个月；对于新给药途径、新适应证等的新临床研究给予的独占期是 3 年；生物制品给予 12 年的独占期。在欧洲，化药和生物制品的数据独占期为 10 年，如果增加新的适应证则延长 1 年。因此，综合考虑原研药的专利保护期限及其是否延长，延长的效力，以及市场独占期，是判断仿制药可上市时间的重要考量。

以下通过艾地骨化醇软胶囊案来说明中国药品专利纠纷早期解决机制下仿制药上市的考虑因素。该案是新专利法实施后首例药品专利纠纷早期解决机制案。原研药企为中外制药株式会社，艾地骨化醇软胶囊于 2020 年 12 月获批上市。仿制药企温州海鹤药业有限公司（以下简称温州海鹤）和四川国为制药有限公司（以下简称四川国为）采用了不同的策略来规避原研药企的专利风险。温州海鹤的具体情况如下：

> 2021年7月，中国的药品专利纠纷早期解决机制落地实施。
>
> 2021年7月13日，原告中外制药株式会社（艾地骨化醇软胶囊的专利权和上市许可持有人）以"含活性成分的药物组合物专利"类型在中国上市药品专利信息登记平台登记上市药品专利ZL200580009877.6（发明名称为"ED-71制剂"，专利保护期至2025年2月6日）。
>
> 2021年8月，被告温州海鹤向国家食品药品监督管理局提出艾地骨化醇软胶囊仿制药上市许可申请，针对中外制药株式会社在平台登记的专利信息作出第4.2类声明，即认为其仿制药未落入相关专利权保护范围。
>
> 2021年11月8日，原告依据《专利法》第76条的规定向北京知识产权法院提起诉讼，请求法院确认被告申请注册的仿制药落入ZL200580009877.6保护范围。
>
> 2022年4月15日和2022年8月5日，北京知识产权法院和最高人民法院分别作出一审和终审判决，均认为被告的仿制药与原告持有专利所保护的技术方案既不相同，也不等同，因此未落入该专利权保护范围。

而四川国为在 2021 年 7 月提交仿制药品上市许可申请时作出的专利声明为一类声明，即原研药没有相关专利，按照药监局公示的受理日期 2021 年 7 月 16 日，推测四川国为在提出申请时尚未看到原研药企登记的专利。但四川国为在 2022 年 6 月 8 日提交了针对 ZL200580009877.6 的母案 ZL200910222811.5 的无效请求，2021 年 12 月 30 日国家知识产权局作出了第 53498 号无效决定书宣告该专利全部无效。

ZL200910222811.5 的权利要求 1 为"抑制在制剂中包含的（5Z，7E）-（1R，2R，3R）-2 -（3 - 羟基丙氧基）-9，10 - 断胆甾 -5，7，10（19）- 三烯 -1，3，25 - 三醇降解的方法，所述制剂包含油脂；通过加入抗氧化剂来抑制（5Z，7E）-（1R，2R，3R）-2 -（3 - 羟基丙氧基）-9，10 - 断胆甾 -5，7，10（19）- 三烯 -1，3，25 - 三醇降解为 6E -（1R，2R，3R）-2 -（3 - 羟基丙氧基）-9，10 - 断胆甾 -5（10），6，8（9）- 三烯 -1，3，25 - 三醇和/或（5E，7E）-（1R，2R，3R）-2 -（3 - 羟基丙氧基）-9，10 - 断胆甾 -5，7，10（19）- 三烯 -1，3，25 - 三醇，使得在遮蔽下室温保

存 12 个月后产生的 6E - （1R, 2R, 3R）-2 - （3 - 羟基丙氧基）-9, 10 - 断胆甾 -5 （10）, 6, 8 （9）- 三烯 -1, 3, 25 - 三醇和/或 （5E, 7E）-（1R, 2R, 3R）-2 - （3 - 羟基丙氧基）-9, 10 - 断胆甾 -5, 7, 10 （19）- 三烯 -1, 3, 25 - 三醇的量为 1% 或更少。"

ZL200580009877.6 的权利要求 1 为 "一种制剂，其包含：（1）（5Z, 7E）-（1R, 2R, 3R）-2 - （3 - 羟基丙氧基）-9, 10 - 断胆甾 -5, 7, 10 （19）- 三烯 -1, 3, 25 - 三醇；（2）油脂；和（3）抗氧化剂；其中，加入所述抗氧化剂用于抑制 （5Z, 7E）-（1R, 2R, 3R）-2 - （3 - 羟基丙氧基）-9, 10 - 断胆甾 -5, 7, 10 （19）- 三烯 -1, 3, 25 - 三醇降解为 6E - （1R, 2R, 3R）-2 - （3 - 羟基丙氧基）-9, 10 - 断胆甾 -5 （10）, 6, 8 （9）- 三烯 -1, 3, 25 - 三醇和/或 （5E, 7E）-（1R, 2R, 3R）-2 - （3 - 羟基丙氧基）-9, 10 - 断胆甾 -5, 7, 10 （19）- 三烯 -1, 3, 25 - 三醇，经遮蔽、室温保存 12 个月后产生的 6E - （1R, 2R, 3R）-2 - （3 - 羟基丙氧基）-9, 10 - 断胆甾 -5 （10）, 6, 8 （9）- 三烯 -1, 3, 25 - 三醇和/或 （5E, 7E）-（1R, 2R, 3R）-2 - （3 - 羟基丙氧基）-9, 10 - 断胆甾 -5, 7, 10 （19）- 三烯 -1, 3, 25 - 三醇的量为 1% 或更少。"

两家仿制药企针对原研药专利的策略是不同的。温州海鹤采取了 "仿制药产品不落入原研专利权保护范围" 的策略，即，在开发的时候规避原研药专利，在仿制药申报的时候作出第 4.2 类声明，但是现行药品专利早期纠纷解决机制下，要求仿制药企提供相关技术资料给行政机关和原研药上市许可持有人，以证明不落入。一方面，这对仿制药的开发策略提出要求，仿制药企需要开发出既能规避原研药专利又符合药品申报要求的仿制药；另一方面，在提交技术资料给原研药企的时候，既需要满足原研药企足以判定仿制药是否落入其专利保护范围的标准，又要兼顾保护仿制药的技术秘密。四川国为采取了无效原研药专利的策略，这要求仿制药企对原研药专利稳定性的准确预判，即，哪些专利的稳定性是相对低的，这类专利如果可以通过无效来免除后期风险，就不需要在仿制药开发的过程中进行规避设计；哪些专利的稳定性是高的，这类专利如果预计无法被无效掉，则需要考虑在仿制药开发过程中进行规避设计，如果无法规避，可能需要重新考虑是否还针对该仿制药进行开发，或者先行获批但延后上市时间。该案例体现出知识产权人员需要在企业开发仿制药过程中尽早、全面地进行 FTO 尽调，针对不同的专利风险设计不同的处置方式，以及在何时进行风险处置。这将辅助企业的商业决策，包括该仿制药是否被立项开发、采取何种开发路径、何时申报以及预计最早能获批上市的时间等。

关于药品专利纠纷早期解决机制中的 "首仿独占期"，2024 年 1 月 2 日，国家药监局官网显示，正大天晴研发的国内首仿依维莫司片获批上市，是 "首仿获批 + 首个挑战专利成功" 获得 12 个月市场独占期的产品，为国内仿制药企业提供了参考。

6.1.2 根据药品的不同开发阶段的 FTO 分析

药品从研发到上市需要经历多个阶段，创新药包括立项、分子发现、CMC/制剂、临床前研究、IND 申报、临床研究、NDA 申报；仿制药包括立项、CMC/制剂，其中，仿制药需要满足 BE（生物等效性）一致性研究标准，生物类似药还需要进行验证性临床研究。仿制药的研发路线相对比较成熟，相对能够较好地预判研发成功率，因此可以在立项时就尽可能完成全面 FTO 尽调。而创新药能否成功上市面临较大的不确定性，可以选择在不同的阶段针对不同的方面进行 FTO 尽调。

1. 立项和分子发现阶段

对于化药，除了从头设计外，针对已有药物结构进行改造也是常规思路，但改造后的药物在活性、选择性、生物利用度、DMPK、药效、安全性方面往往难以预测，需要实验验证。这种针对已有药物改造获得的候选分子，早期需要进行分子结构、晶型、盐、中间体、合成工艺等方面的 FTO 尽调，必要时，还需要关注是否有可能侵权的适应证专利。

对于生物药，除了关注靶点或平台专利风险（如前第一部分中所述），还需要针对不同的情况进行 FTO 尽调，例如，多肽和融合蛋白类药物的各组成部分及其连接顺序、小核酸类药物的递送载体及靶序列、基因治疗药物的序列元件、细胞治疗药物的胞内和胞外组成部分、突变位点等。而对于抗体类药物，如果是通过动物免疫、建库筛选获得的新序列，序列的获得具有随机性，因此，一般不会落入其他抗体药物的序列专利的保护范围，但需要关注表位、参数、功能等限定的专利。

以下以埃克替尼（Icotinib）为例进行说明。

厄洛替尼（Erlotinib）是辉瑞开发的一种靶向人表皮生长因子（EGFR）的酪氨酸酶抑制剂，2004 年获 FDA 批准用于治疗至少一次化疗失败后的局部晚期或转移性非小细胞肺癌（NSCLC），2006 年在中国获批，属于一代 EGFR - TKI 靶向药物。埃克替尼是贝达药业开发的同类药物，2011 年在中国获批上市，用于 NSCLC 治疗。从化合物结构（见图 6 - 1）看，两者较为相近，厄洛替尼的侧链为开环，埃克替尼的侧链为闭环。

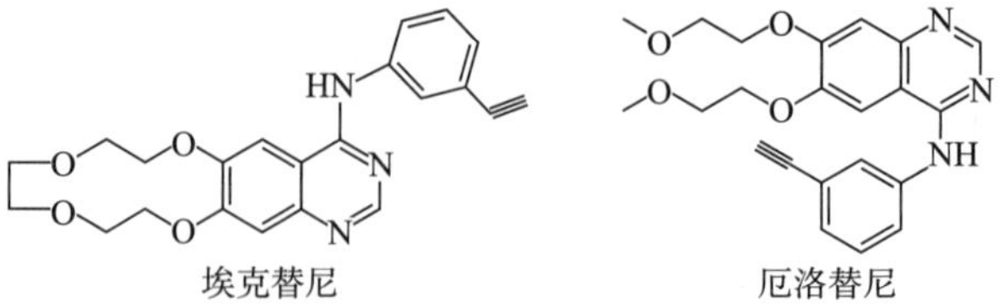

埃克替尼   厄洛替尼

图 6 - 1 两种化合物的结构

辉瑞在 1996 年提交了厄洛替尼的化合物专利 WO1996030347A，进入中国后，在 2001

年获得了授权 CN1066142C，该专利已经在 2016 年到期。贝达药业针对 CN1066142C 的授权范围进行了规避设计，获得了埃克替尼，并在 2003 年提交了埃克替尼的化合物专利 WO2003082830A，进入中国后，在 2007 年获得授权 CN1305860C。埃克替尼在药代动力学和活性方面都较之厄洛替尼有所下降，但仍然是成功规避专利风险并成功上市的创新药，而厄洛替尼的仿制药则需要等到原研专利到期后才能上市，埃克替尼作为创新药更早地进入了市场。

类似地，成都康弘开发的康柏西普（Conbercept）是一种抗血管内皮生长因子（VEGF）融合蛋白，也属于"Fast Follow"创新药的代表，成功规避了再生元的阿柏西普（Afibercept）专利，2014 年在中国上市，目前在美国进行Ⅲ期临床试验。

而对于仿制药而言，往往需要等待分子专利到期，或通过无效原研的分子专利尽早上市。

以下以司美格鲁肽为例进行说明。

司美格鲁肽（Semaglutide）又称索马鲁肽，是诺和诺德公司研发的一种胰高血糖素样肽（GLP-1）受体激动剂，2018 年、2019 年分别获 FDA 批准其注射剂、口服制剂用于治疗成人 2 型糖尿病，2021 年减肥的适应证在美国也获批。同年，司美格鲁肽获批在中国用于 2 型糖尿病的治疗，减肥的适应证也在审评审批中。司美格鲁肽是目前全球最畅销的降糖药物之一，兼具减重、降压等作用，2022 年全球销售额已达 109 亿美元。

司美格鲁肽的化合物专利是 WO2006097537A，中国授权同族为 CN101133082B，预计 2026 年 3 月 20 日到期，授权范围涵盖司美格鲁肽及其药物组合物、制备治疗或预防 2 型糖尿病、肥胖、血脂障碍等的适应证。多个仿制药企对分子专利提起了无效，但该专利仍维持有效。后经中美华东医药于 2021 年提起的无效，国家知识产权局于 2022 年 9 月 5 日判定该专利全部无效（第 57950 号），理由为"当权利要求请求保护具体化合物，而说明书仅记载了从通式化合物中筛选具有某种优良技术效果的目标化合物的具体筛选方法，并未结合所述筛选方法公开通式所包含的任一化合物的实验结果数据，且依据现有技术难以确认该具体化合物具备所述优良技术效果的情况下，申请人补充提交的实验数据证明的该具体化合物所具有的相应技术效果属于难以从原始申请文件公开的内容中得到的技术效果"，从而全部权利要求不具备《专利法》第 22 条第 3 款规定的创造性。诺和诺德不服，向北京知识产权法院提起上诉。

2023 年 11 月，无效决定被法院撤销（北京知识产权法院（2023）京 73 行初 1324 号行政判决书），理由为"针对在 db/db 小鼠中的相应效果，说明书中既对该技术效果作了明确的记载（即'至少 24 小时的作用持续时间'），亦记载了其对应的技术方案（即通式化合物）。虽然该技术效果未被具体记载为司美格鲁肽的技术效果，但在司美格鲁肽为通式化合物保护范围内的具体化合物的情况下，可以合理推知其亦应具有这一技术效果""虽然说明书中并未给出司美格鲁肽在以 30nmol/kg 剂量施用给 db/db 小鼠后的作用持续时间的具体实验数据，但专利权人可通过补交实验数据的方式予以证明"。可以看出，一方面，原研药企期望通过在专利中不披露具体化合物的效果数据来延迟其上市药物分子结构的暴露，另一方面，这种对效果数据的隐藏可能导致专利的稳定性降低，给仿制药企提供了可能的无效空间。而仿制药企在 FTO 尽调过程中，对这类专利的无效前景的全面、合理评估，也是必要的工作。

而在 Sun Pharma. v. Incyte（Fed. Cir. 2023）案中，则体现了在美国进行 505（b）（2）申报的药品的分子结构设计和专利申请的思考。Ruxolitinib 是 Incyte/Pfizer 公司的重磅 JAK1/JAK2 拮抗剂，用于治疗骨髓纤维化等免疫性疾病。Sun Pharma 针对 Ruxolitinib 进行氘代设计获得了 deurolitinib（CPT-543），在美国作为 505（b）（2）产品申报并获得了 FDA 授予的突破性疗法和快速通道资格，申请并获得了专利 US9249149B2 的授权。Incyte 通过 IPR 复审程序将该专利以显而易见无创造性的理由无效。2023 年 8 月，CAFC 维持了美国专利商标局专利审判和上诉委员会（PTAB）的无效判决。这种情况下，一方面，Sun Pharma 对于 deurolitinib 的 505（b）（2）申请受到了 Incyte 专利的限制；另一方面，deurolitinib 也失去了自身重要的专利保护。

2. CMC 和制剂阶段

当获得候选分子后，将进入包括生产工艺、杂质研究、质量研究及稳定性研究等的药学研究（Chemical Manufacturing and Control，CMC）阶段，以获得工艺和成本可控、活性和储存稳定、能够商业化的制剂为目的。这个阶段也需要进行 FTO 尽调，包括制剂的组分、性质、制备、参数等，以明晰是否有需要无效、规避或需要并可能获得许可的专利。

仍然以司美格鲁肽的口服制剂专利为例进行说明。

司美格鲁肽有多个制剂专利，保护期限分别至 2031 年、2033 年。2022 年，吉林慧升、华东制药分别提起了对其口服制剂专利 CN105963685B、CN107812181B 的无效。

CN105963685B 的权利要求 1 保护"用于口服给药的固体组合物，包含 GLP-1 激动剂和 N-(8-(2-羟基苯甲酰)氨基)辛酸盐，其中所述 GLP-1 激动剂的量为 5 至 20mg，并且所述 GLP-1 激动剂为 N-ε26-[2-(2-{2-[2-(2-{2-[(S)-4-羧基-4-(17-羧基十七酰基氨基)丁酰基氨基]乙氧基}乙氧基)乙酰基氨基]乙氧基}乙氧基)乙酰基][Aib8，Arg34] GLP-1（7-37）；所述 N-(8-(2-羟基苯甲酰)氨基)辛酸盐是 N-(8-(2-羟基苯甲酰)氨基)辛酸钠（SNAC），并且所述 SNAC 的量为 300mg"。CN107812181B 的权利要求 1 保护"包含第一类型颗粒和第二类型颗粒的药物组合物，其中所述第一类型颗粒由 N-(8-(2-羟基苯甲酰)氨基)辛酸钠、硬脂酸镁、微晶纤维素组成，其中所述第二类型颗粒由 GLP-1 肽、微晶纤维素、聚维酮组成"。前者限定了司美格鲁肽的分子结构，保护限于活性成分为司美格鲁肽的口服制剂；后者涵盖任意的 GLP-1 作为活性成分的特定组分的口服制剂，并且未限定各组分含量，保护范围更宽。

　　当企业选择开发司美格鲁肽仿制药时，如果想在制剂专利到期前提早上市，针对这两项专利，需要进行无效或者规避设计。需要注意，专利 CN105963685B 有 22 项权利要求，从属权利要求对黏合剂、填充剂、赋形剂等的种类和含量做了进一步限定，如果选择规避设计，需要考虑全部权利要求的保护范围，并仍然符合仿制药的申报要求。专利 CN107812181B 未限定各组分含量，似乎无法规避，只能选择进行无效。2021年 6 月 1 日新专利法实施后，对于之后获批的新药或新增适应证，都有可能获得专利保护期限的延长，如果仿制药企无法无效专利也无法规避专利，还需要关注原研药可能获得的专利延期。

　　当企业选择开发 GLP‑1 创新药时，因为专利 CN105963685B 限定了活性成分为司美格鲁肽，所以不需要关注该专利。对于专利 CN107812181B，如果仍然使用了由SNAC、硬脂酸镁、微晶纤维素组成的第一颗粒和由 GLP‑1 肽、微晶纤维素、聚维酮组成的第二颗粒的组合物，仍然落入该专利的保护范围。如果预计自己的创新药在专利 CN107812181B 到期前能够上市，需要考虑在合适的时间对该专利提起无效，或者在制剂开发的时候就进行规避设计。

　　CMC 阶段往往对商业化生产有重要的指导作用，合成、生产工艺基本确定，因此，如果是化药，需要针对原料药、中间体、前药（如果有）等进行 FTO 尽调；如果是生物药，例如抗体的制备一般是常规的，但也需要关注是否存在侵权风险。

　　以伊马替尼中间体的案例为例。甲磺酸伊马替尼（格列卫®）是诺华开发的用于治疗慢性髓性白血病的药物，化合物专利是 CN1043531C，2013 年届满。2007 年，诺华通过购买重庆新原兴生产的氢化物（氨基物）、哌嗪苯甲酸（伊马替尼的中间体），提起对该公司的侵权诉讼。法院认为，新原兴虽然没有销售哌嗪苯甲酸给其他公司制备伊马替尼，但在网站明确说明哌嗪苯甲酸是制备伊马替尼的中间体，尽管该中间体并未直接落入诺华的专利保护范围，但制造、销售或许诺销售该中间体必然导致买受人实施侵犯专利权的行为，诱导了直接侵权的发生，因而仍然构成间接侵权（（2008）渝高法民终字第 230 号判决）。

　　以托珠单抗的专利舞蹈为例。2023 年 7 月，Roche 公司与子公司 Chugai 对 Biogen公司提起专利侵权诉讼，指控 Biogen 在 FDA 审批中的抗 IL‑6R 单抗生物类似药侵犯原研产品 Actemra® 共计 20 项专利权。其中，US7332289B2 保护了去除抗体中污染DNA 的方法。US8512983B2 保护了在表达多肽的哺乳动物宿主细胞中产生多肽的方法，包括在培养物的生产过程中，在含有天冬酰胺的无谷氨酰胺生产培养基中培养哺乳动物宿主细胞，并以 7.5mM 至 15mM 的浓度加入天冬酰胺。这两项专利的权利要求都没有限定任何抗体靶点，更没有限定托珠单抗的序列。US11136610B2 保护了托珠单抗的糖基化修饰的优势糖型。可见，当企业决定开发生物类似药时，对原研专利，例如上述的细胞表达系统、杂质去除方法、抗体的糖基化修饰或多级结构等，均需要进行FTO 尽调，明确无效原研专利还是规避设计的策略。

3. 临床前和临床研究阶段

在 CMC/制剂开发的同时或稍后，候选药物进入临床前研究阶段，该阶段通常包括使用小鼠、猴等动物模型，对候选药物的药效、药代动力学的进一步研究，以提供数据辅助候选药物进入临床开发。临床研究通常需要经过 I 期、II 期、III 期研究，以提供临床试验数据用于药物申报上市。在获得拟开发的适应证、患者类型、给药方案、药物联用等信息后，知识产权部门就可以进行 FTO 尽调，以预判药物上市后的风险。提早预判风险，能帮助企业决策是否对临床方案进行规避设计，或无效专利、寻求许可/谈判。否则，等待药物的临床研究完成时，适应证、患者类型、给药方案、药物联用等已经无法更改，可能面临上市后侵权或需要延迟药物上市。

需要注意的是，专利法中的"Bolar 例外（Bolar exception）"豁免了药品专利到期前，未经专利权人的同意而进口、制造、使用专利药品进行试验，以获取药品管理部门所要求的数据等信息的行为。关于给药频次、给药顺序、给药剂量的给药方案，在中国受限于《专利法》第 25 条第 3 款规定，属于疾病的诊断和治疗方法的技术方案，不能被授予专利权，但在美国、日本、欧洲，均可以通过调整权利要求的撰写方式获得授权。新增适应证、药物联用，在各国都是能够获得授权的技术方案。

以下通过 BMS 公司（Bristol‑Myers Squibb Co.）对 PD‑1/PD‑L1 抗体布局在临床阶段的专利 WO2013173223A 进行说明。下面示例性地列出专利 WO2013173223A 的部分美国同族的授权范围：

US9856320B2 的权利要求 5 保护"治疗患有癌症的人类受试者的方法，包括每 3 周给受试者施用 1mg/kg 抗 PD‑1 抗体和 3mg/kg 抗 CTLA‑4 抗体，共 4 次，随后以每 2 周一次的给药频率单独施用抗 PD‑1 抗体"。

US10323092B2 的权利要求 1 保护"治疗有人类晚期非小细胞肺癌（NSCLC）肿瘤的方法，包括每 2 周向所述受试者施用约 10mg/kg 的抗 PD‑L1 抗体，其中所述抗 PD‑L1 抗体在 60 分钟输注期间静脉内施用；所述受试者被预先化疗和放疗；并且所述肿瘤中至少 1% 的肿瘤细胞表现出膜 PD‑L1 表达"。

US10266595B2 的权利要求 1 保护"治疗有需要的人类受试者的肿瘤的方法，包括向所述受试者施用治疗有效量的抗 PD‑L1 抗体；所述抗 PD‑L1 抗体通过 60 分钟输注静脉内给药；所述肿瘤来自输尿管的癌症，并且所述肿瘤对基于铂的化疗是难治的"。

这些美国同族均在 2033 年后届满失效，由于 BMS 公司的抗 PD‑1 抗体 nivolumab（Opdivo®）的序列专利尚未过期，因此暂无企业开发其生物类似药，但是这些专利仍然影响了一些开发抗 PD‑1/PD‑L1 抗体的创新药企。这是因为，这些专利的授权范围没有限定抗体的具体序列，涵盖了任意的抗 PD‑1 抗体（或其和抗 CTLA‑4 抗体的联用）、抗 PD‑L1 抗体。因此，当其他公司使用了这些专利中的给药方案或药物联用方案时，即便药物结构与 nivolumab 不同，也落入这些专利的保护范围。

阿斯利康（Astra Zeneca Pharmaceuticals）公司开发的抗 PD‑L1 单抗 durvalumab

（Imfinzi ®）在 2017 年获 FDA 批准在美国上市。2022 年 3 月，BMS 基于 US9580507B2、US10323092B2、US10232040B2、US10266595B2、US10138299B2、US8779108B2、US10308714B2、US9580505B2、US10266596B1、US10266594B1 向阿斯利康提起侵权诉讼，而阿斯利康也针对 US10323092B2 等提起了无效程序，目前案件在审中。该 PCT 专利的欧洲同族撤回；日本同族的授权范围限定了抗 PD－1 抗体为 O 药（nivolumab），或限定了抗 PD－L1 抗体的具体序列，同时还有分案在审；中国的三项同族公开或在审，其中母案在实审阶段被驳回后进入复审程序，因此，目前 BMS 还未就该 PCT 在中国、日本引发专利诉讼，需要关注后期的审查进展。该 PCT 专利是头部药企在临床阶段进行的专利布局的典型代表。

4. 申报上市和上市后

候选药物在进入申报上市阶段时，还需要关注对药品说明书记载内容的 FTO 尽调，例如适应证或患者用药方案。在不同的国家或地区上市销售，需要结合该销售国或地区的知识产权法律法规。

以下通过尼罗替尼案（诺华 v. 苏州特瑞）来说明。

尼罗替尼（Nilotinib）是诺华开发的治疗慢粒细胞白血病的药物，2022 年全球销售额近 20 亿美元，其在中国的化合物专利于 2023 年届满。2021 年，苏州特瑞药业针对其开发的尼罗替尼仿制药，在上市许可申请中作出第 4.1 类声明，即认为诺华的 ZL200680026444.6（CN101228151B，预计 2026 年届满）、ZL201080051819.0（CN102612368B，预计 2030 年届满）应当被无效。之后，专利 CN101228151B 被无效，专利 CN102612368B 维持有效。苏州特瑞提起行政诉讼，而诺华则针对该专利向北京知识产权法院发起确认是否落入专利权保护范围的诉讼。

ZL201080051819.0 保护"作为一水合物的 4－甲基－N－［3－（4－甲基－咪唑－1－基）－5－三氟甲基－苯基］－3－（4－吡啶－3－基－嘧啶－2－基氨基）－苯甲酰胺的盐酸盐在制备用于治疗慢性粒细胞白血病的药物中的用途，其中所述的作为一水合物的 4－甲基－N－［3－（4－甲基－咪唑－1－基）－5－三氟甲基－苯基］－3－（4－吡啶－3－基－嘧啶－2－基氨基）－苯甲酰胺的盐酸盐和可药用载体分散在苹果酱中"。

诺华认为，苏州特瑞在其申报的药品说明书中明确教导吞咽困难患者在服药前可进行尼洛替尼胶囊内容物和苹果酱的混合操作，积极诱导医护人员或患者实施权利要求 1 保护的完整技术方案的行为，构成了教唆型帮助侵权行为。2022 年，北京知识产权法院作出判决，认为权利要求 1 中的"其中"应理解为"药物中"，"分散"是制备药物过程中的行为，而非服药过程中的行为。即权利要求 1 应理解为被制备的药物中包括尼洛替尼、可药用载体、苹果酱三种成分，而非仅包括尼洛替尼、可药用载体两种成分。基于这样的解释，原研药本身也不落入权利要求 1 的保护范围，该专利不属于《专利法》第 76 条中规定的"与申请注册的药品相关的专利"，诺华无权提起该确认落入保护范围之诉（（2022）京 73 民初 208 号）。

该案中，在药品说明书中记载患者将苹果酱与尼洛替尼混合同服，能改善患者吞咽困难的感受，提高患者的依从性。但是，这样的记载是否不侵权，需要企业做出合理的判断，并采取相应的处置措施。

又例如 Carvedilol（Coreg®）案（GSK v. Teva（Fed Cir. October 2，2020；Fed Cir. August 5，2021））。

Carvedilol 是 GSK 开发的一种 β 受体阻滞剂，1997 年获 FDA 批准上市，用于治疗高血压和充血性心衰（CHF），橙皮书中仅登记了三项专利 US4503067A、US5760069A、US5902821A。专利 US4503067A 保护 Carvedilol 的化合物及其治疗高血压，专利 US5760069A 保护 Carvedilol 与血管紧张素转化酶抑制剂（ACE）、利尿剂和地高辛中的一种或多种联用，专利 US5902821A 保护 Carvedilol 的特定给药频次和给药剂量的给药方案，三项专利分别于 2007 年、2015 年、2016 年届满。2002 年，Teva 提交了 Carvedilol 的 ANDA 申请，针对专利 US4503067A 作出 Paragraph III 声明（专利到期前不上市），针对专利 US5760069A 和专利 US5902821A 作出 Paragraph IV 声明（不会侵权，专利应当被无效或不可执行）。2003 年，Carvedilol 获批新增适应证心肌梗塞后的左心房功能障碍（Post‐MILVD），但没有在橙皮书中新增与该适应证相关的专利，同时，对专利 US4503067A 申请了再颁（reissue）。2004 年，Teva 的 ANDA 申请获得 FDA 临时性批准。2007 年 9 月，GSK 的专利 US4503067A 失效，Teva 的仿制药上市，其采用了"瘦标签"（Skinny Label）策略，在药品说明书中去除了 CHF 的适应证，仅保留了高血压和 Post‐MILVD。2008 年，GSK 将橙皮书中的专利 US4503067A 替换为其再颁专利 USRE40000E1（2015 年 6 月届满），该专利保护降低 CHF 患者死亡的方法。2011 年，FDA 批准 Teva 可以在 2014 年在 label 中添加 CHF 的适应证。2014 年 7 月，GSK 向特拉华地方法院起诉 Teva 侵犯其专利 USRE40000E1 的专利权，认为 Teva 先是采用了"瘦标签"，后将 CHF 添加到 label 中，属于诱导侵权，使医生的用药行为构成对其专利 USRE40000E1 的直接侵权。地方法院的陪审团作出 Teva 应当赔付 2.3 亿美元的侵权裁决，Teva 提交动议，陪审团的裁决被法院撤销。2020 年，GSK 上诉至 CAFC，CAFC 恢复了地方法院陪审团的裁决。Teva 提起复审，但没有改变 CAFC 的裁决。2022 年 7 月，Teva 向美国联邦最高法院提起再审请求，获得立案受理，目前待决。

该案中，"瘦标签"是在美国上市的仿制药企业常用的规避原研适应证专利侵权的方法，且 Teva 是遵循 FDA 的批准将 CHF 的适应证添加到药品说明书中，因此，该案将给出我国仿制药企业出海美国的方向。

6.1.3　结　语

以上从生物医药领域 FTO 策略的角度进行了分析，尝试为生物医药企业的知识产权工作者提供 FTO 的思路和面对风险时可能的处理方式。然而，生物医药领域 FTO 检索也有特殊性，例如化合物结构、生物序列的检索，往往需要从专业专利库进行检索，包括一些商业化数据库。专利检索的全面性和准确性、权利要求的解读、现有技术和证据的检索分析、无效策略的构建，都是 FTO 工作永恒的主题。最后，也需要认识到，生物医药领域的 FTO 风险并不以无效、规避为唯二的解决方案，和解、许可都是可考虑的，能够帮助产品尽快、风险可控地上市，或许才是 FTO 工作的最终目的。

6.2　信息通信领域的 FTO 分析

信息通信产业是我国重要的战略性新兴产业和高新技术产业，同时也是典型的专利密集型产业[①]。与本章上一节所重点介绍的"生物医药产业"不同，该产业的专利密度较高且专利与标准交织，信息通信产业领域专利类型复杂且软硬件结合、纯软件的专利多见。因此，信息通信产业的 FTO 工作非常重要，并且具有明显的行业特征。第一，信息通信产业标准与专利交织，存在大量标准必要专利，其在 FTO 分析中具有明显的特殊性；第二，因为信息通信产业软硬件结合、纯软件的专利多见，所以信息通信产业需要综合考虑算法的特殊性以及与算法相关的 FTO 分析方法；第三，由于信息通信产业的专利密度较高，特别是相比于生物医药产业等其他产业，需要在全面检索专利、开源软件介绍材料等相关文献，并且在初步检索中尽快识别到具有一定关联性的文献；第四，由于信息通信产业企业集成式创新比较常见，经常采用通信方法步骤的方式保护其创新。下面，针对信息通信产业 FTO 工作的上述四个特点分别对涉及标准必要专利的 FTO 分析、涉及算法的 FTO 分析、涉及开源软件的 FTO 分析以及涉及通信方法的 FTO 分析等情况分别加以介绍。

6.2.1　涉及标准必要专利的 FTO 分析

信息通信产业以实现信息的协同处理作为主要产业方向，因此需要通过推行技术标准来实现信息的互联互通进而能够做到对信息的协同处理。当专利技术被纳入标准，标准必要专利随即产生。标准必要专利，是在标准与专利相结合的背景下被纳入标准的专利，亦即实施技术标准时不可避免要实施的专利（权利要求）[②]。也可以理解为，标准必要专利是指在实施技术标准时必然要被实施的专利，或者说是技术标准中包含

---

① 参见国家统计局，国家知识产权局. 2021 年全国专利密集型产业增加值数据公告［EB/OL］.（2022 - 12 - 30）［2023 - 10 - 10］. https：//www. gov. cn/xinwen/2022 - 12/30/content_5734288. htm.

② 参见 IEEE - SA Standards Board Bylaws，Section 6. 1 Definitions.

的必不可少和不可替代的专利①，如实施技术标准时必然要实施某项专利的某项权利要求，则该权利要求即被称为标准必要专利权利要求②。广东省高级人民法院《关于审理标准必要专利纠纷案件的工作指引（试行）》规定，"本指引所称标准必要专利，是指为实施某一技术标准而必须使用的专利"。国家市场监督管理总局 2023 年 6 月 30 日发布的《关于标准必要专利领域的反垄断指南（征求意见稿）》亦提出，"标准必要专利，是指实施标准必不可少的专利"。由此可见，标准必要专利具有强制性、不可替代性和必然实施性的特点。

涉及标准必要专利的 FTO 分析方法并非将作为 FTO 分析对象的技术点与专利权利要求保护的技术方案进行比对，判断是否构成相同的技术特征和等同的技术特征，而是将作为 FTO 分析对象的技术点与标准进行比对，将标准与相关专利的权利要求进行比对。如前所述，FTO 分析的目标在于，判断作为 FTO 分析对象的技术点加以实施后，是否有侵犯他人在先合法有效的专利权的风险。因此，FTO 分析需要根据专利侵权判定的分析方法进行。众所周知，在一般专利的侵权判定当中，首先分析专利权利要求的保护范围，然后将作为 FTO 分析对象的技术点与权利要求的相应技术特征进行比对，判断相应技术特征是否构成相同或者等同。如果能够全面覆盖权利要求中的全部技术特征（亦即与权利要求中的全部技术特征构成相同或者等同），则具有明确的专利侵权风险。然而，标准必要专利的比对并非将作为 FTO 分析对象的技术点与相关专利的权利要求进行比对，而是需要两步比对：第一步，将作为 FTO 分析对象的技术点与标准进行比对，判断 FTO 分析对象的技术点是否与标准具有紧密关联，如果具有紧密关联则需要进一步判断是否为标准中的必选功能；第二步，如果 FTO 分析对象的技术点涉及标准中的必选功能，需要判断实现该必选功能是否存在标准必要专利。下面围绕这两个步骤探讨具体实务操作的方法。

将作为 FTO 分析对象的技术点与标准进行比对。当我们看到 FTO 分析对象的技术点涉及信息通信产业的互联互通需求时，需要首先检索相关标准。第一，检索的标准范围。如前所述，标准必要专利是指在实施技术标准时必然要被实施的专利，或者说是技术标准中包含的必不可少和不可替代的专利，因此，对于需要开展检索的标准范围应当是强制性标准，既包括国际标准（例如 ETSI 相关标准③、3GPP 相关标准④），

① 王晓晔. 标准必要专利反垄断诉讼问题研究——以华为诉 IDC 案为视角［J］. 中国法学，2015（6）. 转引自王晓晔. 王晓晔论反垄断法（2011～2018）［M］. 北京：社会科学文献出版社，2019（10）：79.

② 参见马海生. 专利许可的原则：公平、合理、无歧视许可研究［M］. 北京：法律出版社，2010：28－30.

③ 欧洲电信标准化协会（European Telecommunications Standards Institute，ETSI）是由欧共体委员会 1988 年批准建立的一个非营利性的电信标准化组织，总部设在法国南部的尼斯。ETSI 的标准化领域主要是电信业，并涉及与其他组织合作的信息及广播技术领域。ETSI 作为一个被 CEN（欧洲标准化委员会）和 CEPT（欧洲邮电主管部门会议）认可的电信标准协会，其制定的推荐性标准常被欧共体作为欧洲法规的技术基础而采用并被要求执行。

④ 3GPP 标准是指以 GSMMAP 核心网为基础，以 WCDMA 为无线接口制定第三代移动通信标准——通用移动电话系统（Universal Mobile Telecommunication System，UMTS），同时负责在无线接口上定义与 ANSl－41 核心网兼容的协议。

也包括国内标准（例如工业和信息化部所发布的产业标准）。同时需要特别注意的是，通信运营商所发布的企业标准（例如中国联合网络通信集团有限公司、中国移动通信集团公司、中国电信集团有限公司所发布的企业标准和白皮书）亦应当作为检索的标准范围。这是因为，信息通信终端需要接入运营商的基站和核心网，因此中国联合网络通信集团有限公司、中国移动通信集团公司、中国电信集团有限公司所发布的企业标准和白皮书通常而言对互联互通的功能实现是必不可少的。特别需要强调的是，如果 FTO 分析仅仅需要判断在我国国内是否具有专利侵权风险，那么鉴于 ETSI 相关标准、3GPP 相关标准等国际标准在我国国内没有直接的强制约束力，需要判断 ETSI 相关标准、3GPP 相关标准等国际标准是否通过我国国内的行业标准以及中国联合网络通信集团有限公司、中国移动通信集团公司、中国电信集团有限公司所发布的企业标准和白皮书转化成为有实质的强制约束力的标准，进而仅仅将在我国国内有实质的强制约束力的标准作为检索的标准范围。第二，检索的标准理解。在检索到相关标准文本后，需要判断标准文本中的必选功能。如前所述，标准必要专利是指为实施某一技术标准而必须使用的专利，因此，需要判断实施技术标准必须实现的必选功能，并基于该必选功能分析相关专利。第三，标准的版本延续。通常而言，一个通信标准具有多个版本。以 3GPP Release 版本为例，最早出现的各种第三代规范被汇编成最初的 99（R99）版本，这就是 Release99 1999 - 12 到 2000 - 03，2001 年 3 月冻结 Release4，2002 年 3 月增加 UTRAN 中的 IP 传输等新特性冻结 Release5，在此之后出现了 Release6、Release7，此后形成 LTE 的第一版协议 Release8 以及之后的 Release9 到 Release14，Release15 阶段在进一步演进 LTE 系统的同时开始了 5G 系统标准化的工作。因此，即便是同一个标准，也存在不同的版本，我们需要在 FTO 分析中检索所有"已冻结"（也就意味着这一版本不再会发生任何变化）的版本。

判断实现必选功能是否存在标准必要专利。如果 FTO 分析对象的技术点涉及标准中的必选功能，需要判断实现该必选功能是否存在标准必要专利。也就是说，如果 FTO 分析对象的技术点涉及标准中的必选功能，需要分析已冻结的版本的标准中必选功能的实现方案，将上述实现方案与 FTO 分析对象的技术点进行比对，判断是否属于实施该标准必不可少、不可回避的专利。这一过程中有三个方面的内容需要特别注意。第一，在初步检索到相关专利后，在标准化组织的（F）RAND 许可声明①中查找标准必要专利权人是否对初步检索到的相关专利披露为标准必要专利。需要特别注意的是，上述仅仅是标准必要专利权人的声明，并非构成标准必要专利的准确判断，在法律实践中标准必要专利声明的"披露不足"和"披露过度"问题并存，标准必要专利权人对初步检索到的相关专利披露为标准必要专利仅仅能够作为判断构成标准必要专利的初步证据。第二，以独立权利要求为基础进行判断，与标准文本进行比对。在比对过

---

① 有些标准化组织称为 FRAND 声明（公平、合理、无歧视的许可声明），有些标准化组织称为 RAND 声明（合理、无歧视的许可声明），通常而言差别不大。

程中，需要特别分析权利要求的技术方案与标准文本中的功能之间的关系。第三，特别关注相关专利的确权程序中对权利要求作出的解释，这将对判断实现必选功能是否存在标准必要专利有重要帮助。

6.2.2　涉及算法的 FTO 分析

信息通信产业的诸多技术点的本质属性在于算法模型与应用场景的结合，以技术算法为基础结合应用场景进行的相关创新，核心是算法创新。包括算法特征的发明专利申请的审查规则变化，使得涉及算法的 FTO 分析需要进行相应的调整。2019 年 12 月 31 日发布的《关于修改〈专利审查指南〉的公告（第 343 号)》，对"包括算法特征或者商业规则和方法特征的发明专利申请"的审查基准进一步调整。根据修改后的《专利审查指南》的规定，对于人工智能技术这类包含算法特征或商业规则和方法特征的发明专利申请，需要从三个方面进行审查，同时这三个方面具有逻辑联系：首先，审查涉案专利申请是否属于专利法意义上的保护客体；其次，审查权利要求是否以说明书为依据，清楚、简要地限定要求专利保护的范围；最后，审查权利要求是否具有新颖性和创造性。此次《专利审查指南》修改强调的是，在上述三个方面的判断上，注重从整体角度考虑"技术特征以及与技术特征功能上彼此相互支持、存在相互作用关系的算法特征或商业规则和方法特征"，从而使得第一个条件（符合保护客体要求）降低，同时提高第二、三个条件，平衡地保护专利申请人和社会公众的利益。

随着包括算法特征的发明专利申请的审查规则的变化，将有越来越多的以技术算法为基础结合应用场景进行的相关创新形成的技术方案纳入专利权保护客体的范围。由此，需要在涉及算法的 FTO 分析中，研究作为 FTO 分析对象的技术点是否属于算法创新，如果属于算法创新则需要对包括算法特征的发明专利文献进行全面检索，并在全面检索的基础上分析是否存在专利侵权风险。分析专利侵权风险的时候，最大的难点在于，如何界定包括算法特征的发明专利权利要求的保护范围，特别是涉及算法的大量专利申请采用功能性特征的撰写方式，在进行专利侵权风险判断时需要考虑功能性特征的认定与解释。例如，某专利文件的权利要求 1 如下："一种红外线传输系统，包括：信号发生装置，用于产生对主机的控制信号；编码装置，用于对信号发生装置产生的控制信号进行编码；红外线调制发射装置，用于对编码后的控制信号调制为红外线信号并发射；红外线接收解调装置，用于对红外线信号接收并解调为编码信号；缓存装置，用于对编码信号进行缓存；接口驱动装置，用于将编码信号传输给主机通信接口。"上述权利要求的技术特征均含有不采用结构特征来定义的，而是采用零部件所起的功能或者所产生的效果来定义的功能性特征，所以构成功能性限定权利要求。

当检索到的专利涉及功能性限定权利要求时，应当根据实施例中实现相关功能必不可少的结构解释权利要求的保护范围，进而在 FTO 分析中判断专利侵权风险。第一，在 FTO 分析中检索到可能涉及功能性限定权利要求的专利，需要首先判断是否构成专利侵权判定中的"功能性特征"。《最高人民法院关于审理侵犯专利权纠纷案件应用法律若干问题的解释（二）》第八条第一款规定："功能性特征，是指对于结构、组分、步骤、条件或其之间的关系等，通过其在发明创造中所起的功能或者效果进行限定的技术特征，但本领域普通技术人员仅通过阅读权利要求即可直接、明确地确定实现上述功能或者效果的具体实施方式的除外。"根据该规定，功能性特征是指不直接限定发明技术方案的结构、组分、步骤、条件或其之间的关系等，而是通过其在发明创造中所起的功能或者效果对结构、组分、步骤、条件或其之间的关系等进行限定的技术特征。如果某个技术特征已经限定或者隐含了发明技术方案的特定结构、组分、步骤、条件或其之间的关系等，即使该技术特征还同时限定了其所实现的功能或者效果，原则上亦不属于上述司法解释所称的功能性特征，不应作为功能性特征进行侵权比对。最高人民法院第 115 号指导案例亦体现了上述观点①。例如，在上诉人北京热刺激光技术有限责任公司、上海容东激光科技有限公司与被上诉人上海嘉定马陆东方激光管厂侵害发明专利权纠纷案②中，涉案专利权利要求 1 明确限定了螺旋型回水管在水套管外环绕，不与储气管直接连接，另一头与水嘴烧接，即已限定了螺旋型回水管的结构和位置。权利要求 1 中的"当水套管（5）和储气管（3）处于不同温度下，而导致它们的轴向膨胀长度不一致，这种轴向膨胀长度不一致能被所述螺旋型回水管（11）的弹性所吸收"系在上述结构限定的基础上对螺旋型回水管功能和效果的进一步描述，不属于上述司法解释中规定的功能性特征，不应作为功能性特征进行侵权比对。

　　第二，在 FTO 分析中检索到可能涉及功能性限定权利要求的专利并且判断构成专利侵权判定中的"功能性特征"的情况下，应当根据说明书及其附图判断哪些技术特征是实现该功能的"必需特征"。《最高人民法院关于审理侵犯专利权纠纷案件应用法律若干问题的解释（二）》第八条第二款规定："与说明书及附图记载的实现前款所称功能或者效果不可缺少的技术特征相比，被诉侵权技术方案的相应技术特征是以基本相同的手段，实现相同的功能，达到相同的效果，且本领域普通技术人员在被诉侵权行为发生时无需经过创造性劳动就能够联想到的，人民法院应当认定该相应技术特征与功能性特征相同或者等同。"亦即，在 FTO 分析中检索到可能涉及功能性限定权利要求的专利并且判断构成专利侵权判定中的"功能性特征"的情况下，应当先结合功能性描述术语、专利审批历史以及说明书实施例的描述确定功能，然后根据说明书以及审批历史的明确记载判断构成实现所述功能"必需特征"的结构，最后判断被诉侵权产品的结构与涉案专利实施例的结构"必需特征"的等同范围，进而得出 FTO 分析意见。

---

① 参见张鹏. 最高人民法院知识产权法庭：发展观察与案例评述［M］. 北京：法律出版社，2020：143.
② 参见最高人民法院知识产权法庭（2019）最高法知民终 26 号民事判决书。

6.2.3　涉及开源软件的 FTO 分析

所谓"开源软件"，即开放源代码（Open source code），亦称为源代码公开，是描述受开源协议（开源许可证）约束，可以通过某种形式被自由使用、复制、修改和再发布的软件/代码。实务中可能存在的错误认识是，开源软件是在著作权法框架下通过许可证体现的开放、自由与共享的方式，在 FTO 分析中不需要考虑开源软件的相关专利侵权风险。这一认识是错误的。开源软件的法律基础是版权许可[①]，开源软件上的专利权并不必然构成许可。

涉及开源软件的 FTO 分析需要首先分析开源许可证，在分析开源许可证的基础上再进行专利侵权的风险判断。例如，APACHE 2.0 许可证[②]的使用权限是免费版权许可 + 免费专利许可 + 作品及衍生品的复制和再分发许可，同时分发衍生作品时，必须以源代码形式附带原作品中的版权、专利、商标声明和出处声明。与之比较，MPL 2.0 许可证[③]和 EPL 2.0 许可证[④]的使用权限是，使用、复制、提供、修改、展示、表演、分发和以其他方式利用作品 + 以制造、使用、销售、许诺销售、定制、进口和以其他方式使用专利的许可，必须保留专利声明等。由此可见，APACHE 2.0 许可证允许免费专利许可，如果在涉及开源软件的 FTO 分析中涉及 APACHE 2.0 许可证，不需要进一步分析专利侵权风险；然而，MPL 2.0 许可证 和 EPL 2.0 许可证的适用仅仅为以制造、使用、销售、许诺销售、定制、进口和以其他方式使用专利的许可，如果在涉及开源软件的 FTO 分析中涉及 MPL 2.0 许可证或者 EPL 2.0 许可证，则需要进一步分析专利侵权风险。

综上所述，如果涉及开源软件的 FTO 分析的技术点涉及开源协议许可证，需要根据开源协议许可证的类型以及这一类型所决定的专利许可范围，判断是否存在专利侵权风险。

6.2.4　涉及通信方法的 FTO 分析

信息通信产业的 FTO 分析中，由于网络通信领域具有互联互通、信息共享、多方协作、持续创新等特点，这就决定了该领域中的绝大多数发明创造的类型为方法专利，且往往只能撰写成为需要多个主体的参与才能实施的方法专利，或者采用此种撰写方

[①]　张平，马骁. 开源软件对知识产权制度的批判与兼容（二）：开源软件许可证的比较研究 [J]. 科技与法律，2004（2）：46-58，93.

[②]　https：//www. apache. org/licenses/LICENSE - 2.0.

[③]　https：//www. mozilla. org/en - US/MPL/2.0/.

[④]　https：//www. eclipse. org/legal/epl - 2.0/.

式能更好地表达出发明的实质技术内容。在网络通信领域撰写的多主体实施方法权利要求，通常被称为"多主体实施通信方法权利要求"。因此，我们在涉及通信方法的 FTO 分析中经常会遇到对多主体实施通信方法权利要求的分析。

多主体实施通信方法权利要求的侵权风险分析需要考虑间接侵权规则和共同侵权规则。多主体实施通信方法权利要求保护的技术方案在实际应用中，往往都是以软件的形式安装在某一硬件设备中，由终端用户在使用终端设备时触发软件在后台自动运行。被诉侵权人也通常将专利方法以软件的形式安装在其制造的被诉侵权产品中，甚至还可以集成其他功能模块，成为非专用设备，并通过对外销售获得不当利益。从表面上看，终端用户是专利方法的实施者，但实质上，专利方法早已在被诉侵权产品的制造过程中得以固化，终端用户在使用终端设备时再现的专利方法过程，仅仅是此前固化在被诉侵权产品内的专利方法的机械重演。对于多主体实施方法权利要求的侵权认定，如果按照专利侵权判断的一般规则，即应当以被诉侵权人所实施的被诉侵权技术方案是否全面覆盖了专利权利要求记载的所有技术特征，作为专利侵权的必要条件，那么，仅仅是制造、销售具备可直接实施专利方法功能的被诉侵权产品的行为将难以被认定为侵害专利权的行为。同时，仅认定被诉侵权人在测试被诉侵权产品过程中实施专利方法构成侵权，不足以充分保护专利权人的利益，因为该测试行为既非被诉侵权人获得不当利益的根本和直接原因，也无法从责令停止测试行为来制止专利方法遭受更大规模的侵害，而专利权人更无权主张虽直接实施了专利方法但并无生产经营目的的终端用户构成专利侵权。由于被诉侵权人制造并销售被诉侵权产品的行为直接导致了专利方法被终端用户所实施，通常会考虑运用专利共同侵权理论和专利间接侵权理论加以规制。亦即，如果多主体之间具有意思联络，则构成共同侵权；如果多主体之间没有意思联络，则不会构成共同侵权，可能构成间接侵权，同时需要考虑"间接侵权以直接侵权为前提"来加以认定。

在上诉人深圳市吉祥腾达科技有限公司与被上诉人深圳敦骏科技有限公司、原审被告济南历下弘康电子产品经营部、济南历下昊威电子产品经营部侵害发明专利权纠纷二审案①中，最高人民法院知识产权法庭认为，涉案专利技术属于网络通信领域，该领域具有互联互通、信息共享、多方协作、持续创新等特点，这就决定了该领域中的绝大多数发明创造的类型为方法专利，且往往只能撰写成为需要多个主体的参与才能实施的方法专利，或者采用此种撰写方式能更好地表达出发明的实质技术内容。然而这些方法专利在实际应用中，往往都是以软件的形式安装在某一硬件设备中，由终端用户在使用终端设备时触发软件在后台自动运行。因此，被诉侵权人完全可以采用上述方式，在未获得专利权人许可的情况下，将专利方法以软件的形式安装在其制造的被诉侵权产品中，甚至还可以集成其他功能模块，成为非专用设备，并通过对外销售

---

① 参见最高人民法院知识产权法庭（2019）最高法知民终 147 号民事判决书、山东省济南市中级人民法院（2018）鲁 01 民初 1481 号民事判决书。

获得不当利益。从表面上看，终端用户是专利方法的实施者，但实质上，专利方法早已在被诉侵权产品的制造过程中得以固化，终端用户在使用终端设备时再现的专利方法过程，仅仅是此前固化在被诉侵权产品内的专利方法的机械重演。因此，应当认定被诉侵权人制造并销售被诉侵权产品的行为直接导致了专利方法被终端用户所实施。如果按照专利侵权判断的一般规则，即应当以被诉侵权人所实施的被诉侵权技术方案是否全面覆盖了专利权利要求记载的所有技术特征作为专利侵权的必要条件，那么，仅仅是制造、销售具备可直接实施专利方法功能的被诉侵权产品的行为将难以被认定为侵犯专利权的行为。同时，仅认定被诉侵权人在测试被诉侵权产品过程中实施专利方法构成侵权，不足以充分保护专利权人的利益，因为该测试行为既非被诉侵权人获得不当利益的根本和直接原因，也无法从责令停止测试行为来制止专利方法遭受更大规模的侵害，而专利权人更无权主张虽直接实施了专利方法但并无生产经营目的的终端用户构成专利侵权。在上述情形下，针对网络通信领域方法的专利侵权判定，应当充分考虑该领域的特点，充分尊重该领域的创新与发展规律，以确保专利权人的合法权利得到实质性保护，实现该行业的可持续创新和公平竞争。如果被诉侵权行为人以生产经营为目的，将专利方法的实质内容固化在被诉侵权产品中，该行为或者行为结果对专利权利要求的技术特征被全面覆盖起到了不可替代的实质性作用，也即终端用户在正常使用该被诉侵权产品时就能自然再现该专利方法过程的，则应认定被诉侵权行为人实施了该专利方法，侵害了专利权人的权利。

由此可见，在涉及通信方法的 FTO 分析中，如果将专利方法的实质内容固化在产品中，该行为或者行为结果对专利权利要求的技术特征被全面覆盖起到了不可替代的实质性作用，也即终端用户在正常使用该被诉侵权产品时就能自然再现该专利方法过程的，则存在较高的专利侵权风险。

第7章 专利侵权风险的应对策略

如前文所述，FTO 分析的主要目的在于确认技术实施人所要实施的技术属于可以自由实施的技术，而不会侵犯他人的专利权；基本作用在于早期排查出所要实施的技术可能存在的专利侵权风险，据此提出有针对性的规避措施，从而降低相关产品进入市场后面临被起诉的风险。FTO 分析过程中所指的"专利侵权风险"通常是指在研发阶段或产品上市前通过主动分析检索所发现的潜在侵权风险，技术实施人在这个阶段可以通过规避设计、主动获得许可或购买专利以及无效对方专利等方式最大化降低产品进入市场后发生被诉的风险。但 FTO 分析毕竟只是技术实施人事先采取的侵权风险评估及规避举措，并不能替代相关专利权人的事后判断，加之市场竞争的复杂性以及专利权诉讼动机的多样性，FTO 分析并不能完全避免或杜绝其产品上市后面临的专利诉讼风险。因此，技术实施人在重视 FTO 分析的同时，对于一旦发生专利侵权诉讼后，如何从程序和实体上进行妥善应对也应当有所了解。本章将重点围绕专利侵权诉讼风险的程序及实体应对进行介绍。

本章知识图谱

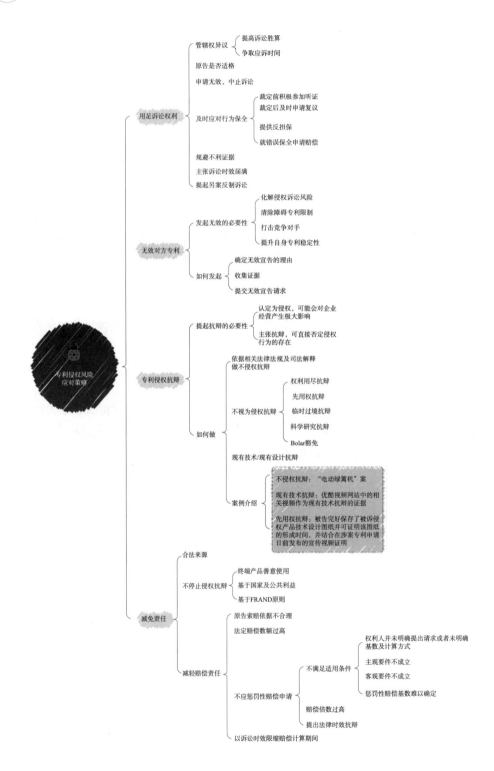

7.1　程序应对——用足诉讼权利

专利侵权诉讼作为专利权人主动发起的侵权救济程序，通常而言，专利权人在起诉前往往已经做了大量有针对性的准备工作。尽管技术实施人在产品上市前已经进行了 FTO 分析，但该 FTO 分析是否完全涵盖或者足以对冲专利权人实际发起的侵权指控存在不确定性。在这种情况下，技术实施人首先应善于运用法律赋予的诉讼权利，在对专利权人的侵权指控提出程序性挑战的同时，为准备实体答辩及进行相关证据收集赢得时间。

7.1.1　善用管辖权异议

在处理专利侵权案件时，合理使用管辖权异议制度是一种常见的策略。在中国，根据《民事诉讼法》[①] 及《专利法》等法律规定，专利侵权案件通常由被告住所地或侵权行为地的人民法院管辖。鉴于管辖法院的可选择性，专利权人往往选择对其更为有利的管辖法院。对于侵权诉讼的被告，则可以根据专利权人所选择的管辖连接点的合理性提出管辖权异议。

从现实情况看，侵权诉讼被告提出管辖权异议的必要性还在于，被告面对侵权指控通常需要充分的准备时间，但是审理法院未必会给被告预留出其所期待的充足准备时间。而被告在提交答辩状期间提出管辖权异议，法院就需要进行审查并出具裁定，被告可以利用这段时间来准备答辩意见和收集证据。

在管辖权异议制度的适用中，关键是要充分了解法律规定，并及时提出异议。一方面，要及时梳理和审查案件的有关材料，判断案件的管辖权归属问题。另一方面，要注意时机，及时提出异议。一旦错过提出异议的时机，就可能会导致管辖权问题得不到解决，耽误案件的审理。因此，合理使用管辖权异议制度，需要综合考虑案件的具体情况和法律规定，及时提出异议。

对于被诉侵权的企业来说，正确地运用管辖权异议制度，是争取应诉时间的重要途径。一方面，通过管辖权异议，可以将诉讼移送至更有利于被告方的管辖法院，从而提高诉讼胜算。另一方面，管辖权异议也可以起到延缓诉讼进程的作用，从而为被告方争取更多的时间来进行诉讼应对或其他风险防范。

---

① 《民事诉讼法》第 130 条规定："人民法院受理案件后，当事人对管辖权有异议的，应当在提交答辩状期间提出。人民法院对当事人提出的异议，应当审查。异议成立的，裁定将案件移送有管辖权的人民法院；异议不成立的，裁定驳回。当事人未提出管辖异议，并应诉答辩或提出反诉的，视为受诉人民法院有管辖权，但违反级别管辖和专属管辖规定的除外。"

在运用管辖权异议制度时，需要注意以下几点：

首先，需要对各种管辖权异议的种类和适用条件有所了解。在具体案件中，需要针对具体的管辖事由进行分析，论证原告据以在相关法院起诉的管辖连接点不成立。

其次，需要注意异议时机。根据《民事诉讼法》第 130 条的规定，当事人对管辖权有异议的，应当在提交答辩状期间提出。

最后，需要注重策略上的灵活性。不同的管辖权异议在实践中的适用和效果有所不同，因此需要根据具体情况制定相应的策略。在管辖权异议的选择和论证方面，需要充分考虑案件的具体情况，包括诉讼标的、涉及的专利权利主张和侵权行为、案件的地域背景等因素，以便选择理由更为充分的管辖权异议。

正确地运用管辖权异议制度是应对专利侵权诉讼的常见策略之一。在具体实践中，需要充分考虑案件的具体情况，选择适合的管辖权异议种类，并在适当的时机提出，以期达到最佳的效果。

7.1.2 审查原告是否适格

原告适格，即原告是与本案有直接利害关系的公民、法人和其他组织，是原告提起诉讼的基本条件之一。当被告接到专利侵权诉讼时，应该首先审查原告是否适格。因为如果原告没有诉讼主体资格，那么其起诉就没有法律依据，被告可以通过抗辩等方式来阻止该案件的继续审理。

对于原告的诉讼主体资格，需要根据原告的法律身份进行审查。一般来讲，普通实施许可合同中的被许可人不能单独就侵犯专利权行为提起诉讼；在由单位享有专利权的职务发明中，发明人仅有署名权和获得物质报酬权，如果侵权纠纷针对的是署名权以外的权利，则发明人无权就此提起诉讼；在专利权发生转让的情形中，原专利权人无权就转让后的专利纠纷提起诉讼；在合作或委托完成的发明创造中，若专利权属于某一方，则另一方无权就侵犯专利权的行为提起诉讼，即使其是该发明创造的实际发明人[①]。

如果确认原告不具备诉讼主体资格，原告可能会面临诉讼被驳回的风险，因此，被告可以根据具体情况选择在程序应对中提出该项抗辩，进而阻止诉讼的继续进行。

综上所述，在程序应对中，被告通过仔细审查原告的身份信息，在对原告诉讼主体资格存疑时，主动提出该项答辩意见，可以直接起到阻止诉讼流程推进的效果。因此，应当引起侵权诉讼被告的重视，将之作为侵权诉讼发生后基本的审查内容。

---

① 《最高人民法院关于审查知识产权纠纷行为保全案件适用法律若干问题的规定》第 2 条第 2 款规定："知识产权许可合同的被许可人申请诉前责令停止侵害知识产权行为的，独占许可合同的被许可人可以单独向人民法院提出申请；排他许可合同的被许可人在权利人不申请的情况下，可以单独提出申请；普通许可合同的被许可人经权利人明确授权以自己的名义起诉的，可以单独提出申请。"

7.1.3 请求无效宣告，中止诉讼程序

在专利侵权纠纷审理过程中，被诉侵权人往往会提起专利权无效宣告请求，而专利授权确权程序复杂、审理周期较长，要求所有专利侵权案件均等待无效宣告程序的最终裁判结果，将导致侵权案件久拖不决。为提高专利侵权诉讼的审理效率，充分考虑专利授权确权行政诉讼改判无效决定的比例较低的实际，《最高人民法院关于审理侵犯专利权纠纷案件应用法律若干问题的解释（二）》第 2 条设计了"先行裁驳、另行起诉"的制度，即在专利行政部门作出宣告专利权无效的决定后，审理专利侵权纠纷案件的法院可以先行裁定"驳回起诉"，无须等待行政诉讼的最终结果，并通过"另行起诉"给权利人以司法救济途径。

在前述规则的适用过程中，被诉侵权人可以在收到专利权人的起诉状后，及时向国家知识产权局提出针对该项专利权的无效宣告请求，并以此为由请求中止侵权诉讼的审理。

值得注意的是，被诉侵权人提起宣告专利权无效宣告请求并不会必然导致侵权诉讼的中止。法院在审理被诉侵权人的中止请求时，通常会综合考虑相关证据和理由，初步判断该专利权被宣告无效的可能性，如果判断不存在可能性或可能性极低，则可能不会中止诉讼。反之，则可能中止诉讼或者暂缓推进实体审理。因此，被诉侵权人在提起宣告专利权无效的请求时，需要提供充分的证据和理由，以争取获得法院的支持。

7.1.4 及时应对行为保全

专利行为保全是指利害关系人因情况紧急，认为行为人如不停止侵权将导致其遭受难以弥补的损害，而在起诉前或者诉讼过程中向法院申请的要求行为人提前停止相关技术实施行为的临时救济措施。行为保全一旦采取，往往会对被申请人产生较大的负面影响，影响被申请人的正常生产经营活动，继而损害被申请人的利益，因此应当积极应对。当被诉侵权企业面对专利权人提前申请行为保全时，可根据法院的审理进程从以下四方面进行应对。

（1）作出保全裁定前，积极参加听证

根据《最高人民法院关于审查知识产权纠纷行为保全案件适用法律若干问题的规定》（简称《知产保全规定》）第 5 条规定，法院在收到申请人的行为保全申请之后，应当组织申请人、被申请人进行询问，但是情况紧急或者影响保全措施执行等情形除

外。一般情况下，正当程序原则和利益平衡原则决定了禁令审查应当组织听证[1]，在保全裁定作出之前，法院以听证为原则，以不听证为例外。在法院组织听证进行询问时，被申请人应当积极参加，主张并论证申请人的申请不属于《民事诉讼法》第 101 条规定所指的"情况紧急"情形，同时根据《知产保全规定》第 7 条[2]规定，力争说服法官不予作出保全裁定，规避因保全带来的后续风险。

（2）作出保全裁定后，及时申请复议

根据《最高人民法院关于适用〈中华人民共和国民事诉讼法〉的解释》第 171 条规定，[3] 被申请人不服保全裁定的可以申请复议，应自收到裁定书之日起五日内向作出裁定的人民法院申请复议。

（3）提供反担保解除保全

若法院作出保全裁定，申请复议未能奏效或被申请人不能承受行为保全对其生产经营产生的影响的，经权衡后可通过提供"反担保"以解除保全，根据《民事诉讼法》第 107 条[4]的规定，财产纠纷案件，被申请人提供担保的，人民法院应当裁定解除保全。

（4）就错误保全申请赔偿

根据《民事诉讼法》第 108 条的规定，若专利诉前行为保全申请错误，申请人应赔偿被申请人因保全而产生的损失。[5]《知产保全规定》第 17 条规定，申请人撤回行为保全申请或者申请解除行为保全措施的，不因此免除赔偿责任。因此，被申请人在保全过程中应当积极留存证据，对自己遭受的损失如商业信誉的损害、生产经营活动受到阻碍等进行详细记录，在确认保全行为存在错误后积极进行索赔，继而在后续损害赔偿请求时占据主动地位，以最大限度弥补因保全造成的损失，同时，为证明"申请有错误"，被申请人可根据《知产保全规定》第 16 条[6]，证明申请人符合其中的情形之一，继而要求其承担损害赔偿责任。

---

① 蒋强. 蒋强谈禁令（二）：以听证为原则，不听证为例外［EB/OL］.（2016－12－27）［2023－06－28］. https：//mp. weixin. qq. com/s/lYsre57OpTU78cgTTIDyeg.

② 《最高人民法院关于审查知识产权纠纷行为保全案件适用法律若干问题的规定》第 7 条规定："人民法院审查行为保全申请，应当综合考量下列因素：（一）申请人的请求是否具有事实基础和法律依据，包括请求保护的知识产权效力是否稳定；（二）不采取行为保全措施是否会使申请人的合法权益受到难以弥补的损害或者造成案件裁决难以执行等损害；（三）不采取行为保全措施对申请人造成的损害是否超过采取行为保全措施对被申请人造成的损害；（四）采取行为保全措施是否损害社会公共利益；（五）其他应当考量的因素。"

③ 《最高人民法院关于适用〈中华人民共和国民事诉讼法〉的解释》第 171 条规定："当事人对保全或者先予执行裁定不服的，可以自收到裁定书之日起五日内向作出裁定的人民法院申请复议。人民法院应当在收到复议申请后十日内审查。裁定正确的，驳回当事人的申请；裁定不当的，变更或者撤销原裁定。"

④ 《民事诉讼法》第 107 条规定："财产纠纷案件，被申请人提供担保的，人民法院应当裁定解除保全。"

⑤ 《民事诉讼法》第 108 条规定："申请有错误的，申请人应当赔偿被申请人因保全所遭受的损失。"

⑥ 《最高人民法院关于审查知识产权纠纷行为保全案件适用法律若干问题的规定》第 16 条规定："有下列情形之一的，应当认定属于民事诉讼法第一百零五条规定的'申请有错误'：（一）申请人在采取行为保全措施后三十日内不依法提起诉讼或者申请仲裁；（二）行为保全措施因请求保护的知识产权被宣告无效等原因自始不当；（三）申请责令被申请人停止侵害知识产权或者不正当竞争，但生效裁判认定不构成侵权或者不正当竞争；（四）其他属于申请有错误的情形。"

7.1.5　在避免构成举证障碍的前提下规避不利证据

为保证在诉讼中的主动性，被诉侵权人必然会在整个诉讼过程中规避不利证据，避免因证据问题承担败诉风险。但是需要注意的是，规避不利证据的同时，应当避免陷入举证妨碍情形。根据 2016 年 4 月 1 日起施行的《最高人民法院关于审理侵犯专利权纠纷案件应用法律若干问题的解释（二）》（简称《专利侵权司法解释二》）第 27 条规定："权利人因被侵权所受到的实际损失难以确定的，人民法院应当依照专利法第六十五条第一款的规定，要求权利人对侵权人因侵权所获得的利益进行举证；在权利人已经提供侵权人所获利益的初步证据，而与专利侵权行为相关的账簿、资料主要由侵权人掌握的情况下，人民法院可以责令侵权人提供该账簿、资料；侵权人无正当理由拒不提供或者提供虚假的账簿、资料的，人民法院可以根据权利人的主张和提供的证据认定侵权人因侵权所获得的利益。"上述规定首次在我国专利侵权诉讼中引入了举证妨碍制度。2021 年 6 月 1 日起施行的《专利法》第 71 条第 4 款规定："人民法院为确定赔偿数额，在权利人已经尽力举证，而与侵权行为相关的账簿、资料主要由侵权人掌握的情况下，可以责令侵权人提供与侵权行为相关的账簿、资料；侵权人不提供或者提供虚假的账簿、资料的，人民法院可以参考权利人的主张和提供的证据判定赔偿数额。"该规定结合专利法对损害赔偿确定顺序的变化对专利侵权诉讼举证妨碍规则进行了相应调整。

在具体案件中，专利权人在请求适用举证妨碍规则时，通常依据《民事诉讼法》的规定向法院递交书证提出令。对于被诉的企业而言，在具体案件中，在对方向法院申请书证提出令时，可抗辩权利人不具备申请书证提出令的资格，抗辩事由包括因被侵权所受到的实际损失可以确定的、权利人未提交被诉侵权人侵权获利情况的初步证据以及相关的账簿、资料不为侵权人掌握等。在权利人满足书证提出令法定情形时，可以主动提出有针对性的异议，说明对方申请提交的书证不明确、书证对于待证事实的证明无必要、待证事实对于裁判结果无实质性影响、书证未在被诉侵权人控制之下，[①] 且不符合《最高人民法院关于民事诉讼证据的若干规定》第 47 条的情形[②]。此

---

① 《最高人民法院关于民事诉讼证据的若干规定》第 46 条规定："人民法院对当事人提交书证的申请进行审查时，应当听取对方当事人的意见，必要时可以要求双方当事人提供证据、进行辩论。当事人申请提交的书证不明确、书证对于待证事实的证明无必要、待证事实对于裁判结果无实质性影响、书证未在对方当事人控制之下或者不符合本规定第四十七条情形的，人民法院不予准许。当事人申请理由成立的，人民法院应当作出裁定，责令对方当事人提交书证；理由不成立的，通知申请人。"

② 《最高人民法院关于民事诉讼证据的若干规定》第 47 条规定："下列情形，控制书证的当事人应当提交书证：（一）控制书证的当事人在诉讼中曾经引用过的书证；（二）为对方当事人的利益制作的书证；（三）对方当事人依照法律规定有权查阅、获取的书证；（四）账簿、记账原始凭证；（五）人民法院认为应当提交书证的其他情形。前款所列书证，涉及国家秘密、商业秘密、当事人或第三人的隐私，或者存在法律规定应当保密的情形的，提交后不得公开质证。"

外，还可主张被诉侵权人存在不提出证据的"正当理由"，如相关证据涉及商业秘密等。

7.1.6 主张诉讼时效届满

根据《专利法》第 74 条的规定，专利侵权诉讼时效为三年，即专利权人必须在发现侵权行为后三年内向人民法院提起诉讼。如果三年期限届满后仍未提起诉讼，侵权人可以提出不履行义务的抗辩，从而使专利权人丧失在诉讼中的胜诉权[①]。因此，专利权人必须在规定的时限内行使权利，否则将失去维权的机会。

对于专利侵权的被告而言，主张诉讼时效届满[②]是一种常见的答辩应对策略。在这种情况下，被告可以通过主张诉讼时效届满来抵制原告提起的侵权诉讼，从而获得胜诉的可能性。

具体而言，被告可以在被起诉后及时对案件中的诉讼时效问题进行审查，确定是否存在诉讼时效届满的情况。如果确认诉讼时效已经届满，被告可以在诉讼中主张诉讼时效抗辩，要求法院判决原告的诉讼请求全部或部分驳回。

诉讼时效是一项重要的法律制度，是为了督促权利人及时行使自己的权利，保护社会关系的稳定而设立的。如果原告在规定的时效内没有采取必要的法律行动，被告可以主张诉讼时效届满来阻止原告的诉讼请求，以维护自己的合法权益。对于专利侵权的被告来讲，主张诉讼时效届满可以减轻被告的诉讼压力和风险。如果被告成功主张诉讼时效届满，原告的诉讼请求将被驳回，即便侵权行为成立，被告也不需要承担任何的赔偿责任和其他法律责任。这对于被告来说，可以避免不必要的诉讼费用和时间成本，有利于维护被告的声誉和商誉。

需要注意的是，主张诉讼时效届满需要满足基本的事实前提。如果被告不能证明确实存在诉讼时效届满的情况，则被告主张诉讼时效届满的策略就无法取得成功。因此，被告在运用该策略时需要谨慎分析，避免因为无法证明时效届满而导致抗辩失败。

7.1.7 提起另案反制诉讼

专利侵权诉讼的被告针对专利权人提起反制诉讼，既可能基于诉讼策略上的考量，

---

① 《民法典》第 192 条规定："诉讼时效期间届满的，义务人可以提出不履行义务的抗辩。诉讼时效期间届满后，义务人同意履行的，不得以诉讼时效期间届满为由抗辩；义务人已经自愿履行的，不得请求返还。"《专利法》第 74 条规定："侵犯专利权的诉讼时效为三年，自专利权人或者利害关系人知道或者应当知道侵权行为以及侵权人之日起计算。发明专利申请公布后至专利权授予前使用该发明未支付适当使用费的，专利权人要求支付使用费的诉讼时效为三年，自专利权人知道或者应当知道他人使用其发明之日起计算，但是，专利权人于专利权授予之日前即已知道或者应当知道的，自专利权授予之日起计算。"

② 《专利法》第 74 条规定："侵犯专利权的诉讼时效为三年，自专利权人或者利害关系人知道或者应当知道侵权行为以及侵权人之日起计算。……"

也可能基于维护专利权人假借维权之名对其合法权益造成的损害。实践中，可能提起的反制诉讼主要包括以下几种类型：

（1）提起侵犯名誉权之诉或商业诋毁之诉

如果原告利用诉讼制造、散播被诉侵权人的负面消息，给被诉侵权人的商誉造成负面影响，甚至导致其丢失重要客户或合作伙伴的，被诉侵权人可以考虑另案起诉专利权人侵犯名誉权或主张其构成商业诋毁、提起不正当竞争之诉，以牵制专利权人过度炒作专利侵权诉讼的行为，进而维护自身的合法权益。

在行为方面，侵犯名誉权纠纷诉讼和商业诋毁纠纷均需挖掘专利权人在专利侵权诉讼程序之外损害被诉侵权人商誉的行为，例如，在生效判决作出前，以书面（发布文章、信息等）或口头方式大范围散布被诉侵权人侵权的言论进而影响其商誉的行为即可能构成商业诋毁的行为。

除行为要件外，适用反不正当竞争法认定商业诋毁行为，还需满足竞争关系要件。《反不正当竞争法》第 11 条规定："经营者不得编造、传播虚假信息或者误导性信息，损害竞争对手的商业信誉、商品声誉。"通常而言，相较于侵犯商誉权行为的认定，适用反不正当竞争法认定商业诋毁行为，要求当事人系"竞争对手"即存在竞争关系。从司法实践情况看，对于"竞争关系"通常从宽界定。

（2）提起恶意诉讼索赔之诉

如果原告明知其专利权已经无效或侵权行为明显不成立，仍故意提起诉讼以实现其商业目的，被诉侵权人则可以通过对专利权人提起恶意诉讼索赔之诉，要求其赔偿被诉侵权人因此遭受的损失。根据司法实践，恶意诉讼属于侵权行为的一种类型，认定恶意诉讼行为同样应具备违法行为、损害事实、因果关系和主观过错这四个侵权认定要件。例如，在山东比特智能科技股份有限公司与江苏中讯数码电子有限公司恶意诉讼案中，最高人民法院认为，恶意提起知识产权诉讼的构成要件包括：行为人提起知识产权诉讼无事实或者法律依据，行为人提起诉讼主观上具有恶意，行为人恶意提起知识产权诉讼给他人造成了损失，损失与行为人恶意提起知识产权诉讼具有因果关系。

就专利权人提起的诉讼而言，被诉侵权人如欲主张专利权人系恶意提起专利侵权诉讼，可围绕以上要件进行举证说明。其中，关于专利权人主观恶意的证明是重点及难点，被诉侵权人一方面可以通过涉案专利的稳定性分析或论证专利权人的主观恶意程度，另一方面可通过检索原告同类型案件的起诉数量以及裁判情况来证明，如果原告此前起诉的同类案件已经被生效判决驳回，则可以据此主张专利权人在提起诉讼时应已明知其主张不具有事实基础和法律依据。此外，若专利权人以诉讼为要挟，在与被诉侵权人的谈判过程中意图收取明显不合理的高额许可费或和解费，被诉侵权人亦可以将此行为进行取证固定并作为证明其具有恶意的参考因素。

（3）提起确认不侵权之诉

对于权利人的不当维权行为，被诉侵权人还可在对方未提起专利侵权诉讼前先发制人即提起确认不侵权之诉。《最高人民法院关于审理侵犯专利权纠纷案件应用法律若干问题的解释》（简称专利法司法解释）第 18 条规定："权利人向他人发出侵犯专利权的警告，被警告人或者利害关系人经书面催告权利人行使诉权，自权利人收到该书面催告之日起一个月内或者自书面催告发出之日起二个月内，权利人不撤回警告也不提起诉讼，被警告人或者利害关系人向人民法院提起请求确认其行为不侵犯专利权的诉讼的，人民法院应当受理。"根据上述规定可知，提起确认不侵权之诉的形式要件包括：①接到侵权警告函；②书面催告权利人行使诉权；③权利人收到该书面催告之日起一个月内或者自书面催告发出之日起二个月内，未撤回警告也不提起诉讼。此外，在管辖法院的确定上，最高人民法院于 2004 年 6 月 24 日在《关于本田技研工业株式会社与石家庄双环汽车股份有限公司、北京旭日恒心经贸有限公司专利纠纷指定管辖的通知》中指出"确认不侵犯专利权诉讼属于侵权类纠纷"。据此，确认不侵权之诉应当以民事诉讼法关于侵权诉讼管辖的规定确定管辖法院。

由上可知，确认不侵权之诉为侵权之诉，最高人民法院在"本田与双环案"中指出，权利人发送侵权警告维护自身合法权益是其行使民事权利的应有之义，但行使权利应当在合理的范围内。在采取维护权利行为的同时，也要注重对公平竞争秩序的维护，避免滥用侵权警告，打压竞争对手合法权益。判断侵权警告是正当的维权行为，还是打压竞争对手的不正当竞争行为，应当根据发送侵权警告的具体情况来认定，以警告内容的充分性、确定侵权的明确性为重点。①

因此，确认不侵权之诉的本质系被诉侵权人对权利人的不当维权行为对其造成的损害提起的侵权之诉，其实质要件包括：①构成侵权的确定性不高；②权利人发送警告函的方式不当。具体而言，权利人维权的方式是否适当并非以被警告行为是否侵权的结论为判断依据，而是以权利人维权的方式是否正当、是否有违公平的竞争秩序、是否以存在打击竞争对手为目的作为衡量的标准。被诉侵权人应当就权利人侵权警告函的发送方式与侵权确定性、侵权情节不相适应等进行充分举证，如举证针对不同主体侵权警告的内容未披露相应必要信息等，以证明权利人在发送侵权警告时应当对所警告的行为构成侵权未尽到审慎注意义务。

7.2 权利挑战——无效对方专利

在专利侵权诉讼实际发生后，被诉侵权人在进行各种程序性应对的同时，还应积极准备实体应对。其中，对原告的权利基础发起挑战，即对涉案专利权启动无效宣告可以起到釜底抽薪的效果。

---

① 参见最高人民法院（2014）民三终字第 7 号民事判决书。

7.2.1　专利无效宣告是什么

专利无效宣告指自国务院专利行政部门公告授予专利权之日起，任何单位或者个人认为该专利权的授予不符合专利法有关规定的，可以请求国务院专利行政部门宣告该专利权无效，被宣告无效的专利权视为自始即不存在。

7.2.2　为什么要发起专利无效宣告

（1）化解侵权诉讼风险

在被提起专利侵权诉讼前或被提起专利侵权诉讼时，通过发起针对涉案专利的专利无效宣告，使涉案专利被宣告无效而自始不存在，或者对涉案专利的保护范围进行限制，从而消除或限制提起侵权诉讼的权利基础，化解侵权诉讼风险。

（2）清除障碍专利限制

在企业的技术研发过程中，不可避免地会遇到障碍专利并受到限制，例如受限于障碍专利构成的技术垄断，此时，通过发起针对障碍专利的专利无效宣告，使障碍专利被宣告无效而自始不存在，或者迫使障碍专利的保护范围发生变化，从而绕过障碍专利的保护范围，清除障碍专利的限制。

（3）打击竞争对手

专利作为无形资产，在企业发展中扮演的角色非常重要，如果可以成功无效竞争对手的专利，对竞争对手的发展会是一种非常有效的打击。

例如，IPO 企业上市进程中，IPO 企业的专利情况是考量企业科技创新能力和盈利能力的重要指标。证监会发布的《首次公开发行股票并上市管理办法》（证监会令第122 号）第 30 条规定，发行人不得有下列影响持续盈利能力的情形：发行人在用的商标、专利、专有技术以及特许经营权等重要资产或技术的取得或者使用存在重大不利变化的风险。所以目前 IPO 企业在上市的关键时间点被同行提起专利无效的情况非常多，有些会直接影响上市结果。

（4）提升自身专利稳定性

专利权人通过对自身专利提起专利无效宣告，不仅可以借助无效宣告程序对自身专利的权利要求书进行修改，消除权利要求书存在的缺陷，提升自身专利的稳定性，而且基于"一事不再理原则"，可以限制他人以同样的理由和证据对自身专利再次提起专利无效宣告，间接提升专利稳定性。

7.2.3　如何发起专利无效宣告

（1）确定专利无效宣告的理由

请求人对目标专利发起专利无效宣告，需要提出具体无效理由，并承担举证责任，专利无效理由包括：

① 目标专利不符合《专利法》第 22 条的规定："授予专利权的发明和实用新型，应当具备新颖性、创造性和实用性。"

② 目标专利不符合《专利法》第 23 条的规定："授予专利权的外观设计，应当不属于现有设计；也没有任何单位或者个人就同样的外观设计在申请日以前向国务院专利行政部门提出过申请，并记载在申请日以后公告的专利文件中。授予专利权的外观设计与现有设计或者现有设计特征的组合相比，应当具有明显区别。授予专利权的外观设计不得与他人在申请日以前已经取得的合法权利相冲突。"

③ 目标专利不符合《专利法》第 26 条第 3 款的规定："说明书应当对发明或者实用新型作出清楚、完整的说明，以所属技术领域的技术人员能够实现为准。……"

④ 目标专利不符合《专利法》第 26 条第 4 款的规定："权利要求书应当以说明书为依据，清楚、简要地限定要求专利保护的范围。"

⑤ 目标专利不符合《专利法实施细则》第 23 条第 2 款的规定："独立权利要求应当从整体上反映发明或者实用新型的技术方案，记载解决技术问题的必要技术特征。"

⑥ 目标专利不符合《专利法》第 27 条第 2 款的规定："申请人提交的有关图片或者照片应当清楚地显示要求专利保护的产品的外观设计。"

⑦ 目标专利不符合《专利法》第 2 条的规定："……发明，是指对产品、方法或者其改进所提出的新的技术方案。实用新型，是指对产品的形状、构造或者其结合所提出的适于实用的新的技术方案。外观设计，是指对产品的整体或者局部的形状、图案或者其结合以及色彩与形状、图案的结合所作出的富有美感并适于工业应用的新设计。"

⑧ 目标专利不符合《专利法》第 33 条的规定："……对发明和实用新型专利申请文件的修改不得超出原说明书和权利要求书记载的范围，对外观设计专利申请文件的修改不得超出原图片或者照片表示的范围。"

⑨ 目标专利不符合《专利法实施细则》第 11 条的规定："申请专利应当遵循诚实信用原则。提出各类专利申请应当以真实发明创造活动为基础，不得弄虚作假。"

⑩ 目标专利不符合《专利法》第 9 条的规定："……同样的发明创造只能授予一项专利权。……"

⑪ 目标专利不符合《专利法实施细则》第 49 条第 1 款的规定，即分案申请不得超出原申请记载的范围。

⑫ 目标专利不符合《专利法》第 19 条第 1 款的规定："任何单位或者个人将在中国完成的发明或者实用新型向外国申请专利的，应当事先报经国务院专利行政部门进行保密审查。保密审查的程序、期限等按照国务院的规定执行。"

⑬ 目标专利符合《专利法》第 5 条的规定："对违反法律、社会公德或者妨害公共利益的发明创造，不授予专利权。对违反法律、行政法规的规定获取或者利用遗传

资源，并依赖该遗传资源完成的发明创造，不授予专利权。"

⑭ 目标专利符合《专利法》第 25 条的规定："对下列各项，不授予专利权：（一）科学发现；（二）智力活动的规则和方法；（三）疾病的诊断和治疗方法；（四）动物和植物品种；（五）原子核变换方法以及用原子核变换方法获得的物质；（六）对平面印刷品的图案、色彩或者二者的结合作出的主要起标识作用的设计。……"

（2）收集专利无效宣告的证据

针对上述无效理由，收集相关证据。其中，在上述专利无效理由中，①和②是最常使用的两个专利无效理由，而为证明目标发明或实用新型专利不具备新颖性、创造性，或为证明目标外观设计属于现有设计，首先需要针对目标专利开展无效检索工作，无效检索工作可以分为以下步骤：

第一步，整理目标专利的基本信息，包括：确定目标专利的法律状态及权利归属，确定目标专利的申请日、优先权日、公开日以及授权公告日，寻找目标专利的审查意见通知书、引用文献以及无效诉讼等历史档案。

第二步，分析目标专利的技术方案，在检索之前，对技术方案的正确分析是进行有效检索的基础。对于发明或实用新型专利，要正确分析每一项权利要求请求保护的技术方案；对于外观设计，要明确外观设计的设计要点。

第三步，确定目标专利的技术领域，目标发明或实用新型专利的 IPC 分类号可表明技术领域，目标外观设计专利的洛迦诺分类号可表明外观产品所属领域。

第四步，确定基本检索要素，基本检索要素是能够体现目标专利技术方案基本构思的检索要素。

第五步，根据基本检索要素构造检索式，检索式中可以包含关键词、分类号、申请人、发明人、申请日、公开日等多个信息，检索式是检索策略的表达，完整有效的检索式能够提高检索效率。

第六步，筛选检索结果，确定最合适的对比文件。

（3）发起专利无效宣告的整体流程

① 准备工作：针对目标专利准备专利无效请求书及相关证据。

② 提交工作：向国务院专利行政部门提出专利无效宣告请求，通过形式审查后，国务院专利行政部门会对该专利无效宣告请求立案，请求人可以在提出无效宣告请求之日起 1 个月内增加理由或补充证据。

③ 参加口头审理：国务院专利行政部门根据当事人的请求或者案情需要可以决定对专利无效宣告请求进行口头审理，请求人需按照口审通知的要求参加口头审理。

④ 作出无效决定：国务院专利行政部门会根据双方当事人的意见陈述作出无效审查决定，无效审查决定包括三种，即宣告专利权全部无效、宣告专利权部分无效和维持专利权有效。

（4）发起专利无效宣告的注意事项

① 无效宣告请求书应当结合提交的所有证据，具体说明无效宣告请求的理由，并指明每项理由所依据的证据。

② 在国务院专利行政部门就无效宣告请求作出决定之后，又以同样的理由和证据请求无效宣告的，国务院专利行政部门不予受理。

③ 以不符合《专利法》第 23 条第 3 款的规定为理由请求宣告外观设计专利权无效，但是未提交证明权利冲突的证据的，国务院专利行政部门不予受理。

④ 专利权无效宣告请求书不符合规定格式的，无效宣告请求人应当在国务院专利行政部门指定的期限内补正；期满未补正的，该无效宣告请求视为未提出。

⑤ 在国务院专利行政部门受理无效宣告请求后，请求人可以在提出无效宣告请求之日起 1 个月内增加理由或者补充证据。逾期增加理由或者补充证据的，国务院专利行政部门可以不予考虑。

⑥ 专利权人和无效宣告请求人应当在指定期限内答复国务院专利行政部门发出的转送文件通知书或者无效宣告请求审查通知书；期满未答复的，不影响国务院专利行政部门审理。

⑦ 在无效宣告请求的审查过程中，发明或者实用新型专利的专利权人可以修改其权利要求书，但是不得扩大原专利的保护范围。发明或者实用新型专利的专利权人不得修改专利说明书和附图，外观设计专利的专利权人不得修改图片、照片和简要说明。

⑧ 无效宣告请求人对国务院专利行政部门发出的口头审理通知书在指定的期限内未作答复，并且不参加口头审理的，其无效宣告请求视为撤回；专利权人不参加口头审理的，可以缺席审理。

⑨ 在无效宣告请求审查程序中，国务院专利行政部门指定的期限不得延长。

⑩ 国务院专利行政部门作出决定之前，无效宣告请求人撤回其请求或者其无效宣告请求被视为撤回的，无效宣告请求审查程序终止。但是，国务院专利行政部门认为根据已进行的审查工作能够作出宣告专利权无效或者部分无效的决定的，不终止审查程序。

案例 7 - 1

基于《专利法》第 22 条发起专利无效宣告的案例

涉案专利名称为"一种用于给排水的活接接头"（专利号：ZL201920390483.9），专利权人为浙江天雁控股有限公司，无效宣告请求人为孟某。

涉案专利属于排水系统技术领域，涉及一种可用在玻璃鱼缸类产品缸底的活接接头，用于排出缸内污水。涉案专利提供了一种不会使密封元件径向移位、安装方便、使用寿命长的活接接头，通过设置密封圈和配套的密封槽结构，使密封圈卡于密封槽中以解决上述问题。涉案专利一共有 8 项权利要求。

无效请求人认为，涉案专利不符合《专利法》第 22 条关于创造性的规定，请求宣告涉案专利全部无效，并提供了相关证据。

合议组认为，涉案专利的权利要求 1 与无效请求人提供的证据相比，虽存在一些区别，例如密封结构不一样，但是，在无效请求人所提供证据的基础上，结合本领域的公知常识，可以得到权利要求 1 的技术方案，对本领域技术人员而言是显而易见的，不具有创造性。同时，其他权利要求相对于无效请求人提供的证据也不具备创造性。

最终，涉案专利的权利要求 1~8 全部被宣告无效。

案例 7-2

基于《专利法》第 23 条发起专利无效宣告的案例

涉案外观设计专利名称为"仪表机壳"，专利号为 ZL201030122941.5，专利权人为福建顺昌虹润精密仪器有限公司，无效宣告请求人为厦门希科自动化科技有限公司。

注解：为了清楚显示视图，未按比例进行显示（见图 7-1）。

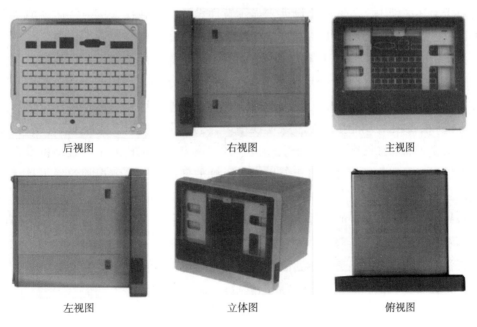

后视图　　　右视图　　　主视图

左视图　　　立体图　　　俯视图

图 7-1　涉案专利的外观设计图

无效宣告请求人认为，涉案外观设计专利不符合《专利法》第 23 条第 2 款的规定，请求宣告涉案专利无效，并提交了对比设计（见图 7-2）。

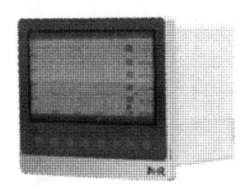

图 7-2　对比设计图

合议组认为，涉案专利与对比设计相比，两者的主要相同点在于：两者的整体形状、组成部分、正面面板框体形状、操作区域基本相同。两者的主要不同点在于：①背面设计，涉案专利显示了背面设计，而对比设计无显示；②侧面设计，涉案专利侧面面板下方设有小矩形卡槽设计，主体侧面各设有小矩形孔，上下各有一横向条形浅槽，对比设计无；③视窗内部结构，涉案专利面板上的长方形视窗内部显示了其内置结构，对比设计无。

对于上述区别①，虽然对比设计未显示背面设计，专利权人认为背面为消费者关注的部位，属于设计要部，但从双方提交的仪表使用状态的材料看，该类仪表通常放置于控制柜内或桌上摆放，其背面位于使用时不容易看到的部位，并且涉案专利背面的设计均为配合仪表接线或 USB 口等需要所做的主要起功能作用的设计，相对而言对整体视觉效果不具有显著影响；对于上述区别②，卡槽设计和矩形孔设计位于机身侧面，卡槽和矩形孔为功能型设计，条形浅槽设计的区别细微，且其相对于仪表整体造型来说均属于局部细微变化；对于上述区别③，视窗内部结构属于内置结构设计，其前方在使用时需安装显示屏，属于使用时看不到的部位，对整体视觉效果不具有显著影响。

合议组认为，在两者的整体形状以及正面框体形状、操作区域均基本相同的情况下，两者的区别或属于局部细微变化，或位于使用时不容易看到或看不到的部位，对整体视觉效果均不具有显著影响，故涉案专利与对比设计相比不具有明显区别，涉案专利不符合《专利法》第 23 条第 2 款的规定。

最终，外观设计专利权全部被宣告无效。

── 案例 7-3 ──────────────────────────────

基于《专利法》第 26 条第 3 款发起专利无效宣告的案例

涉案专利名称为"共挤出的多层电池隔板"（专利号：ZL200780042406.4），专利权人为赛尔格有限责任公司, 无效宣告请求人为巴某蓉。

涉案专利提供一种可用于锂离子电池的电池隔板。涉案专利一共有 6 项权利要求。无效请求人认为涉案专利的说明书不符合《专利法》第 26 条第 3 款的规定。

合议组认为, 经审查说明书未完整地公开对于实现发明必不可少的技术内容, 例如: 本专利为了获得由 <0.80μm 的标准偏差限定的均匀厚度, 限定的共挤出工艺参数有且仅有两个: 通过挤压模共挤出非多孔的聚烯烃多层前体最低剪切速率为 4s/m, 每层流量为 8.2~45.4kg/h。而共挤出膜的均匀度与聚合物材料特性、挤出模结构特点以及后续压合、冷却装置等一系列设备相关工艺条件密切相关, 本专利的特定均匀度, 需要材料种类、设备种类和结构、多种工艺条件经过逐步调整适配方才可得到, 仅仅限定其中两个参数并不足以完整描述技术方案的全貌。

最终, 涉案专利的权利要求 1~6 全部被宣告无效。

案例 7-4

基于《专利法》第 26 条第 3、4 款发起专利无效宣告的案例

涉案专利名称为 "一种用于家具的减速铰链" (专利号: ZL 201680024653.0), 专利权人为阿图罗萨利斯股份公司, 无效宣告请求人为端州区鹏达五金厂。

涉案专利提供一种具有固定部件或翼部类型的用于家具等的门扇的减速铰链。权利要求 1 的内容为: "一种用于家具的门扇的铰链 (1), 该铰链包括: 固定部件 (2), 被成形为插入设置在家具件 (3) 的上壁或下壁的厚度内的座部中; 以及可移动部件 (4), 能连接至家具件的门扇; 所述固定部件 (2) 和所述可移动部件 (4) 相互连接, 以便通过包括至少两个铰接轴和至少一个摇杆的铰接系统而摆动, 所述铰链包括弹性器件 (11), 该弹性器件用于闭合所述铰链并功能性地连接在所述至少一个摇杆与所述固定部件之间, 所述铰链包括减速装置 (15), 该减速装置适于使所述铰链的闭合运动和/或打开运动的至少一部分减速, 并且其中, 所述减速装置 (15) 由完全隐蔽在所述铰链的所述固定部件 (2) 内的致动器件 (16) 来致动, 并且其中, 所述减速装置 (15) 能通过所述至少一个摇杆直接或间接地致动。"

无效请求人认为, 涉案专利的权利要求 1 中, 减速装置能够通过至少一个摇杆与致动器件配合, 实现的是间接致动, 而不是摇杆直接致动减速装置, 保护范围不清楚, 同时说明书中也没有公开直接致动的连接方式, 不符合《专利法》第 26 条第 3、4 款的规定。

合议组认为, 涉案专利的权利要求 1 中已经明确限定减速装置 (15) 由致动器件 (16) 来致动, 因此权利要求 1 同时限定减速装置 (15) 能通过所述至少一个摇杆直接实现致动明显不清楚, 即本领域技术人员不清楚其具体是怎样的技术方案。同时说明书也没有公开此类技术方案, 因此也存在未充分公开的缺陷。权利要求 1 中由 "直接

致动"限定的技术方案，不符合《专利法》第 26 条第 3、4 款的规定。

最终，涉案专利的权利要求 1 被宣告无效。

案例 7 -5

基于《专利法实施细则》第 49 条第 1 款（原第 43 条第 1 款）发起专利无效宣告的案例

涉案专利名称为"连接夹具"（专利号：ZL201811220969.4），专利权人为 WAGO 经营有限责任公司，无效宣告请求人为宁波高松电子有限公司。

涉案专利提供一种用于夹紧电导体的连接夹具。涉案专利一共有 11 项权利要求。涉案专利是公开号为 CN105720387A 的母案的分案申请。

无效请求人认为，权利要求 1~11 超出母案的记载范围，不符合《专利法实施细则》第 49 条第 1 款的规定。

合议组认为，母案原说明书和权利要求书中记载了操作杆借助特定枢转结构进行枢转运动，本领域的技术人员无法根据母案原说明书和权利要求书中记载的内容以及涉案专利申请日前所属技术领域所有的普通技术知识直接地、毫无疑义地确定涉案专利权利要求 1 中采用的技术方案。因此，涉案专利的权利要求 1 的技术方案超出了原始申请文件记载的范围，不符合《专利法实施细则》第 49 条第 1 款的规定。权利要求 2~11 直接或间接引用权利要求 1，也未能克服本专利权利要求 1 的前述缺陷。

最终，涉案专利的权利要求 1~11 全部被宣告无效。

案例 7 -6

通过发起专利无效消除侵权风险的案例

---

① 涉案专利名称为"导航设备及导航路径上关键路况的提示方法与装置"（专利号：ZL201210573182.2），专利权人为博泰车联网科技（上海）股份有限公司（以下简称博泰车联网）。

作为专利权人博泰车联网向上海知识产权法院起诉腾讯专利侵权，认为腾讯侵犯其 ZL201210573182.2 号发明专利，请求法院判令被告停止侵权，并赔偿总计 8000 万元。

之后腾讯以涉案专利的全部权利要求不具有创造性为理由，发起了对涉案专利的无效宣告请求，并最终无效成功，消除了侵权风险。

② 涉案专利名称为"轴流风轮"（专利号：ZL200710026747.4），专利权人为广东美的制冷设备有限公司（以下简称美的）。

作为专利权人美的起诉格力，认为格力侵犯其 ZL200710026747.4 号发明专利，请求法院判令被告停止侵权并赔偿损失。

之后，格力以涉案专利的权利要求不具有新颖性或创造性为理由，发起了对涉案专利的无效宣告请求，并最终无效成功，消除了侵权风险。

7.3 否定侵权——行为抗辩

在我国，由于专利无效宣告程序和专利侵权程序是两个并行的法律程序。尽管被诉侵权人可以通过无效宣告程序对原告的涉案专利权提出挑战，但无效能否成功通常存在不确定性。而且，专利侵权程序通常不会因被诉侵权人启动了无效程序即中止侵权案件的审理。因此，即便在启动无效宣告程序的情况下，被诉侵权人还应结合前期的 FTO 分析以及原告具体的侵权指控进一步研判对方的侵权指控是否成立，并在此基础上确定相应的侵权抗辩策略。

7.3.1 专利侵权抗辩是什么

专利侵权抗辩指被诉侵权人通过不侵权抗辩、不视为侵权抗辩、现有技术/现有设计抗辩等方式主张不侵犯涉案专利的专利权，据以主张专利权人的诉讼请求不成立。

7.3.2 为什么做专利侵权抗辩

在侵权诉讼中，如果被认定构成侵犯专利权，根据《专利法》的规定，被诉侵权人需要承担停止侵权和赔偿损失的后果，如果被进一步认定为故意侵犯专利权，情节严重的，被诉侵权人还需要承担惩罚性赔偿责任。此时，被诉侵权人不仅需要面临巨额经济赔偿，还要停止针对侵权产品的生产和销售等侵权行为，进一步损失了对侵权产品的投入，而为了维持市场和经营，则不得不重新投入资金进行新产品的研发、测试、推广等。可见，如果被认定为构成侵权，将会对企业经营产生极大影响。

鉴于被认定构成侵权的严重后果，在面临专利侵权指控时，被诉侵权人可以通过主张专利侵权抗辩，直接否定侵权行为的存在。尤其在被诉侵权人出于特殊考虑不希望涉案专利被无效或者涉案专利较为稳定、无效难度较大等情形下，采用专利侵权抗辩来维护自身权益显得尤为重要。

7.3.3 如何做专利侵权抗辩

被诉侵权人一般可以通过不侵权抗辩、不视为侵权抗辩、现有技术/现有设计抗辩对专利权人的侵权指控进行反击。

1. 不侵权抗辩

《最高人民法院关于审理侵犯专利权纠纷案件应用法律若干问题的解释》第 7 条规定："人民法院判定被诉侵权技术方案是否落入专利权的保护范围，应当审查权利人主张的权利要求所记载的全部技术特征。被诉侵权技术方案包含与权利要求记载的全部技术特征相同或者等同的技术特征的，人民法院应当认定其落入专利权的保护范围；被诉侵权技术方案的技术特征与权利要求记载的全部技术特征相比，缺少权利要求记载的一个以上的技术特征，或者有一个以上技术特征不相同也不等同的，人民法院应当认定其没有落入专利权的保护范围。"

发明及实用新型专利权的侵权判定需遵循"全面覆盖原则"，如果一种产品或方法具备了他人专利权利要求书中某项权利要求的全部技术特征，就构成了对专利产品或方法权利要求的侵害，落入了专利权的保护范围。因此，主张不侵权抗辩需要将被诉侵权技术方案与权利要求的技术特征进行对比，如果被诉侵权技术方案缺少权利要求中记载的技术特征或者与权利要求中的一项或一项以上的技术特征既不相同也不等同，则不侵权抗辩成功。

在全面覆盖原则之下，专利侵权行为可分为相同侵权和等同侵权两种类型。不侵权抗辩的难点在于等同侵权的判断。根据《最高人民法院关于审理专利纠纷案件适用法律问题的若干规定》第 13 条的规定，等同特征是指与所记载的技术特征以基本相同的手段，实现基本相同的功能，达到基本相同的效果，并且本领域普通技术人员在被诉侵权行为发生时无需经过创造性劳动就能够联想到的特征。可见，等同侵权的构成需满足以下四个要件：手段基本相同，功能基本相同，效果基本相同，本领域普通技术人员无需创造性劳动就可以联想到。

在等同侵权的判定过程中，存在一些限制等同侵权适用的特殊情形，其中最为典型的是捐献原则和禁止反悔原则。《最高人民法院关于审理侵犯专利权纠纷案件应用法律若干问题的解释》第 5 条规定了捐献原则，即"对于仅在说明书或者附图中描述而在权利要求中未记载的技术方案，权利人在侵犯专利权纠纷案件中将其纳入专利权保护范围的，人民法院不予支持"。第 6 条规定了禁止反悔原则，即"专利申请人、专利权人在专利授权或者无效宣告程序中，通过对权利要求、说明书的修改或者意见陈述而放弃的技术方案，权利人在侵犯专利权纠纷案件中又将其纳入专利权保护范围的，人民法院不予支持"。在实务中，被诉侵权人可以借助捐献原则和禁止反悔原则提出限制等同侵权适用的抗辩意见，反对将专利权人已经放弃的技术方案纳入专利侵权诉讼的保护范围内。

2. 不视为侵权抗辩

《专利法》第 75 条规定："有下列情形之一的，不视为侵犯专利权：（一）专利产品或者依照专利方法直接获得的产品，由专利权人或者经其许可的单位、个人售出后，使用、许诺销售、销售、进口该产品的；（二）在专利申请日前已经制造相同产品、使用相同方法或者已经作好制造、使用的必要准备，并且仅在原有范围内继续制造、使用的；（三）临时通过中国领陆、领水、领空的外国运输工具，依照其所属国同中国签订的协议或者共同参加的国际条约，或者依照互惠原则，为运输工具自身需要而在其装置和设备中使用有关专利的；（四）专为科学研究和实验而使用有关专利的；（五）为提供行政审批所需要的信息，制造、使用、进口专利药品或者专利医疗器械的，以及专门为其制造、进口专利药品或者专利医疗器械的。"

根据上述规定，不视为侵权抗辩通常系指权利用尽抗辩、先用权抗辩、临时过境抗辩、科学研究抗辩、药品及医疗器械行政审批抗辩。

（1）权利用尽抗辩

《北京市高级人民法院知识产权民事诉讼证据规则指引》第 2.40 条为权利用尽抗辩的适用提供了详细指引："被告提出权利用尽抗辩的，可以围绕以下事实提供证据：（一）涉案专利权人或者被许可人在中国境内售出其专利产品或者依照专利方法直接获得的产品后，购买者在中国境内使用、许诺销售、销售该产品；（二）涉案专利权人或者被许可人在中国境外售出其专利产品或者依照专利方法直接获得的产品后，购买者将该产品进口到中国境内以及随后在中国境内使用、许诺销售、销售该产品；（三）涉案专利权人或者被许可人售出其专利产品的专用部件后，使用、许诺销售、销售该部件或用其组装制造专利产品；（四）涉案方法专利的专利权人或者被许可人售出专门用于实施其专利方法的设备后，使用该设备实施涉案方法专利。"

（2）先用权抗辩

关于先用权抗辩，《最高人民法院关于审理侵犯专利权纠纷案件应用法律若干问题的解释》第 15 条作出了较为详尽的规定："被诉侵权人以非法获得的技术或者设计主张先用权抗辩的，人民法院不予支持。有下列情形之一的，即属于专利法第六十九条第（二）项规定的已经作好制造、使用的必要准备：（一）已经完成实施发明创造所必需的主要技术图纸或者工艺文件；（二）已经制造或者购买实施发明创造所必需的主要设备或者原材料。对于专利法第六十九条第（二）项规定的原有范围，包括专利申请日前已有的生产规模以及利用已有的生产设备或者根据已有的生产准备可以达到的生产规模。但是，先用权人在专利申请日后将其已经实施或作好实施必要准备的技术或设计转让或者许可他人实施，被诉侵权人主张该实施行为属于在原有范围内继续实施的，人民法院则不予支持，但该技术或设计与原有企业一并转让或者承继的除外。"

《北京市高级人民法院知识产权民事诉讼证据规则指引》第 2.41 条对先用权抗辩的举证规则作出了具体指引，规定："被告提出先用权抗辩的，应围绕以下事实提供证据：（一）已经完成实施发明创造所必需的主要技术图纸或者工艺文件，或者已经制造或者购买实施发明创造所必需的主要设备或者原材料；（二）仅在专利申请日前已有的生产规模内，以及利用已有的生产设备或者根据已有的生产准备可以达到的生产规模内继续制造、使用；（三）在先制造的产品、在先使用的方法或设计，是被告独立研究完成或者以其他合法手段取得。"另外，原告主张先用权抗辩不成立的，可以提供证据证明被告援引的在先技术或设计系在专利申请日前抄袭、窃取或者以其他不正当手段获取。

由上述规定可知，先用权抗辩成立的条件包括：①据以抗辩的实施行为发生于专利申请日之前；②在原有范围内实施，原有范围包括专利申请日前已有的生产规模以及利用已有的生产设备或者根据已有的生产准备可以达到的生产规模；③先用权人以合法手段获得技术或设计。

（3）临时过境抗辩

临时过境抗辩在实践中适用情形相对较少。根据《北京市高级人民法院知识产权民事诉讼证据规则指引》第 2.42 条规定，被告提出临时过境抗辩的，应提供证据证明被诉侵权行为仅涉及临时通过中国领陆、领水、领空的外国运输工具，依照其所属国同中国签订的协议，或者共同参加的国际条约，或者依照互惠原则，为运输工具自身需要而在其装置和设备中使用涉案专利。

（4）科学研究抗辩

科学研究抗辩系主要适用于科研机构或实施人未进行商业化实施的抗辩理由。根据《北京市高级人民法院知识产权民事诉讼证据规则指引》第 2.43 条规定，被告提出科研目的抗辩的，应提供证据证明被诉侵权行为系专门针对涉案专利技术方案本身进行的科学研究和实验，其目的是研究、验证、改进他人专利技术，在已有专利技术的基础上产生新的技术成果。

（5）药品及医疗器械行政审批抗辩

药品及医疗器械行政审批抗辩即通常所称的 Bolar 例外原则，一般指在专利法中对药品专利到期前他人未经专利权人的同意而进口、制造、使用药品专利进行试验，以获取药品管理部门所要求的数据等信息的行为视为不侵犯专利权的例外规定。Bolar 例外原则源于美国，也被称为安全港条款。我国于 2008 年修改《专利法》时引入了该原则，将其适用范围限定为"为提供行政审批所需要的信息，制造、使用、进口专利药品或者专利医疗器械的，以及专门为其制造、进口专利药品或者专利医疗器械"。被诉侵权人在专利侵权诉讼中提出该抗辩理由的，应当举证证明其实施行为符合上述情形。《北京市高级人民法院知识产权民事诉讼证据规则指引》第 2.44 条规定："被告提出行政审批例外抗辩的，应提供证据证明被诉侵权行为系为提供《中华人民共和国药品管理法》《中华人民共和国药品管理法实施条例》《药品注册管理办法》等相关药品管理法律法规、部门规章等规定的实验资料、研究报告、科技文献等相关材料，而制造、使用、进口专利药品或者专利医疗器械，以及专门为其制造、进口专利药品或者专利医疗器械。"

3. 现有技术/现有设计抗辩

《专利法》第 67 条规定："在专利侵权纠纷中，被控侵权人有证据证明其实施的技术或者设计属于现有技术或者现有设计的，不构成侵犯专利权。"如果被诉侵权人能够举证证明其所实施的技术属于现有技术，则法院可以直接作出侵权不成立的结论，由此可以减少诉讼工作量，缩短诉讼周期，减轻讼累。

根据《最高人民法院关于审理侵犯专利权纠纷案件应用法律若干问题的解释》第14 条的规定，被诉落入专利权保护范围的全部技术特征，与一项现有技术方案中的相应技术特征相同或者无实质性差异的，人民法院应当认定被诉侵权人实施的技术属于《专利法》第 62 条规定的现有技术。被诉侵权设计与一个现有设计相同或者无实质性差异的，人民法院应当认定被诉侵权人实施的设计属于《专利法》第 62 条规定的现有设计。

现有技术/现有设计抗辩能否成立的关键在于被诉侵权人的举证情况，即被诉侵权人能否检索到并提供与被诉侵权技术方案或侵权设计相同或实质相同的现有技术或现有设计。

《北京市高级人民法院知识产权民事诉讼证据规则指引》第 2.45 条规定："被告提出现有技术抗辩的，应提供证据证明被诉落入专利权保护范围的技术方案的全部技术特征与一项现有技术方案中的相应技术特征相同或者等同，或者所属技术领域的普通技术人员认为被诉侵权技术方案是一项现有技术与所属领域公知常识的简单组合。被告可以提供以下证据以证明现有技术的状况：（一）涉案专利申请日前进入公有领域、公众可以自由使用的技术；（二）尚处于他人专利权保护范围内、涉案专利申请日前的非公有技术；（三）涉案专利权人拥有的其他在先专利技术。依据《中华人民共和国专利法》第二十四条的规定享受新颖性宽限期的技术不得作为前款现有技术予以援引。"

此外，《北京市高级人民法院知识产权民事诉讼证据规则指引》第 2.46 条规定："被告提出现有设计抗辩的，应提供证据证明被诉侵权产品的外观与一项现有设计相同或者相近似，或者被诉侵权产品的外观设计是一项现有外观设计与该产品的惯常设计的简单组合。被告可以提供以下证据证明现有设计的状况：（一）申请日前国内外以出版物形式公开的设计；（二）申请日前通过使用、销售、进口、交换、馈赠、演示、展出等使用方式公开的设计；（三）申请日前通过报告会或讨论会发言材料、广播、电视、电影等其他方式公开的设计。"

7.3.4　专利侵权抗辩的案例

在司法实践中，不侵权抗辩、现有技术抗辩、先用权抗辩是被诉侵权人比较常用的抗辩方式，以下结合最高人民法院的相关案例进行说明。

— 案例 7－7 —

不侵权抗辩案例

a. 基本案情①

上诉人（原审被告）：常州格瑞德园林机械有限公司

上诉人（原审被告）：宁波昂霖智能装备有限公司

被上诉人（原审原告）：徐州中森智能装备有限公司

涉案专利的发明名称是"电动绿篱机"，争议的焦点是被诉侵权产品（燃油发动机发动的宽带修剪机）是否对涉案专利构成等同侵权。

一审法院认为，对于可实现平剪和圆剪二合一效果的自动绿篱机而言，与电动驱动相比，燃油发动机驱动以基本相同的手段，实现基本相同的功能，达到基本相同的效果，并且该领域的普通技术人员无需经过创造性劳动就能联想到的特征，即两种驱动方式构成等同特征。因此，被诉侵权产品包含了与涉案专利权利要求记载的全部技术特征相同或者等同的技术特征，侵权产品落入涉案专利权的保护范围，构成侵权。

然而，最高人民法院认为，如果专利权人在撰写专利申请文件时已明确地知晓相关技术方案，但并未将其纳入权利要求保护范围之内的，则在侵权诉讼中不得再主张适用等同理论将该技术方案纳入保护范围。具体到本案，不管从涉案专利的主题名称（电动绿篱机），还是通过说明书记载的内容（如背景技术中提及的"电动剪刀和燃油剪刀"，发明内容中提及的"环保无污染"）来看，表明专利权人在撰写专利权利要求和说明书时，都已明确知晓现有技术中存在电机驱动和燃油发动机驱动两种方式，且专利权人基于环保效果的实现，并不寻求保护以燃油发动机作为动力源的绿篱机技术方案，即本案中认定燃油发动机驱动与电机驱动不构成技术特征等同。因此，被诉侵权产品不具备涉案专利权利要求的"电机"技术特征，故未落入涉案专利权的保护范围，不构成侵权。

b. 本案启示

专利权人在撰写专利申请文件时未将其"明确知晓"的技术方案写入权利要求，本领域技术人员在阅读权利要求书、说明书后认为专利权人明确不寻求保护该未写入权利要求的技术方案的，一般不应再通过等同侵权将该技术方案纳入专利权保护范围。

┌─── **案例 7 - 8** ────────────────────────────────┐

　　现有技术抗辩案例

└──┘

a. 基本案情②

上诉人（原审被告）：杭州米欧仪器有限公司

被上诉人（原审原告）：宁波拓普森科学仪器有限公司

被告主张以于涉案专利申请日之前上传至优酷视频网站中的相关视频作为现有技

---

① 参见最高人民法院（2021）最高法知民终 192 号民事判决书。

② 参见最高人民法院（2021）最高法民终 362 号民事判决书。

术抗辩的证据，并主张其提交的第三方公司与原告签订的销售合同以及对应实物亦可以证明涉案专利在申请日之前已经公开。

最高人民法院认为，优酷视频网站中的相关视频公开了被诉侵权技术方案中落入涉案专利权利要求保护范围的全部相关技术特征，因此，被告主张的现有技术抗辩成立。针对被告提交的第三方公司与原告签订的销售合同以及对应实物，最高人民法院认为，销售合同有双方签章，且有对应发票，可以认定该合同的真实性；该合同载明的产品实物型号和被告提交的相关产品实物中载明的型号一一对应，可以认定被告提供的产品实物系该合同项下对应的产品实物。上述证据可以形成完整的证据链条，证明合同中载明的产品在涉案专利申请日之前已经进入商品流通渠道。经比对，产品实物公开了被诉侵权技术方案中落入涉案专利权利要求保护范围的全部相关技术特征，因此，上述销售合同、产品实物等亦可以证明被告的现有技术抗辩成立。

b. **本案启示**

现有技术抗辩成立的前提，是能够证明在专利申请日前可以确定现有技术的存在。司法实践中，用以证明现有技术的证据大多为专利文献、科技杂志、科技书籍等公开出版物。而使用公开的证据显然比出版物公开的证据复杂，以使用公开作为现有技术抗辩，需要证明涉案技术方案的使用行为发生在专利申请日前，而且该使用行为公开了涉案的技术方案。被诉侵权人可以通过在先视频、在先销售合同、产品实物等多份证据证明在先使用公开。

> **案例 7 - 9**
>
> 先用权抗辩案例

a. **基本案情**①

上诉人（原审原告）：闫某文

被上诉人（原审被告）：吉林省桦甸市红石镇小红石村誉兴播种器厂

被告针对涉案专利提出先用权抗辩。涉案专利的申请日为 2012 年 4 月 20 日，被告于 2005 年注册成立开始从事制造，2011 年 10 月 9 日完成被诉侵权产品技术设计图纸，2011 年 12 月 22 日在优酷视频网站上发布广告性质宣传视频许诺销售被诉侵权产品，可以认定被告在该专利申请日前已经具备一定的生产规模，利用已有条件和生产设备已经制造了相同产品并已有生产准备，其后在原有范围内继续制造被诉侵权产品的行为，依法不视为侵犯涉案专利的专利权，先用权抗辩成立。

b. **本案启示**

在司法实践中，先用权抗辩不成立的原因多为，首先，被告为证明其享有先用权

---

① 参见最高人民法院（2021）最高法知民终 1650 号民事判决书。

提交的证据的形成时间不明，其次，不足以证明被告在涉案专利申请日前已经制造相同产品或者已经做好制造准备。而本案中，被告完好保存了被诉侵权产品技术设计图纸并可证明该图纸的形成时间，并结合在涉案专利申请日前发布的宣传视频证明其在专利申请日前已经制造了相同产品，因而法院认定其先用权成立。当事人应该充分利用公证、时间戳等多种形式对在先实施技术的行为进行固定，为后续可能发生的专利侵权诉讼中的先用权抗辩做准备。

7.4 减免责任——责任承担抗辩

在专利侵权诉讼中，被诉侵权人在提出权利挑战、侵权抗辩的同时，应当充分意识到专利侵权诉讼的不确定性，在尽力追求有利行为定性结论的同时，还应提出责任承担抗辩即从减免责任的角度进行答辩。

7.4.1 免除赔偿责任——合法来源抗辩

根据《专利法》第 77 条规定，为生产经营目的使用、许诺销售或者销售不知道是未经专利权人许可而制造并售出的专利侵权产品，能证明该产品合法来源的，不承担赔偿责任。根据该条款的规定，合法来源抗辩需要同时满足两个成立要件：一是侵权产品具有合法来源，二是侵权产品使用者、销售者不具有主观过错。

对于第一个成立要件，根据《专利侵权司法解释二》第 25 条第 3 款的规定，合法来源是指通过合法的销售渠道、通常的买卖合同等正常商业方式取得产品。其指的是进货渠道的合法，而非生产环节的合法性。对于合法来源，使用者、许诺销售者或者销售者应当提供符合交易习惯的相关证据。

根据《最高人民法院关于知识产权民事诉讼证据的若干规定》（以下简称《知识产权诉讼证据规定》）第 4 条的规定，被诉侵权人提出合法来源抗辩的，应当举证证明合法取得被诉侵权产品、复制品的事实，包括合法的购货渠道、合理的价格和直接的供货方等，且其提供的来源证据应与其自身的合理注意义务相当。具体而言，被诉侵权人可向法院提供供货合同、发货单和与之相对应的结算单据等证据，并确保被诉侵权产品名称、型号、价格和时间等方面的对应性，以指明被诉侵权产品提供者。与此同时，被诉侵权人提供的证据还应与其自身合理注意义务相匹配，而注意义务的高低与被诉侵权人的经营规模、专业程度、市场交易习惯等直接相关。例如，在杨某某、卢某某与广东雅洁五金有限公司侵犯专利权纠纷案①中，最高人民法院指出，合法来源

---

① 参见最高人民法院（2013）民提字第 187 号民事判决书。

应当由侵权产品使用者、销售者进行举证，证明侵权产品是从正规合法渠道、以正常合理价格从其直接的供货方购进的事实。通过其举证，权利人可以继续追究供货方的侵权责任，直至找到侵权产品的源头即制造者，以利于从根本上解决侵权问题。但是，侵权产品的使用者、销售者的这种举证责任，并不能因为发现了真正的制造者而得以免除或减轻，不能因查明或认定了侵权产品的制造者就当然推定使用者、销售者的合法来源抗辩成立，免除其举证责任。该案明确了司法上对合法来源证据审查从严把握的态度，被诉侵权人在举证时应当充分注重证据的真实性、证明力、关联性、同一性，以避免因此承担败诉风险。

对于第二个要件，根据《专利侵权司法解释二》第 25 条的规定，不知道是指行为人实际不知道且不应当知道。若不具备"不知道"这一主观要件，尽管被诉侵权人提供了合法来源的证据，但相关证据表明其并未尽到合理注意义务，在主观上明知、应知诉争产品系侵权产品，则合法来源抗辩仍不能成立。

—— 案例 7 - 10 ——

深圳市华创众成智能装备有限公司（以下简称华创众成公司）、深圳市宏贲科创有限公司（以下简称宏贲公司）等侵害发明专利权纠纷案[①]

a. 基本案情

华创众成公司是涉案专利的专利权人，专利申请日为 2016 年 4 月 15 日，授权公告日为 2018 年 3 月 9 日，并已按期缴纳年费。何某某是该专利发明人之一。华创众成公司发现嘉拓东莞分公司（以下简称嘉拓公司）处的型号为 5V5A256CH、5V6A256CH、5V2A256CH、5V3A256CH 等热压夹具化成设备侵犯涉案专利权，嘉拓公司相关人员陈述，涉嫌侵权产品是 2018 年 6 月向宏贲公司采购并使用的，共采购 40 台，存有 40 台，采购成本为 13 万元/台，以后续提供的采购合同为准。

一审法院认为：从本案的举证情况看，嘉拓公司在向锦熹东莞分公司购买被诉侵权产品之前，曾向华创众成公司购买涉案专利产品 5V5A256CH 型号设备，当时代表华创众成公司与嘉拓公司签订《设备订购协议书》的正是涉案专利的发明人之一"何某某"；在锦熹东莞分公司与嘉拓公司签订的关于被诉侵权产品的《设备订购协议书》中，"何某某"则是锦熹东莞分公司的签约代表；被诉侵权产品与涉案专利产品的型号相同，且采用了与涉案专利完全相同的技术方案。由此可见，嘉拓公司知道或应当知道涉案专利的存在且被诉侵权产品系侵害涉案专利权的产品，并且嘉拓公司无法证明被诉侵权产品系经专利权人许可而制造并售出的，因此嘉拓公司的合法来源抗辩不符合主观要件，依法不能成立。

---

① 参见最高人民法院（2020）最高法知民终 1313 号民事判决书。

最高人民法院二审认为，嘉拓公司曾向专利权人华创众成公司购买使用涉案技术制造的产品并且负有相关的保密义务，在华创众成公司任职的涉案专利发明人之一何某某离职加入宏贲公司后，嘉拓公司通过何某某以明显低于专利产品的价格向宏贲公司购买相同产品，其应当对产品权利瑕疵产生合理怀疑，进而具有更高的注意义务。但嘉拓公司未举证证明已审慎审查所购产品的权利瑕疵问题，故不应认定其无主观过错。

b. **本案启示**

举证证明产品合法来源与"不知道"既相互独立又存在关联。根据《知识产权诉讼证据规定》第 4 条第 2 款，当被诉侵权人完成对"合法来源"的举证，可以推定其"不知道"。由于"不知道"本身为消极事实，在实践中往往由权利人对于被诉侵权人"知道"进行举证。在具体案件中，被诉侵权人主要的证据工作在于提供被诉侵权产品具有合法来源的证据以及针对权利人有关其"知道"的证据提出反证或者有说服力的质证意见，如主张诉争产品系支付合理对价受让取得、未收到侵权警告函以及收到的侵权警告函不规范等。

应当注意的是，合法来源抗辩只适用于为生产经营目的使用、许诺销售或者销售侵权产品的主体。在责任承担方式上，如诉争产品最终被认定侵权，合法来源抗辩即便成立，也仅能免于承担赔偿责任，而不能免除停止侵权责任。

7.4.2　不停止侵权抗辩

（1）终端产品善意使用者抗辩

如上所述，合法来源抗辩所适用的情形只是免于承担赔偿责任，但作为侵权行为仍应停止侵权，根据《专利侵权司法解释二》第 25 条第 1 款，被诉侵权产品的使用者举证证明其已支付该产品的合理对价的，可以不承担停止使用侵权产品的责任。如在北京英特莱技术公司等与北京香江兴利房地产开发有限公司等侵害发明专利权纠纷上诉案①中，北京市高级人民法院即指出，被诉侵权人虽然实际使用了被诉侵权产品，但是，侵权产品的使用者如果并无侵权故意，其亦能提供侵权产品的合法来源，同时出于经济价值、公共利益等社会效果的考量不宜停止其对侵权产品的使用时，可以不判决侵权产品的使用者承担停止使用侵权产品的责任。

因此，作为使用者的被诉侵权人在进行合法来源抗辩之外，应当充分举证证明已就被诉侵权产品支付了合理对价，如提交符合交易习惯的合同、转账凭证、发票、验收单等证据，以减轻因侵权行为而需承担的责任，避免因停止使用被诉侵权产品而影响自身的生产经营活动，造成进一步损失。

---

① 参见北京市高级人民法院（2014）高民（知）终字第 2477 号民事判决书。

（2）基于国家及公共利益抗辩

根据《专利侵权司法解释二》第 26 条的规定，在特殊情况下，被诉侵权人可主张基于国家利益、公共利益，向法院申请不停止侵权，但其应支付相应的合理费用。如在武汉晶源环境工程有限公司与日本富士化水工业株式会社、华阳电业有限公司侵犯专利权纠纷案①中，最高人民法院认为，鉴于本案烟气脱硫系统已被安装在华阳公司的发电厂并已实际投入运行，若责令其停止侵权行为，则会直接对当地的社会公众利益产生重大影响，故在充分考虑权利人利益与社会公众利益的前提下，未支持晶源公司关于责令停止侵权行为的诉讼请求，而是判令华阳公司按实际使用年限向晶源公司支付每台机组每年 24 万元至本案专利权期限届满为止。

（3）标准必要专利实施者基于 FRAND 原则提出不停止实施抗辩

标准必要专利侵权诉讼是较为特殊的诉讼类型，在该类侵权诉讼中，即便法院认定侵权，也不会当然判令被诉侵权人即标准必要专利实施者承担停止侵权责任。按照我国的司法实践，对于是否判令停止侵权，通常要在对专利权人和实施者是否存在主观过错作出判断的基础上，决定是否支持专利权人提出的停止实施标准必要专利的请求。

《专利侵权司法解释二》第 24 条第 2 款从实施者不停止侵权抗辩的角度首次对该问题作出如下规定："推荐性国家、行业或者地方标准明示所涉必要专利的信息，专利权人、被诉侵权人协商该专利的实施许可条件时，专利权人故意违反其在标准制定中承诺的公平、合理、无歧视的许可义务，导致无法达成专利实施许可合同，且被诉侵权人在协商中无明显过错的，对于权利人请求停止标准实施行为的主张，人民法院一般不予支持。"广东省高级人民法院《关于审理标准必要专利纠纷案件工作指引（试行）》第 10 条明确指出："标准必要专利权人提出停止实施标准必要专利请求的，依照公平、合理、无歧视原则和相关商业惯例，对标准必要专利权人和实施者的主观过错作出判断，以此决定是否支持停止实施标准必要专利的请求。"同时，该文件第 11 条对判断主观过错的考量因素作出进一步规定："按照商业惯例评判各方当事人主观过错时，审查内容包括：（1）当事人之间谈判的整体过程；（2）各方当事人谈判的时间、方式和内容；（3）谈判中断或陷入僵局的原因；（4）其他情节。"

对于标准必要专利的实施者而言，在具体案件中，如提出不停止实施标准必要专利抗辩的，应围绕以下事实提供证据：（1）涉案专利属于推荐性国家标准、行业标准或者地方标准，或虽非推荐性国家标准、行业标准或者地方标准，但属于国际标准组织或其他标准制定组织制定的标准，且专利权人按照该标准组织的章程明示且做出了公平、合理、无歧视的许可义务承诺的标准必要专利；（2）涉案专利权人故意违反其在标准制定中承诺的公平、合理、无歧视的许可义务；（3）被告在协商中无明显过错。

---

① 参见最高人民法院（2008）民三终字第 8 号民事判决书。

如果被诉侵权人不能证明专利权人存在过错，但却被法院认定其自身存在过错，则该项抗辩理由将无法得到法院支持。

案例 7 – 11

"伸缩缝装置" 标准必要专利侵权案①

---

a. **基本案情**

徐某系专利号为 200410049491.5、名称为"一种特大抗挠变梳型桥梁伸缩缝装置"的发明专利权利人。涉案专利为交通运输部发布的《单元式多向变位梳形板桥梁伸缩缝装置》行业推荐性标准的标准必要专利。专利权人徐某及涉案专利独占被许可人路宝公司认为，冀通公司在平赞高速公路工程中，使用了易德利公司按照上述标准制造并销售的伸缩缝装置，两公司构成对涉案专利权的侵害，遂向法院提起诉讼，请求判令两公司停止侵害并共同赔偿损失及维权合理开支 300 万元。

一审法院认为，易德利公司、冀通公司侵害涉案专利权，判决易德利公司赔偿经济损失及维权合理开支 10 万元。徐某、路宝公司不服，提起上诉。

最高人民法院二审认为，涉案专利为标准必要专利，推荐性标准中明确披露了涉案专利技术方案、专利号及权利人联系方式，且路宝公司曾于 2016 年函告易德利公司涉嫌侵害涉案专利权。易德利公司明知涉案专利的存在，非但没有主动寻求专利许可，还再次未经许可实施涉案专利，主观上存在明显过错。遂改判全额支持权利人 300 万元赔偿请求。同时，法院还指出标准必要专利权人在本案中发放独占许可没有违反公平、合理、无歧视的许可义务，不存在过错。发放独占实施许可是专利权人实施专利的一种方式，即便专利权人与被许可人达成独占实施许可，只要专利权人或该独占实施被许可人仍需对外承担公平、合理、无歧视的许可义务，则不能仅因专利权人与被许可人达成独占实施许可就认为专利权人违反了 FRAND 原则。事实上，基于关联利益关系的许可条件与一般市场竞争环境下的许可条件可能存在差异，原则上不应仅因该种许可条件差异而认定专利权人违反公平、合理、无歧视的许可义务。本案中，专利权人基于其法定代表人/实控人身份，免费将涉案专利独占许可给关联公司，属于正常的商业安排，且并不影响关于专利许可的商业谈判，不构成对于其他专利实施人的价格歧视。

b. **本案启示**

在标准必要专利许可谈判过程中，实施者应当注意证据留存，以便在发生专利权人违反 FRAND 原则、提起专利侵权诉讼时向法院提交相关证据，从而占据诉讼主动地位。但应注意的是，标准必要专利的实施者应与涉案专利权利人就专利实施许可条件

---

① 参见最高人民法院（2020）最高法知民终 1696 号民事判决书，该案被选入最高人民法院知识产权法庭典型案例（2022）。

进行诚信谈判，避免因自身存在违反 FRAND 原则的行为而被认定在许可谈判过程中存在过错。

7.4.3 减轻赔偿责任抗辩

根据《专利法》第 71 条①的规定，法院可以根据权利人实际损失或被诉侵权人侵权获利、许可使用费合理倍数以及适用法定赔偿确定专利侵权损害赔偿数额。在具体案件中，提起侵权诉讼的原告通常会选择对自己最为有利的索赔计算依据，而被诉侵权人则应当根据原告的赔偿主张及计算依据提出有针对性的减轻赔偿责任抗辩理由。

1. 原告索赔依据不合理

一般而言，原告的索赔计算依据可分为按照权利人实际损失计算、按照侵权获利计算、参照许可使用费的合理倍数三种。对于原告的实际损失，被告抗辩的重点在于切断原告损失与被诉行为之间的因果关系，并对于原告提交的证据进行重点质证。司法实践中，被告更容易针对原告提出的侵权获利、许可费的合理倍数的计算方式进行反驳并举证。

① 关于针对侵权获利的抗辩思路。

根据《最高人民法院关于审理专利纠纷案件适用法律问题的若干规定》（简称《专利纠纷规定》）第 20 条第 2 款的规定，侵权获利可以根据该侵权产品在市场上销售的总数乘以每件侵权产品的合理利润所得之积计算，一般按照侵权人的营业利润计算，对于完全以侵权为业的侵权人，可以按照销售利润计算。同时《专利纠纷规定》还规定，侵权获利应当限于侵权人因侵权行为所获得的利益，因其他权利所产生的利益，应当合理扣除。侵犯发明、实用新型专利权的产品系另一产品的零部件的，根据该零部件本身的价值及其在实现成品利润中的作用等因素合理确定赔偿数额。侵犯外观设计专利权的产品为包装物的，按照包装物本身的价值及其在实现被包装产品利润中的作用等因素合理确定赔偿数额。根据上述规定，以侵权获利计算损害赔偿数额的公式可被概括为：侵权产品销量×侵权产品单位利润×涉案专利在营业利润中的贡献比例，其中侵权产品销量和侵权产品单位利润的乘积即为营业利润，涉案专利在营业利润中

---

① 《专利法》第 71 条规定："侵犯专利权的赔偿数额按照权利人因被侵权所受到的实际损失或者侵权人因侵权所获得的利益确定；权利人的损失或者侵权人获得的利益难以确定的，参照该专利许可使用费的倍数合理确定。对故意侵犯专利权，情节严重的，可以在按照上述方法确定数额的一倍以上五倍以下确定赔偿数额。权利人的损失、侵权人获得的利益和专利许可使用费均难以确定的，人民法院可以根据专利权的类型、侵权行为的性质和情节等因素，确定给予三万元以上五百万元以下的赔偿。赔偿数额还应当包括权利人为制止侵权行为所支付的合理开支。人民法院为确定赔偿数额，在权利人已经尽力举证，而与侵权行为相关的账簿、资料主要由侵权人掌握的情况下，可以责令侵权人提供与侵权行为相关的账簿、资料；侵权人不提供或者提供虚假的账簿、资料的，人民法院可以参考权利人的主张和提供的证据判定赔偿数额。"

的贡献比例即为专利贡献率。

据此，被诉侵权人可从两方面提出抗辩：第一，被诉侵权人可主张以营业利润较低、自身经营成本较高的方式降低损害赔偿额。例如，在深圳光峰科技股份有限公司与创造者社区（广州）有限公司等侵害发明专利权纠纷案①（简称光峰案）中，最高人民法院即给出了以侵权获利确定损害赔偿的精确计算方式，其指出在计算因销售被诉侵权产品所获得利益时，营业利润可以简化为：销售收入，减去销售成本及增值税税金，减去销售费用、管理费用和财务费用的余额。在此基础上，被诉侵权人为避免营业利润被确定过高，应当充分举证，提交关于侵权产品经营情况的财务账簿或者专项审计报告等证据，确保侵权获利的计算扣除尽可能多的费用支出。第二，被诉侵权人可主张以"专利贡献率"低的方式减少损害赔偿。其一，专利贡献率一般难以精确计算，但被诉侵权人可通过尽力举证其他因素如品牌价值等对于其营业收入亦有贡献的方式降低专利贡献率。如在正泰集团股份有限公司诉施耐德电气低压（天津）有限公司等侵犯实用新型专利权纠纷案②中，一审法院以被告的营业利润为基准，因为原告在诉讼请求中提出的赔偿金额小于法院认定的营业利润，判定侵权人须赔付的金额为原告诉请的赔偿金额，二审法院在调解书中指明，尽管有施耐德公司的财务账册作为计算依据，但是在施耐德公司的利润中也存在着品牌及技术分成因素。其二，还可通过拆分产品价值的方式降低专利贡献度，如主张产品整体价值较高，侵权专利产品仅占其中极小部分。如在北京素罗依服装有限公司与北京陈氏兴隆商贸中心侵害外观设计专利权纠纷案③中，北京市高级人民法院即指出，被控侵权产品上使用了素罗依公司享有外观设计专利权的吊牌，但吊牌本身系附着于被控侵权产品之上用于标识服装的制造者名称、产品名称、型号等相关信息的载体，并非被控侵权产品交易的标的物，在确定赔偿数额时应当将吊牌本身的价值及其在被控侵权产品利润中的作用作为主要衡量因素。吊牌通常承担标识产品信息的功能，本身价值较小，对于被控侵权产品利润的贡献度较低，相关公众通常并不会基于吊牌富有一定的美感而购买被控侵权产品。

在上文提到的光峰案中，最高人民法院对专利贡献率有较为深入、具体的分析，其指出在确定赔偿数额时，需要考虑涉案专利及其价值对整机产品利润的贡献率。具体需要考虑三方面因素：一是被诉整机产品本身的价值，二是涉案专利价值，三是以涉案专利技术方案制造的产品组件在实现整体产品利润中的贡献度。第一，关于整机产品本身的价值，应当区分被诉侵权人作为整机产品制造者还是销售者，相应承担制造者或者销售者的侵权赔偿责任。第二，关于涉案专利价值。对于专利价值，按专利价值评估指标体系包括技术、法律和市场三个维度，技术维度涉及专利被引次数、技

---

① 参见最高人民法院（2019）最高法知民终 833 号民事判决书。
② 参见浙江省温州市中级人民法院（2006）温民三初字第 135 号民事判决书、浙江省高级人民法院（2007）浙民三终字第 276 号民事调解书。
③ 参见北京市高级人民法院（2020）京民终 569 号民事判决书。

术关联度、科学关联度、技术应用范畴、权利要求指标；法律维度涉及法律状态、实质审查时长、剩余保护期限、专利缴费次数、专利权人属性指标；市场维度涉及技术生命周期、专利族规模、专利独立性、市场竞争强度指标，应当由专利权人予以证明或者说明。第三，关于以涉案专利技术方案制造的产品组件在实现整体产品利润中的作用。应当由当事人双方证明或者说明以涉案专利技术方案制造的产品组件价值，在难以确定涉案专利价值，也无法参考以涉案专利技术方案制造的产品组件价值的情况下，以双方当事人确认的整机产品销售卖点（技术亮点）为依据，以销售卖点体现出的涉案专利技术及其价值所占销售卖点的比重确定涉案专利技术及其价值在实现整体产品利润中的贡献度的方式，具有可行性和合理性。[1] 在具体案件中，被诉侵权人可以参照以上思路，对被诉整体产品的价值、专利价值与销售卖点（技术亮点）进行充分举证，以降低专利贡献率，减少损害赔偿。

② 关于针对许可费合理倍数的抗辩思路。

《知识产权诉讼证据规定》第 32 条规定："当事人主张参照知识产权许可使用费的合理倍数确定赔偿数额的，人民法院可以考量下列因素对许可使用费证据进行审核认定：（一）许可使用费是否实际支付及支付方式，许可使用合同是否实际履行或者备案；（二）许可使用的权利内容、方式、范围、期限；（三）被许可人与许可人是否存在利害关系；（四）行业许可的通常标准。"

依照上述规定，被告对于以许可费的合理倍数确定赔偿数额的主张，可重点对于原告提出的许可协议的真实性和许可费的合理性进行抗辩。审查原告提出的许可协议的真实性、许可协议是否实际履行、许可条件与被诉行为在权利内容、方式、范围和期限等方面是否近似；许可协议各方是否存在利害关系以及具有其他可能影响许可协议定价的情况。此外，被告可以提供行业惯例证据证明，通常情形下的许可费用应远低于原告所举证的许可费。

案例 7 –12

华某平、合肥安迪华进出口有限公司（以下简称安迪华公司）与上海斯博汀贸易有限公司（以下简称斯博汀公司）等侵害专利权纠纷案[2]

a. 基本案情

华某平系合法权利人，安迪华公司系合法的专利实施被许可人，拥有"哑铃套组手提箱"专利，该专利目前仍处于有效的法律状态。斯博汀公司之前与原告有长期合作，在 2005 年年初中断与安迪华公司所涉专利产品的贸易，委托丰利公司制作特定的与涉案专利产品相同的产品并销售。原告在 2005 年申请财产保全、提起民事诉讼，请

[1]　参见最高人民法院（2019）最高法知民终 833 号民事判决书。
[2]　参见最高人民法院（2007）民三终字第 3 号民事判决书。

求停止侵权、赔礼道歉、赔偿经济损失 2000 万元以及合理支出。一审法院依据原告提供的斯博汀公司和丰利公司的侵权数量及专利产品的利润情况，依法采用以原告损失确定赔偿数额的方法判决被告承担 68 万元的赔偿责任。原被告双方均不服判决，提出上诉。二审法院审理后对于原告所提交的许可合同，认为缺乏真实性和合理性，不予采信，维持原判。

二审法院认为：根据专利法的相关规定，侵权专利权的赔偿数额，首先应当按照权利人的实际损失或者侵权人侵权获益确定，只有在二者难以确定时，才可以参照该专利许可使用费的倍数合理确定。本案中，在侵权产品销售数量可以确定的情况下，根据专利产品或者侵权产品的利润率来确定赔偿额。如果当事人能够证明存在一个真实合理的按照产品件数计算的专利许可使用费，可以根据按件计算标准乘以侵权产品数量所得之积计算赔偿额。但本案中所谓的专利许可费用按年度计算，并非按照产品数量计费，无法参照计算。另外，即使采用参照专利许可费的方法计算损害赔偿额，原告也必须证明专利许可使用费的真实性和合理性。本案涉案专利实施许可合同签订时专利权人与被许可人之间具有利害关系，且原告未能提供证据证明该专利许可费已经实际支付并依法缴纳税款，所以不予认定该专利许可费的真实性和合理性。

b. **本案启示**

在当事人主张参照知识产权许可使用费的合理倍数确定赔偿数额时，损害赔偿责任确定的焦点在于其必要性和可行性。就必要性而言，参照知识产权许可使用费确定赔偿数额仅在权利人的实际损失或者侵权人的侵权获利难以确定时才有适用的必要，或者说只有在前两者难以确定时才有适用的基础和前提。就可行性而言，原告主张参照许可使用费确定赔偿数额的，应提供证据证明许可使用合同已经实际履行，且该许可使用费与被诉侵权行为具有可比性。在具体案件中，被控侵权人可以从许可使用合同的签约主体、备案情况以及合同约定与纳税凭证、转账记录、发票等履行凭证的对应性等方面对原告提交的许可合同是否真实可信、是否实际履行提出挑战。

与此同时，被控侵权人还可以根据许可使用合同涉及的权利类型、被许可人情况、许可使用的范围、许可使用的时间、是否存在交叉许可等因素对原告欲证明的许可使用费的可比性提出质疑。

在部分情形下，行业中并不存在通行或统一的许可使用费标准，行业内的许可使用费标准差异明显，原告所提出的其他许可协议对本案而言不具有参考价值。若存在此种情形，被诉侵权人可以积极向法院举证证明此情况，进而削弱原告许可使用费证据的参考价值。此外，在当事人请求以许可使用费的倍数作为赔偿基数时，相关倍数的合理性则是当事人攻防交锋及法院审查的另一关键点。

2. 法定赔偿数额过高

根据《专利法》第 71 条第 2 款的规定，权利人的损失、侵权人获得的利益和专利许可使用费均难以确定的，人民法院可以根据专利权的类型、侵权行为的性质和情节等因素，确定给予三万元以上五百万元以下的赔偿。由于以实际损失或侵权获利确定赔偿数额的证明难度较大，在司法实践中，大部分案件往往以法定赔偿的形式确定最终赔偿数额。南京市中级人民法院曾对南京地区法院 2009 年 12 月 20 日至 2015 年 10 月 19 日期间审结的 6774 件一审知识产权民事侵权案件进行了统计分析。其中，判决 1373 件，专利侵权案件的平均支持数额为 27.8 万元，但适用法定赔偿确定赔偿额的专利侵权案件占全部专利侵权案件的 93.86%。长沙市中级人民法院对该院 2010 年 10 月 21 日至 2015 年 12 月 31 日期间以判决形式支持原告诉讼请求的 770 件侵权案件的统计结果显示，适用法定赔偿及当事人未对损害事实举证的案件比例达 98.2%。中南财经政法大学知识产权研究中心完成的《知识产权侵权损害赔偿案例实证研究报告》显示，在确定侵害专利权赔偿数额时，97.25% 的判决都采取了法定赔偿的方式[①]。由以上数据可以获知，法定赔偿是我国司法实践中最普遍适用的赔偿确定方式。

法定赔偿额的判定因素包括专利权的类型、侵权行为的性质和情节。具体到司法实践，在"自拍杆实用新型专利批量维权系列案"中，最高人民法院指出，在侵害专利权纠纷案件中，缺乏因侵权受损、侵权获利或者可参照的许可使用费证据而适用法定赔偿的，以及虽有上述证据但难以证明损失具体数额故需酌情确定损害赔偿的，可以综合考虑被诉侵权行为的性质、侵权产品的价值和利润率、被诉侵权人的经营状况、被诉侵权人的主观恶意、权利人在关联案件中的获赔情况等因素。[②]

被诉侵权人可根据具体案件事实围绕以上因素进行抗辩。具体而言，可指出侵权行为在性质上并不恶劣，如并未制造而仅为使用、许诺销售、进口等侵权情形，侵权时间短、涉及地域范围有限；可通过举证与专利技术方案相似程度最高的现有技术文件证明涉案专利的创新性较低，侵权产品价值不高；可表明被诉侵权人系个体工商户或注册资本较低的小规模公司，对自身营业收入、员工人数、经营面积等经营状况进行举证，以证明侵权规模较小；同时就没有主观恶意进行举证，以证明已尽到必要的注意义务，不存在侵权故意及重大过失；举证权利人在关联案件中已获赔偿的情况等，如在广东棋胜家具有限公司与广东天一美家家居集团有限公司等侵害实用新型专利权纠纷案[③]中，最高人民法院指出，在多人共同侵权的案件中，如果已经有共同侵权人与权利人达成和解并支付了赔偿金，其他共同侵权人可以主张扣减已支付赔偿金额后的侵权损失，要求减少其赔偿责任。被诉侵权人可通过以上举证抗辩，以证明法定赔偿确定的额度过高，减轻自己的赔偿责任。

此外，被诉侵权人可以辩称权利人所主张的赔偿金额与侵权行为导致的实际损失不成比例，提供证据来支持其主张的合理利润与损失比例，以减少赔偿金额；还可以进行经济影响评估，对企业财务状况、市场竞争情况和未来发展的分析和预测，以证

---

① 参见张维. 知识产权侵权获赔额整体偏低 [N]. 法制日报，2013 - 4 - 18 (4).
② 参见最高人民法院 (2020) 最高法知民终 357 号、(2020) 最高法知民终 376 号民事判决书。
③ 参见最高人民法院 (2019) 最高法知民终 181 号民事判决书。

明高额的法定赔偿可能对企业的生存和发展造成不合理的负担；并且可辩称高额的法定赔偿可能对公共利益产生负面影响，如过高的赔偿可能对技术创新、竞争和消费者利益造成不利影响，从而影响整个产业的发展。

3. 不应惩罚性赔偿请求

随着《民法典》、《著作权法》第三次修正案及《专利法》第四次修正案的出台，我国在立法层面完成了知识产权惩罚性赔偿制度的体系构建。《民法典》第 1185 条将惩罚性赔偿的适用条件区分为主、客观两方面，前者限于"故意"，后者限于"情节严重"。由《最高人民法院关于审理侵害知识产权民事案件适用惩罚性赔偿的解释》（简称《知识产权惩罚性赔偿解释》）第 1 条第 1 款之规定亦可归纳出"故意"和"情节严重"两项适用要件。除上述两要件之外，惩罚性赔偿的适用还要求赔偿基数可确定。深圳市中级人民法院印发的《关于知识产权民事侵权纠纷适用惩罚性赔偿的指导意见（试行）》第 5 条①即规定，权利人主张惩罚性赔偿请求的，除需证明"侵权行为是否成立、侵权人是否存在主观故意和侵权行为是否属于情节严重"之外，还应当证明"惩罚性赔偿的基数能否确定"。

对于惩罚性赔偿请求的抗辩，一方面应从构成要件角度直接否认惩罚性赔偿在案件中的适用；另一方面应当注意反驳惩罚性赔偿的计算方法及计算基数，避免举证妨碍在案件中被不慎适用。

（1）不满足惩罚性赔偿的适用条件

① 抗辩权利人并未明确提出请求或者未明确基数及计算方式。

惩罚性赔偿的适用必须以权利人的请求为前提，法院不能在权利人未明确请求时主动适用惩罚性赔偿。《知识产权惩罚性赔偿解释》第 2 条规定："原告请求惩罚性赔偿的，应当在起诉时明确赔偿数额、计算方式以及所依据的事实和理由。原告在一审法庭辩论终结前增加惩罚性赔偿请求的，人民法院应当准许；在二审中增加惩罚性赔偿请求的，人民法院可以根据当事人自愿的原则进行调解，调解不成的，告知当事人另行起诉。"《北京市高级人民法院关于侵害知识产权民事案件适用惩罚性赔偿审理指南》第 5.2 条规定："权利人在一审中请求惩罚性赔偿，且持有其主张的惩罚性赔偿基数确定方法的计算方式及相应证据，无正当理由拒不提交证据，致使其惩罚性赔偿请求未获支持的，二审一般亦不予支持。"因此，若原告并未在一审法庭辩论终结前明确请求适用惩罚性赔偿，并明确数额、计算方式和所依据的事实和理由，被告可抗辩称原告并未明确请求，不应适用惩罚性赔偿。

② 抗辩惩罚性赔偿适用的主观要件不成立。

"故意"是惩罚性赔偿责任构成要件中的主观要件，是惩罚性赔偿与补偿性赔偿的

---

① 深圳市中级人民法院印发的《关于知识产权民事侵权纠纷适用惩罚性赔偿的指导意见（试行）》第 5 条规定："［证明步骤］权利人主张惩罚性赔偿请求的，应当证明以下事实：（一）侵权行为是否成立；（二）侵权人是否存在主观故意；（三）侵权行为是否属于情节严重；（四）惩罚性赔偿的基数能否确定。"

实质性区别要件，也是惩罚性赔偿适用的首要定性要件。

第一，从适用标准角度。目前司法实践中对于"故意"的认定标准尚不十分明确。对于当事人过错的界定，通常使用"明知"和"应知"用以区分当事人的主观过错程度。关于惩罚性赔偿的适用情形是否包含"应知"，司法实践和学术界部分观点并未将"应知"从"故意"标准中排除。但亦有观点认为，惩罚性赔偿的"故意"仅包含"明知"，而不包含"应知"的情形。正如深圳市中级人民法院发布的《关于知识产权民事侵权纠纷适用惩罚性赔偿的指导意见（试行）》第 6 条明确指出的，"故意"是指侵权人主观上明知自己的行为会导致侵权结果的发生，而希望或放任这种结果发生。最高人民法院朱理法官提出的"具体认知"标准，即要求行为人在其实施侵权行为时不仅知道他人具体知识产权的存在，还知道其行为具有侵犯该知识产权的高度可能性。[①] 对于被告而言，可以主张在惩罚性赔偿适用中，"故意"仅对应"明知"，而不包括"应知"，对于被告仅属"应知"的情形，因归于"过失"范畴而不应被视为"故意"并适用惩罚性赔偿。

第二，从考量因素角度。《知识产权惩罚性赔偿解释》第 3 条列举了认定"故意"的如下考量因素："（一）被告经原告或者利害关系人通知、警告后，仍继续实施侵权行为的；（二）被告或其法定代表人、管理人是原告或者利害关系人的法定代表人、管理人、实际控制人的；（三）被告与原告或者利害关系人之间存在劳动、劳务、合作、许可、经销、代理、代表等关系，且接触过被侵害的知识产权的；（四）被告与原告或者利害关系人之间有业务往来或者为达成合同等进行过磋商，且接触过被侵害的知识产权的；（五）被告实施盗版、假冒注册商标行为的；（六）其他可以认定为故意的情形。"在司法实践中，法院在认定"故意"时，通常会考察侵权人是否存在进一步的恶劣行为，如"明知故犯""屡教不改"等。如在环球影画公司与沧州千尺雪公司等著作权侵权纠纷案中，环球影画公司享有"小黄人"美术作品的著作权，沧州千尺雪公司等未经许可大量生产、销售外观印有"小黄人"卡通形象的饮品，并通过宣传和推广等方式销售被诉侵权产品，法院认为，沧州千尺雪公司等生产、销售被诉侵权产品的行为构成侵权，且在案证据表明沧州千尺雪公司等具有明显侵权恶意，甚至在法院作出行为保全禁令裁定后至开庭前，沧州千尺雪公司等仍在生产销售被诉侵权产品，故本案应适用惩罚性赔偿。

被告在诉讼中，应当重点关注原告所提交的证据，若存在上述情形，应当重点进行反驳并提供证据予以反驳，避免法院直接依据本规定作出被告具备侵权故意的认定。

第三，从证明标准角度。在具体案件中，行为人是否具有"故意"，应由当事人提供证据予以证明。此种证明包括基于直接证据的认定和基于间接证据的推定两种情形。但通过推定认定"故意"时应格外慎重，除遵循"明知"或"具体认知"的判断标准

---

① 参见朱理. 专利侵权惩罚性赔偿制度的司法适用政策 [J]. 知识产权，2020（8）：21–33.

外，还应遵循合理的证明规则及证明标准。权利人请求侵权人承担惩罚性赔偿责任的，权利人应当对侵权人存在主观故意、侵权情节严重以及可计算的赔偿基数等基本事实承担举证责任，实践中对此基本不存在争议。例如，《北京市高级人民法院知识产权民事诉讼证据规则指引》第 1.39 条规定："原告主张适用惩罚性赔偿的，应提供权利人实际损失、侵权人的违法所得或侵权获利、权利使用费、主观故意、侵权情节严重等方面的证据。"但对于如何把握"故意"的证明标准，仍存在一定分歧。但应当明确的是，考虑到惩罚性赔偿对于被告的严厉惩戒后果以及我国当前积极加强惩罚性赔偿适用的立场，对侵权人"故意"的证明和认定应遵循"高度盖然性"的标准。

因此，对于被告而言，应当注意原告提交的证据是否能够达到上述证明标准，可争取通过质证、提供反驳证据等方式，进一步削弱原告证据的证明力，并在抗辩中提出原告证据未达到高度盖然性的证明标准，因而不应适用惩罚性赔偿。

③ 抗辩惩罚性赔偿的客观要件不成立。

相较于"故意"要件对诉争侵权行为的定性以及惩罚性赔偿与补偿性赔偿适用范围的划界作用，"情节严重"要件是更具解释弹性空间的要件。最高人民法院林广海、李剑、秦元明法官在《〈关于审理侵害知识产权民事案件适用惩罚性赔偿的解释〉的理解和适用》一文中指出，该要件主要针对侵权手段、方式及其造成的后果等，一般不涉及侵权人的主观状态。[①]《知识产权惩罚性赔偿解释》第 4 条规定，法院在认定"情节严重"时应当综合考虑侵权手段、次数，侵权行为的持续时间、地域范围、规模、后果，侵权人在诉讼中的行为等因素。

除诉争侵权行为本身造成的直接侵权后果外，当事人在诉讼中的某些不当行为也被归为"情节严重"的范畴。《知识产权惩罚性赔偿解释》第 4 条根据对实践案例的总结列举了以下七种典型"情节严重"情形："（一）因侵权被行政处罚或者法院裁判承担责任后，再次实施相同或者类似侵权行为；（二）以侵害知识产权为业；（三）伪造、毁坏或者隐匿侵权证据；（四）拒不履行保全裁定；（五）侵权获利或者权利人受损巨大；（六）侵权行为可能危害国家安全、公共利益或者人身健康；（七）其他可以认定为情节严重的情形。"其中，"伪造、毁坏或者隐匿侵权证据"与"拒不履行保全裁定"并非诉争行为本身造成的直接后果，而是当事人在诉讼中实施的影响民事诉讼正常进行的行为。在《知识产权惩罚性赔偿解释》将上述行为明确规定为典型"情节严重"情形后，当事人若在诉讼中实施上述行为，除可能被认定为《民事诉讼法》第 111 条规定的妨碍民事诉讼行为外，还可能因此被施以惩罚性赔偿。

由于被告在诉讼中的行为亦可作为情节严重的考量因素，因此，被诉侵权人在涉诉后应当尽量避免伪造、毁坏或者隐匿侵权证据、拒不履行保全裁定的行为。鉴于权利人同时采取行政手段和民事侵权诉讼手段制止侵权的情况并不少见，若涉案行为在

---

① 参见林广海，李剑，秦元明.《关于审理侵害知识产权民事案件适用惩罚性赔偿的解释》的理解和适用 [J]. 人民司法，2021（10）：51 - 53，104.

诉讼之前或之间被施加行政处罚，应当更为警惕，尽量停止涉案行为。此外，"以侵权为业"也是法院所重点考量的因素。被告在反驳时应重点提供证据反驳原告有关"以侵权为业"的主张，证明涉案行为并非被告的主营业务，并尽可能地削弱被诉行为与企业整体商业模式的关联，避免法院形成被告商业模式在整体上系基于侵权行为、具有违法性的印象。

④ 抗辩原告主张的惩罚性赔偿基数难以确定。

"赔偿基数"是否属于"可计算确定"，症结在于证明标准和计算精度要求的高低。在具体案件中，权利人主张适用惩罚性赔偿的，应当明确赔偿数额的计算方法即请求适用的赔偿基数和具体的倍数，并承担相应的举证责任。被控侵权人对于原告请求适用的赔偿基数的数额或次序持有异议的，也可以提出相反证据。在个案中，当事人将实际损失或者违法所得作为赔偿基数的主张能否得到支持，症结在于对证明标准和计算精度要求的高低。在绝大多数案件中，对于权利人而言，通常很难提供直接证据证明侵权产品的真实数量、单件产品的具体利润或利润率，从而使得赔偿数额的计算难以精确量化。因此，在个案中，对于请求适用惩罚性赔偿的当事人而言，如何充分论证本方所主张的惩罚性赔偿基数系在合理估算基础上得出的理性、克制且具有说服力的计算结果，应成为进行赔偿举证和计算说理的重要指标。

对于被告而言，应当重点反驳原告基数计算方式的合理性，从整体逻辑、算法和计算参数三个层面出发，逐个击破原告的计算方法。

（2）原告主张的惩罚性赔偿的倍数过高

《知识产权惩罚性赔偿解释》第 6 条规定，人民法院依法确定惩罚性赔偿的倍数时，应当综合考虑被告主观过错程度、侵权行为的情节严重程度等因素。除此之外，还需要考虑赔偿数额的证据支持情况、知识产权惩罚性赔偿与行政处罚和刑事罚金的关系。关于基数和倍数的计算关系，惩罚性赔偿额应当在基数之外单独计算。换言之，惩罚性赔偿额应为"基数 + 基数×倍数"，而非"基数×倍数"。

《北京市高级人民法院关于侵害知识产权民事案件适用惩罚性赔偿审理指南》第 3.14 条规定："确定惩罚性赔偿的倍数，除综合考虑本指南第 2.2 条、第 2.3 条、第 2.4 条、第 2.5 条规定的情形外，还可以根据案件具体情况，综合考虑以下因素：（1）侵权故意程度；（2）侵权持续时间；（3）侵害知识产权的数量；（4）侵权行为对行业造成的危害；（5）侵权人是否多次侵害知识产权；（6）侵权人是否如实提交侵权获利证据。"

根据上述规定，对于被告而言，应当尽量反驳主观过错、反驳原告关于"情节严重"的主张。考虑到对于倍数的确定具有较大的裁量空间，在应诉时亦可以进行类案检索，若结果有利可形成类案报告供法院参考，向法院展示在事实相近的同类案件中，法院并未适用惩罚性赔偿或惩罚性赔偿倍数更低。

（3）提出法律时效抗辩

我国专利侵权惩罚性赔偿制度自 2021 年 6 月 1 日《专利法》实施后建立，我国关于知识产权惩罚性赔偿的法律规定最早出现于 2021 年 1 月 1 日实施的《民法典》[①]。根据民事实体法律"法不溯及既往"的适用原则,只有侵权行为发生在 2021 年 1 月 1 日之后,权利人才有权主张惩罚性赔偿,对于在此之前发生的侵权行为,权利人主张惩罚性赔偿的,被诉侵权人可据此提出抗辩。如在广州华欣电子科技有限公司与广州诚科商贸有限公司等侵害发明专利权纠纷上诉案[②]中,最高人民法院指出,惩罚性赔偿系对于故意且严重的侵权行为科以最为严厉的惩处手段,适用时应严格遵循法律规定。就侵害专利权行为可适用惩罚性赔偿的法律规定,最早规定于 2021 年 1 月 1 日实施的《民法典》第 1185 条,该案已查明的被诉侵权行为均系在 2021 年之前所实施,不予适用惩罚性赔偿。

4. 以诉讼时效限缩赔偿计算期间

如前所述,我国专利法针对专利侵权诉讼规定了三年诉讼时效,诉讼时效期间届满的,义务人可以提出不履行义务的抗辩。但根据《专利纠纷规定》第 17 条规定,对于在三年诉讼时效届满后起诉的持续性的专利侵权行为,侵权损害赔偿数额应当自权利人向人民法院起诉之日起向前推算三年计算。因此,对于此类情形,被诉侵权人应当积极举证权利人起诉时知道或者应当知道权利受到损害以及义务人之日起已满三年,以限缩赔偿计算时间,确保赔偿自起诉日三年前开始计算而非自侵权行为作出之日起计算,从而减轻赔偿责任。例如,在思拓凡瑞典股份公司等与博格隆(上海)生物技术有限公司侵害发明专利权纠纷案[③]中,上海市高级人民法院指出,由本案查明事实,被告至少从 2016 年 4 月始即开始实施侵权行为,而两原告直至 2020 年 5 月才提起本案诉讼,侵权损害赔偿数额应当自权利人向人民法院起诉之日起向前推算 3 年计算,起算点应为法院的立案日 2020 年 5 月 12 日向前推算 3 年,即 2017 年 5 月 13 日始。因该案原告在 2021 年 2 月 8 日的证据交换庭前会议中明确其索赔期间截止到当日,故该案的侵权判赔区间应为 2017 年 5 月 13 日始至 2021 年 2 月 8 日止。

[①] 《民法典》第 1185 条规定:"故意侵害他人知识产权,情节严重的,被侵权人有权请求相应的惩罚性赔偿。"

[②] 参见最高人民法院(2020)最高法知民终 580 号民事判决书。

[③] 参见上海市高级人民法院(2020)沪知民初 11 号民事判决书。